De Médica
a paciente

Apoio:

Fabíola La Torre

De Médica
a paciente

Como o câncer de mama mudou minha vida

Minha Editora

©2018 Editora Manole Ltda. por meio de contrato de coedição com a autora.
Logotipos: © Hospital LeForte S/A.
© Hair Look.

Minha Editora é um selo editorial Manole Conteúdo.

EDITORA GESTORA: Sônia Midori Fujiyoshi
EDITORA: Cristiana Gonzaga S. Corrêa
COORDENAÇÃO E PRODUÇÃO EDITORIAL: Visão Editorial
PROJETO GRÁFICO E DIAGRAMAÇÃO: Visão Editorial
FOTO DA CAPA: Click Color Studio Kodak
CAPA: Sopros Design

Dados Internacionais de Catalogação na Publicação (CIP)
(CÂMARA BRASILEIRA DO LIVRO, SP, BRASIL)

La Torre, Fabíola
 De médica a paciente : como o câncer de mama mudou minha vida / Fabíola La Torre. -- Barueri, SP : Manole, 2018.

 ISBN: 978-85-7868-347-4

 1. Câncer - Pacientes - Autobiografia 2. Câncer de mama - Doentes - Narrativas pessoais 3. Experiências de vida 4. Histórias de vida 5. La Torre, Fabíola 6. Mulheres - Autobiografia 7. Mulheres - Doenças I. Título.

17-08305   CDD-616.99449092

Índices para catálogo sistemático:
1. Câncer de mama : Pacientes : Autobiografia
   616.99449092

Todos os direitos reservados.
Nenhuma parte deste livro poderá ser reproduzida, por qualquer processo, sem a permissão expressa dos editores.
É proibida a reprodução por xerox.
A Editora Manole é filiada à ABDR – Associação Brasileira de Direitos Reprográficos.

1ª edição – 2018

EDITORA MANOLE LTDA.
Avenida Ceci, 672 – Tamboré
06460-120 – Barueri – SP – Brasil
Tel.: (11) 4196-6000
www.manole.com.br | info@manole.com.br
Impresso no Brasil | *Printed in Brazil*

São de responsabilidade da autora as informações contidas nesta obra.

Dedico este livro primeiramente a Deus, por ser essencial em minha vida, autor do meu destino, meu guia, socorro presente na hora da angústia.

Ao meu pai Luciano Fiuza Ferreira e à minha mãe Rita de Cássia Peixoto Ferreira, pelo amor mais obstinado e duradouro que eu poderia ter e por toda a confiança depositada durante toda a minha existência. Vocês são a base de tudo.

Ao meu esposo Mario La Torre Junior, pela enorme paciência dedicada a mim ontem, hoje e amanhã.

Ao meu filho Arthur Ferreira La Torre, pelo amor, pela dedicação e pelo constante estímulo que geram a força interior, indispensável à finalização de qualquer projeto de vida.

À minha irmã Francine Peixoto Ferreira, simplesmente por ser minha metade. Enquanto eu existir, você nunca estará sozinha.

Aos meus sogros Dulce Josephina La Torre e Mario La Torre (*in memoriam*), pois sem eles não existiria meu marido.

Aos meus amados afilhados Fernando Pessanha e Lívia Ferreira e à minha sobrinha Marina Ferreira, por me fazerem sentir o amor materno mais de uma vez.

Aos meus avós paternos e maternos (*in memoriam*), pela existência de meus pais, pois sem eles este livro e muitos dos meus sonhos não se concretizariam.

Aos meus verdadeiros e eternos amigos Neviçolino Pereira, Mariana Valente e Célia Regina Moreira, por estarem presentes em minha vida desde que me entendo por gente.

Às minhas amigas companheiras de luta contra o câncer que conheci durante essa jornada e às que não conheci e poderei ajudar de alguma forma com esta obra.

Aos meus amados médicos dr. Felipe Andrade e dr. Max Mano, aos quais devo a minha cura e, portanto, a minha vida.

À Eliane Otani, minha editora de produção, que, apesar de não ser cientista, desenvolveu uma técnica de "autoclonagem" para que esta obra pudesse ser publicada na data desejada por mim. Tenha meu agradecimento eterno.

"A Fabíola possui uma generosidade inata. Ela conhece os dois lados dessa 'moeda'; ela acolhe, ensina e é um exemplo para nós. Com bom humor e uma linguagem fácil e direta, este livro fala sobre tudo o que a gente precisa saber para passar por essa fase da melhor maneira possível."
Flávia Flores,
fundadora do Instituto Quimioterapia e Beleza, teve câncer de mama.

"Este livro é inspiração, força e amor de quem viveu a doença na própria pele. A Fabíola, com alto-astral e generosidade, nos dá uma lição de fé e ajuda a enfrentar o momento, resolvendo as dúvidas e ensinando a ter coragem!
Gratidão é a palavra."
Fatiminha Marcondes,
designer de joias,
teve câncer de mama.

"Com alegria e sabedoria, a minha amiga Fabíola La Torre passou pelo câncer de mama. Destreza, solidez e amor ao próximo reúnem-se às qualidades dessa mulher corajosa, mãe carinhosa, amiga presente e médica excepcional."
Cris Castrucci,
fundadora da ONG Be Pink
(sobre câncer na mulher),
teve câncer de mama.

Prefácio

A MULHER EM QUE ME TRANSFORMEI

Meu nome é Fabíola La Torre, sou mãe do Arthur Ferreira La Torre, mais conhecido como "Tuti". Por que estou me identificando assim? Porque pedi para meu filho falar sobre mim e ele respondeu:

— Ué, você é minha mãe. É a mãe do Arthur Ferreira La Torre, mais conhecido como "Tuti."

E é assim mesmo. Quando temos um filho, se não prestarmos atenção, perdemos nossa identidade, e não podemos deixar que isso aconteça.

Moro em São Paulo desde 1998, mas sou de Campos dos Goytacazes, a terra dos índios, no interior do Rio de Janeiro. Vim a São Paulo para realizar residência médica em Pediatria, Infectologia e Terapia Intensiva, de 1999 a 2002, na Santa Casa de Misericórdia de São Paulo.

Trabalho com crianças com doenças oncológicas há cerca de 16 anos, atualmente na UTI pediátrica do Hospital LeForte e do A.C. Camargo Cancer Center.

Amo a Medicina. Amo minhas criancinhas. Na verdade, não sou apenas médica, costumo dizer que sou pediatra por natureza. Trabalhar com crianças, sentindo de perto o que elas passam, testemunhando sua força e acompanhando o que seus familiares me dizem no dia a dia, permite que eu entenda o meu objetivo como médica. O tempo foi passando e eu continuo cumprindo, cada dia mais, a minha função como médica, ser humano, mãe, filha, esposa, amiga, etc.

No início de junho de 2016, recebi o diagnóstico de câncer de mama. Foi quando me transformei: além de mãe e médica pediatra, passei a ser também paciente.

A primeira coisa que digo é que, por mais que pareça loucura, eu não derramei uma lágrima quando recebi o diagnóstico. As perguntas de sempre me ocorreram, mas as respostas também: "Por que comigo?" "Porque isso realmente existe e acontece." "Eu mereço?" "Ninguém merece. Mas, se está aqui, vamos tratar. Rápido. Isso é apenas um nódulo em meu caminho". (Nódulo este que se dissolveu em menos de uma semana com o início da quimioterapia.)

Pesquisas indicam que em 2030 haverá cerca de 27 milhões de mulheres com esse diagnóstico. Será que toda essa gente merece? Com certeza, não. Então, eu também não mereço e não me desesperei.

A primeira questão para mim foi falar com a família. Não é uma tarefa simples: alguns acham que você esconde algo, outros permanecem ao seu lado como sempre estiveram.

Em relação aos amigos, descobri quais são os verdadeiros. E o mais impressionante é que, durante o processo todo, ganhei mais alguns, e esses são para sempre.

A rotina de exames e consultas não é fácil. Muitos exames, mais remédios, novos médicos.

Meu nódulo era localizado, sem metástases, porque sempre me preveni. Ressalto aqui a importância do autoexame das mamas e dos exames de rotina, os quais sempre fiz.

Na sequência do tratamento, vieram as preocupações com os cabelos e a mudança na aparência. Esse foi mais um desafio superado, graças ao apoio de profissionais que acabaram se transformando também em amigos. Acabei percebendo que ser careca pode ser bonito. Definitivamente não é o que quero para mim, mas consegui compreender que se tratava de um momento.

Por outro lado, tive a oportunidade de ter experiências diferentes, que jamais pensei em vivenciar. O mais incrível foi conviver com pessoas que sofriam do mesmo mal que eu. Não há distinção de idade, classe social ou etnia; nada torna você diferente delas. Em momentos assim, somos todos iguais. O câncer não sabe quem é quem.

Foram meses de muitas privações, controle e autocontrole, mas também houve inúmeras alegrias e conquistas, principalmente com o projeto "De Médica a Paciente", iniciado logo após o meu diagnóstico.

Esse projeto engloba essencialmente duas dimensões. Uma delas é a campanha "De Médica a Paciente", que eu instaurei me associando à ONG Cabelegria, entidade que visa a ajudar pacientes a obter perucas, seja para tratamento de câncer ou não. A outra é o *blog* "De Médica a Paciente", escrito por mim, que tem a finalidade de abordar temas ligados ao tratamento oncológico e orientar pacientes a encarar todos os momentos que envolvem o câncer da melhor maneira possível.

Com tudo isso que aconteceu, acho que estou aprendendo a ser uma pessoa melhor. Menos estressada, sabendo ouvir mais – porém que ainda sabe falar quando acha que deve. Hoje, sou uma pessoa que conhece o que é sentir o peso da espada no pescoço e tem de escolher se quer viver ou morrer.

Não parei de trabalhar durante todo o meu tratamento, o que foi essencial para mim. Além disso, o projeto "De Médica a Paciente" deu muito mais sentido à minha doença. Tudo isso faz a gente entender que nada na vida é em vão. Tenho plena convicção disso. Luto por isso e sempre o farei.

Minha vida mudou, eu mudei. E continuarei mudando.

Fabíola La Torre

Observação: a fim de orientar o leitor no tempo, o livro foi publicado em outubro de 2017.

Minha família

Meu pai, Luciano, e minha avó paterna, Rosa

Meu avô materno, Lauro

Meus pais, Luciano e Rita

Minha avó materna, Maria, e minha sobrinha Lívia

Minha irmã, Francine, minha avó Maria, eu e meu filho, Tuti

Meu marido, Mario, eu e meus pais

Minha sobrinha Lívia; minha irmã, Francine; eu, minha mãe e minha outra sobrinha, Marina

Meu cunhado, Carlos Antonio; minha sobrinha Lívia e minha irmã, Francine

Nós três: meu marido, Mario, meu filho, Tuti, e eu

Sumário

Capítulo 1. Entrando na Faculdade de Medicina   21
Capítulo 2. A residência médica   25
Capítulo 3. Meu casamento e meu filho   27
Capítulo 4. O mundo continua e meu diagnóstico de câncer   33
Capítulo 5. Uma médica ao ser diagnosticada com câncer   39
Capítulo 6. Breves palavras sobre a prevenção do câncer de mama   43
Capítulo 7. O câncer vai tentar tomar o controle – não deixe que isso aconteça!   47
Capítulo 8. A ciência de hoje: alegria   51
Capítulo 9. Campanha "De Médica a Paciente"   53
Capítulo 10. Sentimental   57
Capítulo 11. Como falar de câncer com seu filho?   61
Capítulo 12. Os homens da minha vida   65
Capítulo 13. O que aprendi como paciente   71

Capítulo 14.	Coisas boas quando se tem câncer	75
Capítulo 15.	Frases que não se deve dizer a quem tem câncer	77
Capítulo 16.	Informação é tudo – e um direito seu	81
Capítulo 17.	A escolha do médico	89
Capítulo 18.	E a tal da quimioterapia?	93
Capítulo 19.	Câncer HER2-positivo, hormonioterapia e terapia-alvo	103
Capítulo 20.	*Uma chance para viver* e o Herceptin®	111
Capítulo 21.	Sobre os efeitos colaterais da quimioterapia	113
Capítulo 22.	Dicas para ajudar a lidar com a quimioterapia	121
Capítulo 23.	Quimioterapia vermelha	125
Capítulo 24.	E a tal da quimioterapia branca? É tão leve assim?	127
Capítulo 25.	E a tal da neuropatia periférica?	131
Capítulo 26.	E quando a gente tem medo?	133
Capítulo 27.	Mas e os meus cabelos?	135
Capítulo 28.	Engraçado como a gente perde o medo de ser careca	145
Capítulo 29.	O estigma do cabelo raspado	147
Capítulo 30.	O apoio de minha mãe e de minha irmã	151
Capítulo 31.	Quimioterapia e maquiagem	153
Capítulo 32.	Cuidados com as mãos, as unhas e os pés	157
Capítulo 33.	Quimioterapia e o sol	161
Capítulo 34.	Exercícios físicos e câncer de mama	165

Capítulo 35. Sexo e libido *versus* câncer e seu tratamento   175
Capítulo 36. Bela, *lhenda*, divertida e ativa, mesmo fazendo quimioterapia   185
Capítulo 37. A minha cirurgia de mama   189
Capítulo 38. Considerações sobre a minha quimioterapia e o seu término   195
Capítulo 39. Minha radioterapia   199
Capítulo 40. Medo da recidiva: nova forma de terapia melhora vida de pacientes após o tratamento   205
Capítulo 41. O que andei fazendo durante o tratamento do câncer?   209
Capítulo 42. O que é o câncer para mim   213
Capítulo 43. Você sabe o que é um câncer?   215
Capítulo 44. Prevenção do câncer   223
Capítulo 45. Sobre o câncer de mama   227
Capítulo 46. Perguntas e respostas sobre câncer e câncer de mama   235
Capítulo 47. O câncer e a dor   241
Capítulo 48. Alimentação e câncer   245
Capítulo 49. Oncofertilidade   257
Capítulo 50. Gestação e câncer   259
Capítulo 51. Quando um câncer de mama está curado?   263
Capítulo 52. Vamos falar de tratamento alternativo para o câncer de mama?   267
Capítulo 53. Campanha "*Stop the sepse*"   271
Capítulo 54. Setembro Dourado e o câncer infantil   275
Capítulo 55. Bem-vindo, Outubro Rosa!   283

Capítulo 56.   Novembro Azul e o câncer de próstata   287
Capítulo 57.   Homenagem: chega de *mimimi*   299
Capítulo 58.   Grupo de WhatsApp: Só Nós Três   303
Capítulo 59.   Grupo de WhatsApp: Só Mulheres   305
Capítulo 60.   Grupo de WhatsApp: Amigas do Peito   309
Capítulo 61.   *Halloween* das amigas do peito   313
Capítulo 62.   Grupo de WhatsApp: Walking Dead   317
Capítulo 63.   A história da filha que se tornou mais que uma mãe   321
Capítulo 64.   A experiência da minha pupila, de médica a paciente II   325
Capítulo 65.   A experiência da minha amiga Silvana Zugaib   329
Capítulo 66.   *And the Oscar goes to...*? Depoimento de uma adolescente   335
Capítulo 67.   Depoimento de uma futura "de paciente a médica"   339
Capítulo 68.   Depoimento sobre câncer infantil   343
Capítulo 69.   Depoimento sobre a cura do câncer   345
Capítulo 70.   Depoimento sobre oncofertilidade   353
Capítulo 71.   Depoimentos sobre como os homens se comportam   357
Capítulo 72.   Depoimentos valiosos de amigas que o câncer me deu   363
Capítulo 73.   Algumas palavras maravilhosas   403
Posfácio   411

1 | Entrando na Faculdade de Medicina

Sempre quis cursar Medicina. Aliás, meu sonho sempre foi ser pediatra.

Qual o motivo? Só porque dá dinheiro? Só porque meus pais são médicos? Porque havia um médico para substituir? Não, nada disso. Essa vontade nasceu comigo. Aliás, minha mãe, Rita de Cássia, tem uma lição minha da época da alfabetização dizendo que eu queria ser pediatra para cuidar dos filhos de outras pessoas porque eu não teria filhos. Gente, que loucura, não é? E foi assim? O que mudou?

Bem, na verdade, sou realmente médica pediatra. Mas ainda bem que mudei alguns pensamentos; casei e tenho um filho maravilhoso, o "Tuti", hoje com 11 anos de idade.

Sempre fui daquelas estudantes "caxias", chata mesmo. Sentava na primeira carteira, anotava tudo que os professores diziam e às vezes até gravava aulas. Meus cadernos e livros eram impecáveis. Então, por conta de tudo isso e porque minha família sempre esteve ao meu lado, acabei entrando na Faculdade de Medicina de Campos, em Campos dos Goytacazes, em 1992, na primeira prova que prestei. Fui a primeira pessoa da minha família a entrar em algum curso de Medicina; até então, não havia médicos na família.

E como foi a faculdade?

Nossa, era muito difícil. Mas eu continuei firme e forte. A gente acha que o pior é tentar entrar, porém, durante o decorrer do curso, é preciso ralar muito e estudar demais. Lembro-me claramente dos finais de semana em que meus pais iam à praia e eu ficava em casa para estudar.

Ser médico não é nada fácil. Ser médico é realmente aprender a abrir mão de algumas coisas, principalmente da sua família, logo cedo. Desde a época da graduação aprendi isso. E o pior (ou melhor) e mais louco é que sempre gostei disso. O prazer de fazer o que se ama é maravilhoso. E, aos poucos, comecei a me dar conta de que eu amava cada vez mais o que fazia. Isso me deu liberdade para enfrentar um dos períodos mais difíceis da minha vida.

Estou convencida de que a única coisa que nos permite seguir adiante é o amor pelo que a gente faz. Você tem que descobrir o que ama. Isso é verdadeiro tanto para o seu trabalho quanto em relação às pessoas que você preza. Porque viver é muito difícil, diariamente. Todos os dias enfrentamos dificuldades, independentemente da classe social, da profissão, do sexo ou da doença. E, se não houver amor envolvido, a escalada torna-se ainda mais penosa.

O trabalho, por exemplo, preencherá grande parte da sua vida, e a única maneira de ficar realmente satisfeito é fazer o que você acredita ser um ótimo trabalho. E como atingir esse resultado? Amando o que faz.

Se você ainda não encontrou a profissão que o faça se sentir assim, continue procurando. Não sossegue. Assim como em todos os assuntos do coração, você saberá quando encontrar. E, como em qualquer grande relacionamento, só melhora à medida que os anos passam.

Fiz vários amigos na faculdade, mas sempre existe aquela turminha especial, não é? Eu tinha uma turma *top*: as meninas Fabrina (Fay), Alessandra (Ale), as Cristianes, Renata (Re) e Cleita, amigas que fiz graças ao destino e reencontrei ao longo de anos. Havia os meninos também: Jober (Zuberrrrrr), Antônio Carlos (Tonhão), Libório (Libs) e muitos outros, que fizeram parte da minha vida por seis anos e acabei reencontrando após algum tempo, um pouco antes de adoecer. Incrível como a doença tem o dom de nos fortalecer e engrandecer. Às vezes, ela nos afasta das pessoas, mas, em alguns momentos, se soubermos ser habilidosos e inteligentes, podemos usá-la a nosso favor para trazer de volta pessoas importantes para mais perto.

Os primeiros contatos com pacientes ocorreram no quarto ano do curso de Medicina e foi muito emocionante. Lembro-me até hoje de que ganhava ovos, galinha, laranjas, entre tantos outros alimentos do interior do estado do Rio de Janeiro. Em especial, um presente muito carinhoso que ainda tenho guardado me marcou bastante. Foi de um senhor com câncer de pâncreas, o qual ajudei no momento do diagnóstico. Ele era muito humilde, e o acompanhei por cerca de 20 dias na enfermaria de Clínica Médica do hospital em Campos dos Goytacazes.

Cris, Cleita, Ale, eu e Fay: grandes amigas da faculdade

Amigos da Faculdade de Medicina de Campos

Amigos da Faculdade de Medicina de Campos

Pelo fato de ter sido estabelecido seu diagnóstico, mesmo que não fosse bom, ele entregou-me um canivete velho de presente, todo enferrujadinho, para eu cortar laranja quando estivesse de plantão. Aquilo me marcou tanto! Foi tão profundo e tão carinhoso ao mesmo tempo que, todas as vezes que vou conversar com uma família para informar um diagnóstico, qualquer que seja, lembro-me desse momento e do quanto esses pacientes dependem de nós como médicos, pois suas vidas e suas almas estão em nossas mãos. Essa relação é especial demais e ninguém pode nos tirar. Trata-se da verdadeira relação médico-paciente.

Quando estava para fazer o internato, que é a parte da faculdade em que entramos em contato com os pacientes para definitivamente efetuar a parte clínica, acabei indo para o Instituto de Assistência Médica ao Servidor Público Estadual (Iamspe) em São Paulo. Durante meu último ano da faculdade, vi-me pela primeira vez longe da minha família, a 750 km de distância de Campos dos Goytacazes, minha cidade natal.

No Iamspe, os rodízios eram feitos em módulos: clínica médica, ortopedia, pediatria, cirurgia e ginecologia e obstetrícia.

Na ginecologia, impressionei-me logo com as pacientes com câncer de mama. Naquela época, era muito comum ver pacientes internadas com esse tipo de câncer em estágios avançados, com metástase cerebral e outras, o que me sensibilizava demais. Na verdade, tinha muito medo de que acontecesse comigo, mas ao mesmo tempo sentia pena daquelas mulheres de 40 a 60 anos de idade com uma vida paralisada, um verdadeiro *stop* causado por uma doença que te deixa careca e fraca, e que pode te matar.

Não sei o motivo, mas em algum momento daquele estágio da faculdade, quando passava pelas cadeiras de ginecologia e obstetrícia, eu sabia que um dia teria câncer de mama. Mas coloquei em minha mente que, caso viesse a sofrer dessa doença, eu me curaria. E, para isso, precisava descobrir precocemente e me prevenir. E foi isso que fiz desde então. Cuidei-me, sempre realizando exames preventivos.

O ano de 1998 foi passando e concluí o curso de Medicina em dezembro. Voltei para minha terra natal para as datas festivas e, em seguida, começaram as provas para a residência médica.

Rever os amigos de faculdade nas festas foi maravilhoso. A formatura de Medicina é uma algo sem explicação... lutamos tanto por isso. Depois de longos anos de faculdade, sofrimentos e alegrias, a formatura, para muitas pessoas, pode até parecer um dia qualquer de festa; porém, para quem se prepara e enfrenta as dificuldades da faculdade, é uma vitória imensa, sem mencionar a sensação de dever cumprido e de que todo o sacrifício não foi em vão. A partir desse momento, há a esperança de que um mundo de possibilidades se abrirá à nossa frente, com caminhos diversos e alegrias incomensuráveis.

Formandos do curso de Medicina do ano de 1998 da Faculdade de Medicina de Campos

Formandos do curso de Medicina do ano de 1998 da Faculdade de Medicina de Campos

2 | A residência médica

Se você acha que nada é tão ruim que não possa piorar, está certo.

Entrei na residência médica de Pediatria, como sempre sonhei, na Santa Casa de Misericórdia de São Paulo. Foi uma grande realização, mas, na prática, era muito pesado. Nossa, como foi difícil. Trabalhei muito, estava longe da família, em uma cidade louca e muito diferente do Rio de Janeiro e, ainda por cima, terminei um namoro de sete anos durante a residência. E imagine fazer estágio lá no bairro mencionado na famosa música: "Moro em Jaçanã, se eu perder esse trem, que sai agora às 11 horas, só amanhã de manhã...". Era assim mesmo. Eu pegava metrô, ônibus e van e, se perdesse o horário, só no dia seguinte pela manhã.

Lembro-me muito bem que minha irmã já estava na faculdade de Medicina nessa época e meu pai passava por uma crise financeira grave. Mesmo assim, em nenhum momento minha família deixou de apoiar nós duas. Alguns anos depois, minha irmã também passou na residência de Pediatria, na Escola Paulista de Medicina da Universidade Federal de São Paulo (EPM-Unifesp), e finalmente moramos juntas outra vez.

Tive vários momentos maravilhosos durante a residência médica, a qual durou de 1999 a 2002, afinal, estava fazendo o que mais amava: cuidar de crianças. Nesse ponto, realmente fiz a escolha certa. É o que mais amo fazer em minha vida, o que me mantém forte e em paz. Após dois anos de Pediatria, fiz Terapia Intensiva Pediátrica e, em seguida, Infectologia. Tudo dentro da Pediatria, lógico. Foram anos maravilhosos, difíceis, mas, é claro, de muito aprendizado.

Voltando a falar de namoro, passei uns anos solteira, levando uns foras de uns e outros e, em 2002, finalmente, em uma noitada em São Paulo (cidade que costumamos chamar de Sampa) com meu pai, Luciano, acabei conhecendo o amor da minha vida – meu marido, Mario La Torre Junior.

Nós fomos a um aniversário na casa de um amigo e, ao solicitarmos informações do local, o meu amado nos orientou, pois estava indo para a mesma festa. Nos conhecemos melhor e começamos a namorar, o que levou ao casamento em 2004.

Durante a residência médica, conheci também meu melhor amigo, Neviçolino Pereira de Carvalho Filho. Somos irmãos de coração e alma. O Nevi fez residência médica comigo e nos identificamos logo de cara, tanto que somos melhores amigos até hoje. Fiz os quatro anos de residência na Santa Casa, e o Nevi fez dois anos de Pediatria lá e outros dois anos de Oncologia Pediátrica no A.C. Camargo Cancer Center, onde foi contratado e trabalha até hoje.

Fiz muitos outros amigos na residência, mas o Nevi se tornou meu eterno amigo-irmão. É engraçado como algumas pessoas passam por nossa vida e vão embora, já outras ficam de verdade.

Nevi, meu amigo-irmão

3 | Meu casamento e meu filho

Em 2004, após 1 ano e 6 meses entre namoro e noivado, casei-me com Mario. Foi um dos dias mais felizes da minha vida. Hoje, após anos de casamento, posso dizer que meu marido foi uma das melhores escolhas que fiz. Nós nos casamos em duas datas: 3 de janeiro e 17 de julho. A primeira foi no cartório, em São Paulo, e a segunda, no religioso, com festa em Campos. Isso que é marido bom, não é?

Eu e minha querida avó Maria

Nós dois e minha sogra, Dulce Josephina

Nós dois e meus pais, Luciano e Rita

Casamento civil

Minha irmã, Francine, e eu

Meu afilhado Fernando: amor de alma

Almoço em comemoração ao casamento civil: restaurante As Véia, de um grande amigo, o Bira (03 de janeiro de 2004)

16 semanas de gestação

Mario e eu, 30 semanas de gestação

Em abril de 2006, nasceu meu filho, o Arthur ("Tuti"). O nascimento dele foi o primeiro momento em que tive contato com o sofrimento dos pais sem ser médica. Meu filho apresentou um problema pulmonar ao nascer, chamado pneumotórax, e ficou dez dias na UTI neonatal. Teve de ser intubado e colocar um dreno no tórax. No hospital, vivi todas as emoções possíveis e imagináveis. Dor, angústia, medo, insegurança, alegria, confiança na Medicina e até revolta por algumas condutas não humanizadas dentro da UTI. Mas meu filho ficou bem e teve alta são e salvo. Que alegria! Ao mesmo tempo, tive muito medo de levar para casa aquele bebê tão indefeso e ter de cuidar de tudo. Afinal, durante a gestação, por mais dúvidas e medos que tenhamos, o bebê tecnicamente está protegido dentro da barriga e ninguém pode chegar perto. Além disso, ele está o mais próximo possível de nós; é só colocar a mão na barriga para senti-lo. E quando ele nasce, a gente tem vontade de dormir ao lado, de não tirar os olhos de cima, enfim, de não deixar que nada aconteça. Mas não é possível, as coisas acontecem.

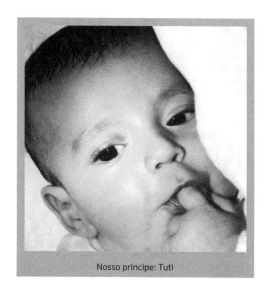
Nosso príncipe: Tuti

Dois grandes amores da minha vida: meu filho com 1 ano e meu afilhado Fernando

Tuti com 1 ano de idade

Tuti com 7 anos

4 | O mundo continua e meu diagnóstico de câncer

Sou uma pessoa otimista e bastante disposta, por isso resolvi compartilhar abertamente – por meio do meu *blog*, ativo desde o meu diagnóstico, e agora também por meio deste livro – todas as fases e situações de uma paciente médica com o diagnóstico de câncer de mama. Não deixei de ser médica, apenas passei a ser também paciente.

Muitos acontecimentos serão expostos aqui com o intuito de informar e ajudar pacientes a superarem o câncer de mama.

Eu descobri a doença durante o banho, quando fiz o autoexame e percebi um carocinho no seio direito. Foi fácil detectar porque ele era externo e, juro, um dia antes não havia nada. Eu tinha feito uma mamografia 6 meses antes, a qual estava completamente normal. De repente, estava lá, um nódulo.

Então, passei um tempo (cerca de um mês) na correria e, em seguida, fiz a mamografia, cujo resultado foi BIRADS 4.

Em seguida, falei para meu marido e para o meu amigo-irmão Nevi: "Estou com câncer de mama". Claro que eles acharam que não era. Meu marido pensou que fosse mais um cisto. Entretanto, eu sabia que era e fui me preparando. O Nevi marcou um médico mastologista, meu amado dr. Felipe Andrade, para o dia seguinte. Na consulta, ele viu a mamografia e não gostou da imagem. Ou seja, eu tinha câncer: carcinoma ductal invasivo grau 3. Fiz a biópsia no dia seguinte e o resultado foi tumor triplo positivo, HER2-positivo.

Em capítulos específicos sobre hormonioterapia e sobre o câncer HER2--positivo, há mais detalhes desses assuntos.

Como reagi à notícia de que eu estava com câncer de mama? Fiquei um pouco triste, é verdade, mas *relax*, porque eu aceitei. Minha grande amiga Amanda estava junto comigo quando recebi a notícia pelo viva-voz. Ela chorou muito; eu não. Por ser uma segunda-feira, eu estava trabalhando no LeForte e tinha uma reunião em 15 minutos. Ela me acompanhou na reunião, a qual durou cerca de 30 minutos. Em seguida, comuniquei ao meu diretor, o dr. Fernando Alfieri. Ele foi fantástico. Apoiou-me imediatamente e disse que estava ao meu lado. Logo depois, o dr. Aidar entrou em contato comigo e ofereceu uma grande força. E Amandinha? Chorou de novo. E eu? Firme e forte. Por quê? Não sei.

No final das contas, o resultado dos exames foi muito bom; o nódulo era localizado, sem metástases e estava bem no início. Certamente, esse resultado bom decorreu do fato de eu sempre ter realizado exames preventivos. Isso é essencial e talvez seja um dos tópicos mais importantes acerca do que quero compartilhar neste livro. Quero ensinar vocês, leitores, a se prevenirem, ou seja, orientar o diagnóstico precoce.

De qualquer forma, certamente há uma força divina ao redor de tudo isso – só quem passa, sabe. E, com certeza, muito da minha força vem por eu ter tido um diagnóstico na fase inicial e por ter confiança na equipe que me trata – meus queridos dr. Felipe Andrade (mastologista) e dr. Max Mano (oncologista).

Vou confessar algo. Ao receber o diagnóstico de câncer, se você quiser, pode enlouquecer um pouco – diferentemente do que aconteceu comigo. Pode espernear, brigar com o marido, chorar (mas bem pouco, porque estraga a pele, *rsrs*), gritar e até dizer palavrões. Afinal, você tem câncer, o que não é uma coisa fácil. E quando a gente tem câncer, a gente pode "tudo". Outro ponto fundamental é ter fé. Ela é imprescindível, de qualquer maneira. Precisamos acreditar em algo. Eu escolhi Deus. Há melhor opção?

Enfim, quando tomamos conhecimento da doença, precisamos fazer várias coisas. A primeira questão é falar com a família. Bom, a **minha** é enorme. Aliás, descubro um primo por dia no Facebook. A família é "terrível". Todo mundo, sem exceção, acha que você está escondendo algo. "Deve ser mentira; deve ser mais grave do que ela está falando, etc.". Eu não sei o que eles querem dizer com mais grave, afinal, como diz o meu amado médico dr. Max, quimioterapia não é uma coisa banal. E eu não esqueço a frase que o divo dr. Felipe disse: "Câncer é igual bandido, não tem nenhum bom. Portanto, vamos tratar disso rápido, para que a cura venha logo".

Eu pude contar com muita força da minha família, em especial do meu marido, da minha mãe, da minha irmã e do meu filho. Acreditei neles! E, sobretudo, acreditei em meus médicos, dr. Felipe e dr. Max.

Já em relação aos amigos, agora, sim, você saberá de antemão quais são os de verdade. É impressionante: por causa do câncer, eu recebi amigos verdadeiros e eternos. Eles são poucos e estarão com você para o que der e vier. Entre outros, cito alguns mais marcantes: Célia Regina Moreira, Neviçolino Pereira de Carvalho Filho, Mariana Valente, Regina Avellar, Pedro Porciúncla (meu cabeleireiro, do C.Kamura), Carlos Cirqueira (meu outro meu cabeleireiro, da Hair Look) e Rose Coelho. Tenho muitos, mas esses viraram mais irmãos do que tudo – que a minha irmã Francine não tenha ciúmes, porque ela é minha alma gêmea.

Por isso, o principal a dizer sobre mim é que a fé e a solidariedade transbordam no meu coração, especialmente com o apoio incondicional de quem me ama, isto é, da minha família e de muitos, muitos amigos – e até mesmo desconhecidos que se somam na luta contra o câncer.

Depois de falar com família e amigos, entramos efetivamente no mundo do paciente. Afinal, em geral, eu é que sou a médica e peço exames; não investigo a mim mesma. Sendo assim, novos exames, novos remédios, novos médicos. Meu celular, que já tinha contatos de muitos médicos para trocar plantão, ficou lotado de contatos dos médicos responsáveis pelo meu tratamento. Uma bela mudança.

Durante uma semana fiz exames. Dias bem cheios e corridos: exames de manhã, consultas à tarde, medicações à noite. Chegava em casa tão cansada que apenas tomava banho e já dormia. Isso era bom, porque não dava tempo de pensar em muita bobagem. Cheguei a emagrecer de 4 a 5 quilos nos primeiros 10 dias.

E se você gosta de adrenalina, imagine uma médica perguntando sobre os exames para os funcionários. "E aí, é só um nódulo?" "Tenho metástase?". Meu Deus, é impressionante! Vivemos a situação à flor da pele! Na realidade, esse foi um dos momentos mais tensos. De fato, é muito difícil esperar o resultado de exames.

Por isso, hoje, eu compreendo muito melhor meus pacientes e seus pais, e meu comportamento agora é muito diferente. Inclusive, repasso isso frequentemente para meus colegas de Medicina. Gostaria que todos entendessem como é ser um paciente. Costumo dizer: "Não demorem a dar os resultados de exames, pois é uma angústia. A espera pelo resultado do exame talvez seja pior que o resultado em si. Olhem nos olhos de seus pacientes. Não tentem os enganar. A gente, enquanto paciente, percebe a mentira e a pena. Não sintam pena, cuidem de nós. Exerçam apenas o papel de cuidadores e profissionais da saúde. E não se esqueçam de seguir as regras e os protocolos".

Durante o meu tratamento, vi vários profissionais que não levavam esses aspectos em consideração, mas também vi muitos exercendo adequadamente sua função. Ainda bem, pois assim podemos ter mais esperança na humanidade.

Repito aqui o que eu comentei no Prefácio.

No início de junho de 2016, recebi o diagnóstico de câncer de mama. Foi quando me transformei: além de mãe e médica pediatra, passei a ser também paciente.

A primeira coisa que digo é que, por mais que pareça loucura, eu não derramei uma lágrima quando recebi o diagnóstico. As perguntas de sempre me ocorreram, mas as respostas também: "Por que comigo?" "Porque isso realmente existe e acontece." "Eu mereço?" "Ninguém merece. Mas, se está aqui, vamos tratar. Rápido. Isso é apenas um nódulo em meu caminho". (Nódulo este que se dissolveu em menos de uma semana com o início da quimioterapia.)

Pesquisas indicam que em 2030 haverá cerca de 27 milhões de mulheres com esse diagnóstico. Será que toda essa gente merece? Com certeza, não. Então, eu também não mereço e não me desesperei.

Ter a atitude que tive não foi simples, mas, com o firme objetivo de me curar e também ajudar tanto as mulheres na mesma situação que a minha como as pessoas que estão em volta delas, resolvi tornar as coisas mais fáceis e bem compreensíveis. Sempre gostei de viver de forma lúcida, e com meu diagnóstico isso ficou mais forte ainda. Quero informar e dividir minhas experiências sobre o câncer de mama.

Dentre outros objetivos desta obra, destaco que eu também quero desmistificar os sentimentos de: "coitadinha", "ela não merece", "como pode?", "que desgraça", entre outros, pois muitas vezes sofremos com a posição que assumimos de coitados. E, fato de suma relevância, quero ajudar as mulheres a se manterem mulheres e *lhendas* mesmo com o tratamento pesado a que são submetidas.

O MUNDO CONTINUA

Antes de tudo o que vou contar, tenho umas palavras de motivação iniciais – as quais serão também bem destacadas durante todo o livro.

É importante viver cada dia como se fosse o último, pois um dia ele realmente será o último. Como disse Steve Jobs: "Se hoje fosse o meu último dia, eu gostaria de fazer o que farei hoje?". Pensar que estaria morto em breve mudaria alguma coisa? Isso pode ser a ferramenta mais importante que você encontrará para tomar grandes decisões. Porque quase tudo – expectativas externas, orgulho, medo de passar vergonha ou falhar – cai diante da morte, deixando apenas o que é realmente importante. Você já está nu. Não há razão para não seguir seu coração. Somos um pouco de tudo e formamos um todo. De um lado, há a ciência, com todos os seus avanços; do outro, a fé e a clemência humana.

Como mencionei antes, não podemos perder a identidade após ter um filho e, além disso, nunca podemos deixar de representar o cromossomo XX do gênero feminino. Manter-me sempre feminina ajudou-me nos momentos mais difíceis, porque ser feminina é a minha identidade. Por isso, eu acredito que a feminilidade deve representar a identidade das mulheres com câncer de mama, uma vez que a tendência é que ocorra a diminuição da autoestima.

Na data de publicação deste livro, havia se passado pouco mais de um ano da descoberta do diagnóstico de câncer de mama. Contudo, não morri e nem fiquei deprimida. E sei que, independentemente do câncer, a morte é o destino que todos nós compartilhamos. Ninguém conseguiu escapar até hoje. Trabalho diariamente com vida e morte como médica e vejo isso. E assim deve ser, porque provavelmente a morte é a principal invenção da vida. É o agente de mudança desta. Ela limpa o velho para abrir caminho para o novo. Agora eu sou o novo, mas mais tarde serei o velho. O seu e o meu tempo são limitados, é possível compreender? Então, não vamos gastá-lo vivendo a vida de um outro alguém, muito menos reclamando do que estamos passando. Vamos à luta.

Família: minha irmã e meus pais

Nevi, meu amigo-irmão

Célia (Celinha) e eu, no meu aniversário de 38 anos

Mariana Valente e eu, em um restaurante italiano após um dia de quimioterapia – *best friends forever*

Eu e minha irmã, Francine

Pedro Porciúncla, meu cabeleireiro do C.Kamura, colocando a minha primeira peruca

Carlos Cirqueira, meu cabeleireiro da Hair Look, no dia em que coloquei prótese capilar

5 | Uma médica ao ser diagnosticada com câncer

O que acontece quando quem atende e ajuda pacientes com câncer é diagnosticado com a doença?

Sou uma médica que trabalha com crianças internadas em UTI pediátrica oncológica. Ao receber o diagnóstico, confesso que o sentimento que tive em relação ao câncer foi: "Não vejo como isso me afetou". No entanto, quando pensei mais profundamente a respeito, percebi algumas coisas que ainda não tinham passado pela minha cabeça e que chegaram a me preocupar.

Como intensivista, passei mais de 16 anos da minha vida entre apitos de aparelhos, luzes, tubos, cateteres, etc. Sou coordenadora-autora dos livros técnicos *Emergências em pediatria* (Manole, 2013) e *UTI pediátrica* (Manole, 2015), ambos endossados pela Santa Casa. Terminei meu Mestrado em 2016, dissertando sobre fatores de risco relacionados a infecções de cateteres venosos centrais. Tudo isso significa, por exemplo, que sei segredos sobre meu diagnóstico de câncer... Conheço-os antes de vocês.

No entanto, quando fui diagnosticada com câncer de mama, em 2016, bloqueei todo esse conhecimento. Recusei-me a interferir em quaisquer informações ou condutas. Eu sei como são os tumores e como se formam. Mas no que isso poderia me ajudar? Em nada. O que, de fato, faria alguma diferença no meu tratamento seriam os meus médicos.

Como vocês já sabem, nunca perguntei: "Por que eu?". Talvez seja por causa de todas as sequências de DNA "erradas". E sabemos que todos os dias milhões de células podem potencialmente sofrer mutações em seu DNA. Então, sei que a pergunta mais pertinente seria: "Por que não eu?".

Tenho orgulho de fazer parte de uma equipe que está por trás das linhas inimigas do câncer, ajudando a combater suas complicações no momento em que os pacientes estão bastante fragilizados e precisando de grande apoio e interferência imediata, sem a qual a sobrevivência seria impossível. Tenho orgulho em ser intensivista e amparar as famílias afetadas pela doença, trabalhando para que possamos trazer de volta seus filhos após a vida ter estado por um fio, como acontece na UTI. Conheço os numerosos controles e cuidados diários que precisamos fazer para se chegar a cada resultado de cada paciente dentro da UTI, antes de ele ser liberado para a família. Imagino todos os parentes sorrindo com alívio, levando seus filhos para casa.

Creio que por esses motivos, quando recebi o meu diagnóstico de câncer, as coisas com as quais eu não me preocupei foram:
- Os medicamentos irão funcionar?
- O cirurgião saberá o que fazer?
- Será que minhas amostras serão extraviadas?
- Fizeram o diagnóstico correto?
- Vou sobreviver?
- Terei alguma reação alérgica?
- Na hora da cirurgia, o anestesista vai notar as intercorrências, se houver?

Como médica, sei que, obviamente, as coisas podem dar (e algumas vezes dão) errado. Trabalhar em um hospital de referência para o câncer, no entanto, mostrou-me que cada profissional age de maneira extremamente dura para salvar os pacientes, ampliando as técnicas à medida que novas tecnologias estão disponíveis, e tudo isso também para ter maior conhecimento e experiência para futuros pacientes.

Agora, como uma paciente com câncer, me sinto afortunada por estar vivendo em um mundo cheio de conhecimento científico. O árduo trabalho dos funcionários do hospital foi o que ajudou a tornar minha experiência mais fácil: o médico oncologista que faz uma pesquisa extra para descobrir se um caso é apropriado para a terapia de reposição hormonal, a enfermeira que é especializada em oncologia e sempre chega sorrindo, a técnica de ressonância que admira o meu esmalte de unha (*rsrs*), as voluntárias vestindo roupas cor rosa claro que vêm trazer balinhas em todos os dias da quimioterapia, meu mastologista tão, mas tão experiente e ainda um geneticista super *nerd* estudando todos os DNA da minha vida.

Sempre me surpreende muito o quanto nossos corpos são capazes de lidar com a quimioterapia, a radioterapia e a cirurgia. Nós aguentamos mesmo as bombas, viu, gente?

Claro que existem dias chatos, como quando a pele fica horrorosa. Mas aí a gente vai fazer um *make* com a Ari, *lheeenda*, no C.Kamura, e aproveita para "dar um trato" na prótese capilar enquanto o *laser* da minha maravilhosa dermatologista dra. Daniela Pellegrino faz efeito. E tudo fica bem. *Make* é vida – falarei isso em outro capítulo.

Espere e aceite os dias ruins. Acredite, você passará por eles. Você sentirá medo e ansiedade apenas ao pensar na possibilidade de recidiva. Mas, lembre-se, ter um dia ruim e ficar emotivo não quer dizer que não esteja curtindo sua segunda chance na vida, significa apenas que você é humano. Experiencie o que vier no momento e não deixe ninguém lhe dizer como você deve se sentir. Elabore um plano para o que fará nesses dias ruins – talvez comer sua comida favorita com seu melhor amigo, fazer uma viagem ou assistir a seu filme preferido. Crie o "plano de emergência do dia ruim", isso poderá garantir que sempre terá um lugar para voltar.

E lembre-se, lindos mesmo são o corpo e o espírito, que continuam...

Make by Ari

6 | Breves palavras sobre a prevenção do câncer de mama

O câncer de mama é o mais temido pelas mulheres, tanto por ser frequente quanto, sobretudo, pelos seus efeitos psicológicos, que afetam a percepção da sexualidade e a própria imagem pessoal. É raro acometer indivíduos antes dos 35 anos de idade; já acima dessa faixa etária, sua incidência aumenta rapidamente. Entretanto, são cada vez mais comuns casos de câncer de mama também em pessoas com menos de 35 anos. (Inclusive, pessoalmente, ou seja, sem consultar estatísticas, posso constatar isso ao considerar as pessoas que adiciono em um grupo de WhatsApp que criei para portadores de câncer de mama e de ovário.)

O câncer de mama caracteriza-se pela proliferação anormal, de maneira rápida e desordenada, das células do tecido mamário. Um tumor pode ser benigno (não perigoso para a saúde) ou maligno, que são os cancerosos. (Consulte também os capítulos mais técnicos para detalhes adicionais.)

Os fatores de risco para o câncer de mama são brevemente expostos a seguir.
- Idade: constitui um importante fator de risco, pois há um rápido aumento da incidência conforme a idade avança.
- Histórico familiar: é um fator de risco significativo para o câncer de mama, especialmente se uma ou mais parentes de primeiro grau (filha, mãe ou irmã) forem acometidas antes dos 50 anos de idade. Entretanto, o câncer de mama de caráter familiar corresponde a aproximadamente 5 a 10% do total de casos de câncer de mama.

- A menarca precoce (idade da primeira menstruação), a menopausa tardia (instalada após os 50 anos de idade), a ocorrência da primeira gravidez após os 30 anos e a nuliparidade (o fato de não ter tido filhos) também constituem fatores de risco para o câncer de mama.
- Ainda é estudada a associação do uso de contraceptivos orais com o aumento do risco para o câncer de mama.
- Fatores comportamentais e ambientais bem estabelecidos incluem: sobrepeso e obesidade na pós-menopausa, exposição à radiação ionizante e ingestão regular de álcool. O tabagismo, fator estudado ao longo dos anos com resultados contraditórios, é atualmente reconhecido pela International Agency for Research on Cancer (IARC) como agente carcinogênico com limitada evidência de aumento do risco de câncer de mama em humanos.
- Os fatores genéticos/hereditários estão relacionados à presença de mutações em determinados genes, especialmente *BRCA1* e *BRCA2*.

Os sintomas do câncer de mama palpável são o nódulo ou tumor no seio, acompanhado ou não de dor mamária. Podem surgir alterações na pele que recobre a mama, como abaulamentos ou retrações, ou aspecto semelhante à casca de uma laranja. Podem também surgir nódulos palpáveis na axila.

A busca constante pela detecção antecipada é a atitude mais imprescindível, pois quanto mais precocemente se descobrir o câncer, melhor será a sobrevida. Casos com diagnóstico precoce têm 95% de chance de o paciente sobreviver. E as maneiras mais eficazes para detecção precoce do câncer de mama são o exame clínico da mama e a mamografia. O autoexame é relevante, sim, mas muito se discute sobre ser somente o primeiro a ser considerado, uma vez que, geralmente, quando o nódulo é palpável, o tumor já está em estágio bem avançado.

A mamografia é a radiografia da mama que permite a detecção precoce do câncer, por ser capaz de mostrar lesões em fase inicial, muito pequenas, que meçam até mesmo milímetros. É realizada em um aparelho de radiografia apropriado, chamado mamógrafo. Nele, a mama é comprimida de modo a fornecer melhores imagens, e, portanto, permitir boa capacidade de diagnóstico. O desconforto provocado é leve e suportável.

A mamografia é indicada como exame de rotina a partir dos 40 anos de idade. Contudo, as pacientes com histórico de câncer de mama na família em parentes de primeiro grau (mãe, irmã e/ou filha) devem realizar o exame antes dessa idade, pois o risco de câncer de mama pode ser maior. Vale ressaltar que, antes dos 35 anos, a ultrassonografia de mamas pode ser mais indicada, já que a densidade das mamas dificulta a visualização de lesões na mamografia.

Os textos deste capítulo foram adaptados dos seguintes *links*:
- <http://www2.inca.gov.br/wps/wcm/connect/tiposdecancer/site/home/mama/fatores_de_risco_1>.
- <http://www.inca.gov.br/wps/wcm/connect/tiposdecancer/site/home/mama/deteccao_precoce++>.

7 | O câncer vai tentar tomar o controle – não deixe que isso aconteça!

Eu sempre gostei de falar sobre resiliência, pois me considero uma pessoa resiliente graças à Medicina e às minhas queridas crianças. Nos meus 19 anos como médica, já vi muita coisa e isso me dá forças para superar as dificuldades do dia a dia. Quero dividir com vocês também minhas angústias, para que elas sirvam de exemplo para que mais pessoas se tornem resilientes.

Resiliência significa, basicamente, voltar ao estado normal. É um termo oriundo do latim *resiliens*, que tem o sentido de recusar, voltar atrás. A resiliência possui diversos significados para a área da psicologia, administração, ecologia e física.

Na Física, resiliência refere-se à capacidade que um material tem de suportar grandes impactos de temperatura e pressão, de se deformar ao extremo, mas conseguir se recuperar e voltar à sua forma anterior. Ou seja, ele quase "morre" para voltar a ser como era antes após se refazer e se reconstruir.

Esse termo passou por uma adaptação nas ciências humanas e, hoje, representa a capacidade de um ser humano de sobreviver a um trauma, configurando a resistência do indivíduo – e não só a resistência física, mas a visão positiva para se reconstruir.

Nas organizações, a resiliência trata-se de uma tomada de decisão quando alguém se depara com um contexto entre a tensão do ambiente e a vontade de vencer. Essas decisões propiciam que a pessoa reúna forças para enfrentar a adversidade.

São consideradas resilientes as pessoas que mantêm boa capacidade de recuperação após passarem por dificuldades. O resiliente é aquele que, mesmo após um trauma – por exemplo, quando perde o emprego, morre o amigo, a esposa pede-lhe o divórcio, repete de ano na escola –, ainda assim continua sua busca por soluções ou maneiras de adaptação à nova realidade.

E por que certas pessoas são capazes de se levantar mesmo depois de um grande trauma? Cada área defende suas explicações:

- A Biologia defende que cada ser humano é dotado de um potencial genético específico que o permite ser mais resistente que outro ser humano.
- A Psicologia considera a importância do relacionamento com a família, principalmente na infância, que constrói a capacidade de suportar crises.
- A Sociologia ressalta a importância da influência da cultura e das tradições.
- A Teologia vê a necessidade do sofrimento como fator de evolução espiritual: o "dar a outra face".

Independentemente da explicação a ser considerada, eu acredito que o mais importante é que existe um grupo de pessoas (homens, mulheres, crianças e idosos) que consegue retomar a vida após um trauma, seja ela a morte de um filho, a perda de uma parte de seu corpo, a perda do emprego ou doenças graves, físicas ou psíquicas. Vejo isso diariamente e tento me espelhar nesses exemplos.

Diante de uma situação difícil, o que você faz: chora, foge ou enfrenta? Pois é, há pessoas que, além de ficarem para enfrentar os problemas, ainda conseguem se beneficiar com eles, aprendendo e crescendo emocionalmente. Essas são as pessoas resilientes de fato. Ou seja, dão a volta por cima. E "vamos que vamos".

No contexto de um diagnóstico de câncer, há duas grandes dimensões: (1) fazer você ter forças inexplicáveis para lidar imediatamente com a doença e (2) te obrigar a gerenciar essa súbita perda de direção e controle. O ideal é sempre ter força e também calma. A boa notícia é que sempre é possível recuperar e retomar o controle.

O problema é que todas essas emoções podem levar a sentimentos de desesperança e muita tristeza. Essa ansiedade inicial, por exemplo, junta-se ao medo do desconhecido sobre o que talvez esteja por vir, tornando difícil encarar o futuro uma vez que não se sabe o que ele reserva.

Bom, foi nesse momento que eu comecei a agir. Eu sabia que os médicos já tinham um plano para o tratamento da minha doença; e também sabia que eu tinha de desenvolver um outro plano para o meu próprio tratamento emocional. Então, descobri algumas estratégias que me ajudaram a navegar por essa jornada de retomar o controle da minha vida, as quais quero compartilhar com vocês:

- Seja assertivo. Fale por si mesmo! Permita-se ser seu próprio advogado. Pergunte tudo o que quiser à equipe médica e persista até obter as respostas que aliviarão definitivamente a sua ansiedade.
- Conhecimento é poder! Quanto mais informações você compreender sobre a doença, antes, durante e após o tratamento, e também sobre o que você deve esperar, mais seus medos diminuirão. Estude sobre o seu tipo específico de câncer. Aprenda o máximo possível para ser um paciente bem informado. Acredite, isso faz diferença.
- Faça parte de um grupo de apoio. Falar e/ou estar com outras pessoas que enfrentam a mesma doença e que passam por ansiedades e preocupações semelhantes é tremendamente benéfico. Reunir-se com outras pessoas sem medo de ser julgado pode ser de extremo conforto. Pode ser até um grupo de WhatsApp.
- Se você acredita em um poder superior, isso te trará esperança para o futuro. No entanto, se achar a crença espiritual muito difícil, reúna as forças de sua família e entes queridos que entendam suas necessidades.

Em setembro de 2016, quando estava em uso do Perjeta® (pertuzumabe), deparei-me com um dos piores efeitos colaterais da minha quimioterapia: não poder visitar a minha amada família. Posso afirmar que a químio não teria sido tão ruim se eu tivesse podido visitar minha família. Quem me conhece sabe o quanto sou ligada a ela.

Eu tive diarreia por mais de 10 dias seguidos por causa da minha terapia-alvo, o anticorpo monoclonal. Ele me salvou do câncer, mas não me deixou ir para minha cidade natal passar o aniversário da minha irmã com ela e ver minha afilhada Lívia (Livinha), *lhenda*, desfilar pela primeira vez. Foi muito doloroso tudo isso para mim. É como uma "castração" de vida.

O câncer tem esse inconveniente: privações. Se eu não fosse tão resiliente, o câncer teria me dominado nesse momento e me feito chorar. Entretanto, ele não conseguiu, pois procuro encarar a vida sempre pelo lado positivo e aprendo com isso. Criei forças para superar a distância da minha família do Rio de Janeiro e fiquei curtindo, de longe, as fotos dela. No fim, aproveitei para estudar para minha dissertação e paparicar a minha família daqui, ou seja, meu filho e marido.

A família é onde nossa história começa. Se for unida, ela fornecerá o apoio de que precisamos e a alegria necessária nas situações de doença. Ame sua vida, seus pais, sua família e seus amigos. Sua vida, porque é curta demais. Seus pais, porque são únicos. Seus amigos, porque são raros.

Se você agir com todo o seu coração e acreditar que tudo terminará bem, você alcançará melhores resultados internos e externos. Então, que tal começar a praticar agora mesmo?

Nós três: Mario, Tuti e eu

Minha irmã, Francine, e seu marido, Carlos Antonio

Minha família: meu pai, minha mãe, minha irmã e minhas sobrinhas, Marina e Lívia

---

Os textos deste capítulo foram adaptados dos seguintes *links*:
- <https://www.significados.com.br/resiliencia/>.
- <http://www.marisapsicologa.com.br/resiliencia.html>.

8 | A ciência de hoje: alegria

Fazendo um gancho com o capítulo anterior, quero falar agora sobre alegria, para, em seguida, falar sobre o projeto.

A alegria espontânea que surge ao ver um pássaro entoando seu canto, ao ver o pôr do sol na hora em que o dia se despede ao ceder lugar para a noite, ao abraçar e ser abraçado. Falo dessa alegria que se instala nos corações dos que aprendem a viver sem as exigências do mundo externo, mas, sim, de acordo com seu mundo interior.

Nunca conheci alguém que amasse sem ser alegre, pois amor e alegria andam sempre de mãos dadas. A alegria genuína é encontrada facilmente na criança, cujos olhos espelham sua alma ainda pura, inocente, humilde, sem rancores, críticas, julgamentos ou ódio.

"Deixai vir a mim as crianças e não as impeçais, porque o Reino dos Céus é daqueles que são como elas." (Mateus, 19, 13-14).

Vivemos procurando a felicidade e, quando a encontramos, constatamos que ela não está fora de nós, e, sim, em nosso interior. Família, amigos, trabalho, cabelos.

Sim, eu disse isso mesmo: cabelos. Os nossos cabelos são capazes de gerar uma alegria que só sente quem os perde. E quem perde precisa de ajuda.

Então, no próximo capítulo, quero contar como surgiu e quais são os princípios da campanha "De Médica a Paciente" – que mencionei rapidamente no Prefácio deste livro e tem tudo a ver com a alegria que os cabelos trazem.

Os textos deste capítulo foram adaptados do *link* < http://www.unidospeladoutrinaespirita.com.br/2016_01_23_archive.html>.

9 | Campanha "De Médica a Paciente"

Há eventos na vida que não podem ser menosprezados. Vivi isso quando eu decidi criar a campanha "De Médica a Paciente".

Depois do meu diagnóstico de câncer de mama, a minha irmã Francine (Fran) veio pernoitar em São Paulo para conferir se eu estava realmente bem. Como já comentei, a família acha sempre que estamos mentindo. Em uma de nossas conversas sobre queda de cabelos, ela disse:

— Nossa, essa realmente é uma parte muito difícil. Até para doação.

Não entendi o que ela quis dizer e perguntei:

— Como assim?

— Há cerca de dois meses, a Livinha queria doar os cabelos dela. Liguei para todos os lugares que imaginamos, inclusive para o GRAACC, e não conseguimos. Todos disseram que não estão recebendo mais doações por falta de pessoas para confeccionar as perucas... – Fran explicou.

— Nossa, que pena... Preciso fazer urgente uma campanha para isso. Mas ela ainda quer doar? - questionei.

— Acho que sim. Ela veio do nada e disse que queria cortar os cabelos para doação... – Fran disse.

— Bingo! Ela vai doar para mim! - comemorei.

Sendo assim, eu já tinha cabelos para o meu aplique quando os meus começassem a crescer novamente. Falei com meu cabeleireiro, o Pedro, do C.Kamura, e ele aprovou ao ver a foto dela. Inclusive, seu comentário foi: "Bi, esses cabelos serão melhores que qualquer peruca!". ("Bi" é como ele me chama. *rsrs.*)

O INÍCIO DA CAMPANHA "DE MÉDICA A PACIENTE"

Como dá para perceber, essa foi a história que propiciou o início da minha campanha para doação e venda de cabelos – visto que de lenços já têm muitas. O intuito primordial é dar a oportunidade para pessoas com câncer comprarem suas perucas.

O cabelo é a moldura do rosto e a estrutura do corpo. E para quem realizou quimioterapia e está perdendo seus cabelos, uma peruca ou prótese capilar pode devolver não só a autoestima, mas também a vontade de continuar, de vencer.

Eu pude ter "meus" cabelos de volta antes mesmo de esperar eles crescerem, pois tenho anjos em minha vida, como a minha irmã e as minhas amigas Célia e Mariana, que me deram duas perucas. Além disso, o meu cabeleireiro e amigo Pedro está sempre me orientando. Então, pensei: "Meu Deus, como fazem as mulheres que não podem comprar perucas ou próteses?".

Como eu acredito que tudo tem um propósito na vida, creio que um dos motivos do meu câncer seja esse: uma campanha para trazer um pouco de alegria a quem precisa.

Ao mesmo tempo, uma equipe de assessoria de imprensa, que conheci por meio do meu trabalho como médica pediatra, entrou em contato comigo e voluntariamente resolveu me auxiliar. Mais uma vantagem desse câncer: ser ajudada e poder ajudar.

Inicialmente pensei: "Como podemos fazer campanha de doação de cabelos para elevar a autoestima e melhorar a qualidade de vida dessas pessoas que diariamente se deparam com uma nova realidade?".

No Brasil, as mulheres costumam ter cabelo comprido, e, por isso, podem ajudar muito. Se cada um contribuir um pouco, conseguimos levar uma enorme alegria a muitas pessoas doentes.

O primeiro passo para a campanha ser lançada foi estabelecermo-nos como organização não governamental (ONG). Então, a minha amiga querida Raquel, da Rojas Comunicação, providenciou isso; afinal, meu ramo é outro. E, assim, associamo-nos à ONG Cabelegria.

A ONG Cabelegria confecciona perucas para pacientes oncológicos ou não oncológicos, utilizando doações voluntárias de cabelos. Cresceu muito rapidamente e, hoje, produz cerca de 100 perucas por mês para doação.

O segundo passo foi o planejamento geral de como aumentar a produção de perucas. Detectamos que está cada vez mais difícil encontrar voluntários para fabricar/criar perucas. Constatamos também que seria preciso aprimorar a comunicação com doadores tanto de cabelos como de perucas prontas. Assim, nossas ações incluíram a organização de eventos beneficentes, customização de perucas para leilão e doação de cabelos, bem como a disponibilidade para receber doações em dinheiro ou qualquer contribuição para comprarmos perucas. Essas perucas seriam doadas a fim de levar alegria a uma alma guerreira que está na luta contra o câncer de mama ou algum outro tipo de câncer.

Para a escolha do nome, sugeri primeiro "Força na peruca", pois escutei muito essa expressão das pessoas da minha família e de meus amigos desde o meu diagnóstico – sempre com um sorriso no rosto. Pesquisamos se esse nome não havia sido usado, mas descobrimos uma campanha prévia com o mesmo nome. Então, mudamos para "De Médica a Paciente", que explica a origem da ideia e o seu propósito.

Objetivos da campanha

- Dar a oportunidade para pessoas com câncer comprarem suas perucas.
- Divulgar cada vez mais a iniciativa nas redes sociais para ampliar o número de doadores de cabelos, de perucas prontas e de mão de obra.
- Angariar 30 perucas para doação em um prazo de 1 ano. Estamos conseguindo manter esse número com o apoio da equipe da ONG Cabelegria.
- Alegrar quem precisa.
- Comunicar sobre a prevenção, a detecção precoce e o tratamento do câncer de mama.

A lógica da campanha*

Os cabelos são a parte do corpo à qual a maioria das mulheres mais se dedica, sempre buscando os melhores produtos, os cortes mais adequados e os tratamentos

---

* Fontes:
- <revistapaulista.com.br/2017/05/05/4707/>.
- <http://www.mulher.com.br/9371/doacao-de-cabelos-para-pacientes-com-cancer-saiba-como-participar>.

mais modernos. Toda essa vaidade existe porque os cabelos ajudam a desenhar o formato do rosto e, dependendo do tipo, podem deixar com uma aparência mais leve, mais jovem ou até mais magra. Por todas essas razões, perder os cabelos por causa de doenças autoimunes, efeitos colaterais no tratamento contra o câncer ou mesmo por acidentes mexe muito com a autoestima das mulheres.

Além da própria luta contra a doença, que é um processo muito difícil, a perda dos fios afeta o lado psicológico, que também é muito importante e faz diferença no processo de cura. Por isso, muitas vezes, o uso de perucas pode permitir que essas mulheres se sintam mais bonitas e confiantes e, assim, enfrentem melhor o tratamento.

As redes sociais têm sido aliadas nesse tipo de ação. Há, inclusive, crianças mobilizadas em ajudar a causa. No Canadá, a pequena Emily James cortou os fios e mostrou o resultado em um vídeo, no qual ela fala que não quer ver crianças tristes por não terem cabelo e, por isso, quis dar a elas o que tinha. No Brasil, Ana Clara Lima Siqueira, de 7 anos, também resolveu cortar os cabelos para doação, influenciada pela irmã mais velha, após assistir a uma reportagem sobre o assunto. A atriz Shailene Woodley, protagonista do filme *A culpa é das estrelas*, que conta a história de uma jovem paciente que luta contra o câncer, também doou seus fios, encabeçando uma campanha criada por John Green, autor do livro que inspirou o filme.

Você também pode ajudar! Veja como doar seus cabelos:

- O cabelo precisa ter, no mínimo, 10 centímetros.
- Não há restrição em relação à cor ou tipo de cabelo, mas quanto mais natural, melhor.
- Avise seu cabeleireiro que quer cortar para doar e peça que ele prenda a mecha cortada com um elástico na ponta e outro na raiz.
- Nunca deixe os fios cortados tocarem o chão.
- Na maioria das instituições, os cabelos podem ser entregues pessoalmente ou até mesmo enviados pelos Correios. Nesse caso, deve ser usado um saco plástico e os fios precisam estar secos.
- Entre em contato com a instituição receptora antes de doar os cabelos para saber a melhor forma de proceder.

A campanha está ativa e caminhando, pessoal. Sua ajuda é fundamental para disseminar a ONG Cabelegria. A nossa missão é muito maior do que apenas doar cabelos e perucas. Quando doamos, cuidamos da alma.

10 | Sentimental

Agora, vou falar um pouco dos sentimentos e das emoções, o que me motivou a colocar no ar o meu *blog*, parte do meu projeto "De Médica a Paciente".

Os sentimentos que surgem diante de um adoecimento podem causar um grande estresse. Quando a doença é o câncer, invariavelmente as emoções são muito mais intensas. O impacto que o câncer gera sobre o indivíduo provoca um estresse tanto físico como psicológico, o que afeta o sistema imunológico, requerendo um cuidado amplo que englobe os dois lados.

A notícia é sempre impactante, pois a possibilidade de risco de vida tira o ser humano do equilíbrio. Contudo, meu conselho é que você se fixe em um lema: só não corre risco de morte quem está morto. Parece frio, mas é a pura verdade.

Para ilustrar isso, vou relatar um aprendizado absolutamente inesquecível – e tenho certeza que assim o será para você, leitor, também. Há cerca de 7 anos, eu atendia uma criança com linfoma. Em todas as consultas, seus pais e seu irmão o acompanhavam. Em uma de suas últimas visitas, o irmão não estava. Fiquei sabendo que ele havia sido atropelado e faleceu. Já meu paciente continua vivo até hoje e curado. Portanto, levante a cabeça e enfrente seu problema, mesmo que seja um câncer. Ninguém sabe do futuro.

Passado o impacto inicial da notícia do diagnóstico, é fundamental que o paciente saiba que não está sozinho nessa nova realidade. É essencial saber que ele não está só. Quando estamos vivenciando um problema que ainda nos é estranho, a melhor saída é conversar com quem está passando ou já passou por aquilo.

Os grupos de apoio são fontes de ajuda para tratar uma ferida que não é apenas física, mas também psicológica e da alma, e podem ajudar muito os pacientes e seus familiares. Dessa forma, uma paciente com câncer de mama, ao se juntar a um grupo de mulheres que venceram essa guerra ou que ainda estão lutando, vislumbrará que a vitória será o resultado de várias ações conjuntas para cuidar dos aspectos físicos e psicológicos. Além disso, é importante que a paciente se sinta apta e serena para enfrentar um tratamento que, pela sua natureza, é bastante agressivo e assustador.

Por tudo isso, logo que eu soube o meu diagnóstico, o meu mais novo projeto englobou, além da campanha de doação de cabelos e perucas, um *blog*, também chamado "De Médica a Paciente", escrito por mim, para ajudar quem teve ou virá a ter câncer e também quem acompanha o paciente. No começo do *blog*, como eu estava passando pela situação inicial, além de informações profissionais da área médica, pude aprender e vencer junto com outras pessoas.

No meu aprendizado, dentre muitas outras questões, eu pude comprovar ainda mais que o ser humano não é só o físico, é também o espírito e o emocional. E o equilíbrio entre o físico e o emocional é o que devemos almejar para o tratamento de um câncer.

Outro ponto fundamental é a participação essencial dos companheiros e da família, que podem aprender a lidar com a nova situação e até mesmo a se comunicar melhor.

Às vezes, o familiar ou o amigo não tem condições de ouvir o que você, enquanto paciente, tem a dizer, pois é uma pessoa que te ama e tem medo de te perder, não querendo sequer que se fale sobre aquilo que está acontecendo. Entretanto, tentem enfrentar juntos esse momento. Se você se afastarem, podem acabar deixando de viver situações das quais se arrependerão depois. Não deixem que uma parede se crie entre vocês! Busquem conversar e dividir todos os momentos.

Às vezes, querer isolar-se é a maior fuga da paciente. Nesses casos, se você é um familiar ou amigo íntimo, vá atrás dela. Mas, pelo amor de Deus, não fique bajulando ou perguntando o tempo todo se está tudo bem e se as coisas estão normais. Se algo estiver errado, ela falará. Quando se está doente, a coisa mais chata de ouvir é todo mundo perguntando: "Mas você está bem mesmo?".

Compartilhar alegrias é sempre saudável. No caso das tristezas, torna-se essencial dividi-las para que o sentimento de solidão se dilua com seus entes mais próximos. Se for necessário, não se intimide! Busque o apoio necessário e convide seu companheiro, seus familiares e amigos mais íntimos a participarem com você do grupo de apoio. Isso não é vergonha para ninguém e pode ajudá-la muito a percorrer o caminho do tratamento até a cura, além de, é claro, melhorar a sua qualidade de vida.

Um grande recado: para as que não tiveram câncer, cuidem-se para não adoecerem. Para as que tiveram ou têm, lembre-se que câncer não é vacina, ele não imuniza, portanto, cuide de você, da sua qualidade de vida e viva cada momento do seu dia de hoje.

Minha família

Os textos deste capítulo foram adaptados dos seguintes *links*:
- <http://www.mulherconsciente.com.br/cancer-de-mama/cuidadores/>.
- <http://www.viamama.com.br/cuidadores.htm>.

11 | Como falar de câncer com seu filho?

Por mais difícil que seja, após o diagnóstico de um câncer é importante ter uma conversa sincera e aberta com os membros da família e os amigos. Eles serão os principais aliados no tratamento, dando importante apoio emocional. O câncer ainda é encarado socialmente como um tabu, mas o paciente não precisa agir dessa forma também dentro de sua casa.

Todos que rodeiam o paciente em seu dia a dia devem estar cientes de como será o procedimento, quais os possíveis efeitos colaterais e demais pontos importantes relacionados ao tratamento. Algumas famílias marcam uma consulta especial com o médico do paciente para esclarecer todos esses aspectos. Mudanças na rotina familiar e nas funções exercidas por cada membro da família podem ser necessárias. Isso precisa ficar claro a todos os envolvidos – inclusive os filhos.

No caso do meu filho Arthur, foi meu marido quem contou. E como na minha casa nós nunca escondemos nada de ninguém, ele acreditou em minha recuperação. A dúvida inicial dele foi apenas esta: "Mas quem vai cuidar dela? Não é ela a médica?". E, mais uma vez, meu marido explicou que "médicos de adulto" iriam me ajudar. Falar para ele foi a melhor coisa!

Você pode até querer inicialmente proteger o seu filho, mas, em geral, as crianças sabem quando algo está errado. Isso vale também para quando a criança é o paciente. A criança pode ver que você não está se sentindo bem ou pode sentir que ela mesma não está realmente bem; pode perceber seus medos diante da situação; pode estranhar as muitas idas ao médico e os vários exames (sejam seus ou dela); e irá presenciar as mudanças na rotina da casa e as preocupações constantes dos familiares. Desmitificar o câncer, isto é, quebrar o tabu é extremamente necessário. Não se deve proibir falar de câncer, especialmente porque surgirão comentários sobre a doença e o tratamento, sejam vindos de sua família, amigos ou médicos. Portanto, não esconda: em primeiro lugar, não pense que é melhor esconder do seu filho que se está doente, seja ele ou outro membro da família. É importante que as crianças sintam um canal aberto de comunicação; que fiquem à vontade para perguntar o que quiserem, para chorar de medo ou de tristeza e até mesmo para rir de situações engraçadas que possam acontecer. Lembre-se: dividir esses sentimentos e percepções é muito saudável. Por outro lado, não é necessário ficar falando o tempo todo sobre isso nem mudar muito a rotina da casa, especialmente a das crianças.

Sobre a maneira de abordar o assunto, a criança com até mais ou menos os 7 anos de idade não entende a morte como irreversível, nem a gravidade do câncer como uma doença potencialmente fatal. Explique que é um bichinho malvado que precisa ir embora. Diga que o bichinho é forte e que, para combatê-lo, é preciso tomar remédios mais fortes que o bichinho. Informe também que o remédio pode deixar a pessoa um pouco "mole" e que o cabelo poderá cair. Se a criança for mais grandinha, reforce que a doença é curável e que muitas pessoas já passaram por isso e venceram. Lembre-se de que crianças vivem mais intensamente o presente e menos o futuro.

Recomendo que somente os pais devem dar a notícia à criança, seja você ou ele o paciente. Se não tiverem coragem, peçam para alguém ajudá-los, mas estejam juntos e presentes nesse momento. Os pais é que devem ter essa responsabilidade, pois são a única referência segura para a criança. São nos pais que a criança acredita, são os pais que viverão junto com a criança todos os momentos.

Com as dicas a seguir, toda a família e amigos, inclusive a pessoa que está doente, conseguirão passar pelos desafios e ficarão mais fortes e unidos.

- Dê à criança informação apropriada à idade e ao nível de maturidade.
- Seja claro, aberto e honesto. Sem informação correta, o que imaginarem pode ser muito pior do que a verdade.
- Tudo tem seu tempo: escolha um local e hora adequada para falar, não aja por emoção.
- Não dê explicações sem necessidade: usar termos técnicos só vai assustar a criança; dê apenas informações que ela consiga entender ou faça comparações com a realidade que ela conhece.

- As crianças veem o mundo do modo como as pessoas se relacionam com elas, portanto, assegure-as de que são amadas e serão cuidadas.
- Demonstre confiança. Se você não acredita na cura, como poderá esperar que seu filho o faça? Mostrar sua força de vontade para vencer a doença o deixará mais seguro.
- Seja forte, se você for o paciente: não é errado mostrar os seus sentimentos para o seu filho, mas não esqueça que ele não está preparado para ser sua fonte de apoio.
- Dê-lhes tempo para fazer perguntas e expressar seus sentimentos. Muitas vezes, as crianças podem expressar melhor seus pensamentos ou sentimentos por meio de desenhos.
- Fale sobre a queda do cabelo e que depois ele crescerá novamente.
- A diversão também é importante. Leve seu filho para passeios legais dos quais ele goste, tentando manter uma vida normal. Procure orientar-se com o médico acerca do perigo de contaminação e cuidados especiais para determinadas atividades. A família precisa de programas em conjunto.
- Se o adulto é o paciente, em relação aos cuidados com as crianças, muitas vezes será preciso que os pais se organizem para que outros adultos – uma tia, os avós ou padrinhos – cuidem mais de perto delas, garantindo que continuem frequentando a escola e outras atividades. Contudo, mesmo que seja com ajuda, procure seguir a vida tão normal quanto possível, tentando manter a rotina diária dos filhos.
- Caso seu filho apresente dificuldade em compreender e lidar com o que está acontecendo, considere inscrevê-lo em um grupo de aconselhamento ou, para os religiosos, marcar uma reunião com um mentor espiritual.

Eu e minha mãezona, que está sendo um grande apoio em minha vida, perguntamos para o meu filho o que mudou na vida dele após o meu diagnóstico. Ele respondeu muito claramente e ainda brincando: "O que mudou depois do diagnóstico da minha mãe? Ela vai ficar sem trabalhar um tempo para fazer o tratamento. Com isso, eu posso contar com ela me levando à escola, ao inglês, um cineminha de vez em quando em horário que não íamos, e também sobrou mais tempo para ficar comigo e eu estou gostando muito".

Ficamos bem tranquilas. Mais uma vantagem: só tenho a agradecer o quanto o meu filho é lindo, inteligente e compreensivo. Apesar de não gostar de beijos.

Para finalizar este capítulo, mesmo fugindo um pouco do escopo, quero dizer que você, enquanto paciente, precisa aceitar a ajuda de todos. Este não é o momento de ressentimentos e mágoas do passado. Vale a pena passar uma borracha em algumas desavenças pelo bem da família.

Peça o auxílio de familiares para ajudar na mudança de rotina, como levar as crianças à escola, etc. As pessoas mais próximas ao paciente podem ser os maiores aliados na luta contra o câncer. Além do suporte logístico e auxílio com atividades, eles podem dar perspectiva, apoio e amor no momento em que o paciente mais precisa.

Escolha um membro da família ou amigo para ser seu porta-voz para os momentos em que você não quer falar sobre seu câncer ou seu tratamento. Alerte-o sobre como e o quanto dizer aos outros. Família e amigos vão querer ajudar, então você precisa se concentrar em sua própria saúde e eles precisam sentir que estão ajudando você.

Seja específico sobre o que eles podem fazer, pois as pessoas nem sempre sabem como ajudar ou do que você precisa.

Mantenha a vida tão normal quanto a sua saúde permitir: relembre sua família e amigos que você ainda aprecia as mesmas atividades.

"As palavras podem mentir, mas as atitudes sempre falam a verdade!"

Os textos deste capítulo foram adaptados dos seguintes *links*:
- <http://www.cccancer.net/comportamento/conversando-com-familiares-e-amigos/>.
- <http://www.oncoguia.org.br/conteudo/meu-filho-tem-cancer-orientacoes-e-cuidados/461/1033/>.

12 | Os homens da minha vida

Já que eu estava falando sobre companheirismo e compreensão, quero falar sobre os homens que participam ativamente de todos os momentos – mesmo os mais difíceis – da minha vida. Eles me surpreendem!

Quando alguém adoece na família, precisando de acompanhamento e cuidados específicos, quase sempre quem ocupa o papel de cuidador é uma mulher. Filha, irmã, nora, mãe, avó, amiga – a que estiver mais próxima e disponível. E, habitualmente, não é diferente com as mulheres em tratamento do câncer de mama.

De repente, nossas vidas são atingidas por exames, curativos, queda de cabelo, inchaço, diminuição do ritmo de vida e, ainda, pelo desgaste físico e psicológico de uma cirurgia, da quimioterapia ou da radioterapia.

São dias difíceis? Posso dizer que, em minha vida, foram dias bem diferentes. Tive mais que uma mão amiga para resolver tarefas práticas do dia a dia, como comida, roupa e banho, além de um ombro sobre o qual pude dar vazão às minhas emoções, dúvidas e até conselhos. E quero agradecer e homenagear os homens da minha vida: Mario La Torre Junior, meu marido, e Arthur Ferreira La Torre, meu filho. Eles sempre diziam palavras de afeto que me incentivaram a lutar e a superar o mal-estar do momento.

Nesse cenário que mobiliza em maior ou menor grau todos os membros da família, os homens são tradicionalmente vistos como coadjuvantes, já que, por razões históricas e sociais, o ato de cuidar sempre foi atribuído ao sexo feminino. Isso não significa, porém, que eles sejam menos capazes – muito pelo contrário! Na minha casa, por exemplo, eles são o meu apoio.

Uma pesquisa realizada em 2006 no Centro de Atenção Integral à Saúde da Mulher (Caism) da Universidade Estadual de Campinas (Unicamp) foi o objeto de estudo da tese de doutorado da psicóloga Vera Lúcia Rezende. O foco do estudo foi justamente entender como é a reação de homens *versus* mulheres na função de cuidadores, algo que se reflete, positiva ou negativamente, no bem-estar das pacientes com câncer de mama ou ginecológico. Segundo a autora, é comum a ansiedade ou a depressão dos cuidadores desencadear o mesmo problema nas pacientes, somando-se aos sintomas físicos que elas já enfrentam.

A pesquisadora analisou 133 cuidadores informais, dos quais 70% eram mulheres (a maioria, filha) e o restante, homens (a maioria, marido). Todas as pacientes estavam internadas no Caism com diagnóstico de câncer de mama ou ginecológico (útero ou ovário) em fase avançada, sem chances de cura. Os resultados mostraram que, em geral, os homens aceitavam melhor a função de cuidador. Além disso, o diagnóstico de ansiedade e depressão foi muito maior entre as cuidadoras: enquanto 58% dos homens apresentavam depressão, 82% das mulheres foram diagnosticadas com tal distúrbio.

Um mecanismo biológico também poderia estar a favor do sexo masculino. Pesquisas mostram que, depois de um trauma psicológico, os homens produzem serotonina – um neurotransmissor cerebral associado ao humor – mais rapidamente que as mulheres, o que diminuiria a chance de instalação de um quadro ansioso ou depressivo neles.

A abnegação total em função do doente, portanto, pode ser nociva para ambos, e a sociedade muitas vezes impede o homem de se aproximar dessa situação. Contudo, o acolhimento pelo companheiro nesse momento, mesmo que ele não possa estar presente ao lado da mulher 24 horas por dia, é extremamente importante para que ela lide melhor com aspectos da sexualidade e da feminilidade, que estão necessariamente em jogo no caso do câncer de mama.

Então, se for para o bem das mulheres, que eles sejam muito bem-vindos.

Homens, sigam o exemplo do meu maridão! Ele é simplesmente incrível e vem servindo de modelo para o meu filho. Estejam presentes no máximo de momentos que puderem.

Dentre os homens presentes em minha vida, além do meu marido e meu filho, também cito meu pai, meu afilhado Fernando Pessanha, meu grande amigo-irmão Nevi e meu cabeleireiro Carlos. Amo vocês, meus amores!

Meu filho e meu marido

Meus pais

Nevi

Fernando, meu afilhado

Carlos, da Hair Look

Entretanto, infelizmente nem todos os casos são assim. Uma pesquisa realizada pelo Data Popular com 400 homens demonstrou que 38% deles consideram que o diagnóstico de câncer de mama pode acabar com um relacionamento e 75% acham que a doença acaba com a vaidade de qualquer mulher.

Durante meu tratamento, soube de muitos casos de maridos que se separaram de suas mulheres quando elas chegaram ao fim do tratamento. Para algumas mulheres, o baque é muito forte e a autoestima acaba afundando verdadeiramente depois de uma separação.

Por outro lado, segundo a pesquisa, as mulheres elegem o companheiro como a primeira pessoa para quem contariam sobre a doença caso fossem diagnosticadas: 42% assim o fariam antes da mãe (24%) e dos filhos (20%).

O levantamento também põe em xeque a participação do homem no estímulo à prevenção do câncer de mama: 36% dos homens não citam a mamografia ou a radiografia de mama como exames importantes a serem realizados pela mulher com regularidade. Outro achado é que 45% dos homens nunca as estimularam a ir ao ginecologista ou a fazer exames ginecológicos. Dos que têm contato com a mãe, 55% também não desempenharam esse papel em relação a ela.

O homem tem um papel muito importante como disseminador de informação para a mulher. Se a mulher tiver um parceiro "ponta firme", que a lembre de fazer os exames, é um grande estímulo.

A pesquisa confirma a visão trágica: 60% das mulheres e 56% dos homens apontam o câncer como a pior doença que se pode ter, antes mesmo de infarto, derrame, depressão e aids. Os motivos mencionados por mulheres e homens são os mesmos – a doença mataria rápido, não teria cura e causaria muita dor física.

Outro aspecto destacado pelo estudo é que, dentre as mulheres que têm ou tiveram câncer de mama, 54% acreditam que sentimentos como tristeza, depressão e mágoa podem ter contribuído para o aparecimento da doença, apesar de nenhuma evidência científica corroborar essa ideia.

Mas, enfim, que profissional da saúde vai fornecer o afeto que um marido ou filho pode dar? Na hora de enfrentar o câncer, a formação do tripé paciente-profissionais de saúde-família é essencial. Conhecer a doença, os tratamentos e suas consequências físicas e emocionais pode ajudar muito o cuidador na hora de oferecer o suporte necessário para a paciente. Antes de qualquer coisa, recomendo ao cuidador que pesquise muito sobre a doença, visite *sites* na internet, acompanhe a paciente nas consultas ao médico sempre que puder, converse com os especialistas e os psicólogos do hospital, participe de grupos de apoio e ofereça todo o suporte emocional necessário. Todo cuidado é pouco para não transparecer piedade. Procure incentivá-la a continuar seus hábitos, desde que sejam saudáveis, como a leitura, os esportes, o lazer, e também a prosseguir com as atividades da casa, observando, porém, suas limitações.

Quem ama cuida, e cada família define naturalmente seus cuidadores. Não é fácil esse papel, pois normalmente os membros da família estão no mercado de trabalho para garantir o seu sustento. No entanto, com planejamento, sempre há alternativas para o ato de cuidar.

Mario e eu

Mario, Tuti e eu

Os textos deste capítulo foram adaptados dos seguintes *links*:
- <http://www.mulherconsciente.com.br/cancer-de-mama/cuidadores/>.
- <http://www.viamama.com.br/cuidadores.htm>.
- < http://www.scielo.br/scielo.php?pid=S0103-166X1998000100003&script=sci_abstract&tlng=pt>.
- <http://istoe.com.br/240464_PESQUISA+MOSTRA+PRECONCEITO+DOS+HOMENS+-CONTRA+MULHERES+COM+CANCER+DE+MAMA/>.

13 | O que aprendi como paciente

Após o meu diagnóstico de câncer de mama, no dia 6 de junho de 2016, recebi um "passaporte" que dava acesso a locais nunca antes percorridos, com direito a muita emoção e adrenalina!

Por mais que pareça estranho, o tempo transcorrido desde então foi muito extraordinário para mim e minha família, porque compreendemos que somos totalmente capazes de nos adaptar e enfrentar situações que fogem dos nossos sonhos e metas habituais. E percebemos que podemos ser melhores e mais fortes do que já somos.

Aprendi que:

- A vida é realmente fascinante! Como o sorriso, ou melhor, a gargalhada do meu filho é *lhenda*!
- Há pessoas com dores muito maiores que a sua. Sempre. Por mais que eu já vivenciasse a doença como médica de crianças, quando eu vi e vivi mais de perto o sofrimento dos adultos, suas dificuldades e seus medos, percebi o quão maior é o sofrimento alheio.
- Independentemente de sua crença religiosa, toda oração é sempre bem-vinda!
- O cabelo cresce de novo após a quimioterapia (ainda bem!).
- Pessoas carecas sofrem quando está frio, mas, no verão, é tudo que há de bom. Digo isso porque, toda vez que entra um vento por baixo da minha prótese capilar, tenho um arrepio de frio. E, quando corro, meu Deus, a careca transpira demais.

- Ser careca é prático, é fato. É verdade também que ter cabelo comprido dá trabalho (todas sabemos); porém, jamais devemos reclamar que o cabelo é liso, enrolado, preto, branco, vermelho... Eu nunca mais reclamarei! O que vale é ter cabelo! Depois que você fica careca, o que vier é lucro.
- Todo mundo tem uma história para te contar de um parente, amigo ou vizinho doente. Isso porque as pessoas têm a necessidade de compartilhar algo com você ou porque não sabem o que dizer. (Um conselho para os familiares e amigos dos paciente com câncer: se não souber o que dizer, não diga nada, um abraço é o suficiente). Mesmo assim, o legal de tudo isso é sentir a solidariedade das pessoas.
- Existem várias alternativas para a palavra câncer: doença ruim, aquela doença, probleminha, tumor, nova jornada, novo desafio. Nesse sentido, o tabu em relação ao câncer deixa as pessoas realmente muito engraçadas e medrosas. *rsrs*.
- Algumas pessoas que você não via há anos simplesmente surgem das cinzas. Outras que você vê frequentemente desaparecem. Algumas outras, que você nem conhecia, passam a ser seus melhores amigos – e isso é simplesmente fantástico, pois o mundo ao seu redor fica mais colorido. Os amigos que desaparecem apenas não sabem lidar com a situação e, por isso, não os julgo; os que permanecem, eu já sabia quais eram, só confirmaram; e os que surgem são anjos que Deus trouxe. Os amigos com câncer, então, são os melhores. A gente deveria até montar um clube das pessoas com câncer, e teríamos preconceito: não deixaríamos qualquer um entrar.
- É fácil sorrir mesmo quando se tem um problema; ser alegre é uma escolha que depende só de nós.
- Muitas coisas das quais eu reclamava e que ocupavam a maior parte dos meus dias antes do dignóstico ficaram tão pequenas e insignificantes que não persistem por tempo demais no meu pensamento. Descomplique a vida você também! Por mais que uma dor pareça infindável, uma hora ela vai passar (e, depois de uns dias, você nem vai se lembrar dela). Momentos de desabafo e períodos de luto são totalmente naturais e, em alguns momentos, até benéficos (afinal, somos humanos). Entretanto, não se prenda a eles durante muito tempo.
- A alimentação e os exercícios físicos são a base para uma vida saudável. Eles não impedem que você tenha algumas doenças, mas permitem que

você se recupere muito melhor e bem mais rápido. Tenho plena consciência de que sofri poucos efeitos colaterais durante a minha quimioterapia em razão da minha rotina de exercícios físicos.

- Você pode se sentir linda(o) mesmo sem cabelo ou sobrancelha (aliás, pintar as falhas da sobrancelha é maravilhoso). Mais do que isso, tenho sorriso, expressões, lágrimas de emoção, sorriso nos olhos e beleza interna que exala.
- Sua verdadeira família estará com você nos momentos mais difíceis. Família é força, é amor puro, estando perto ou longe. Sempre fui muito ligada à minha família, mas, agora, tenho conexão até telepática. *rsrs*.
- Médicos podem se tornar seus verdadeiros amigos. E verdadeiros amigos podem se tornar seu médico para todas as horas, via Facebook, WhatsApp ou SMS. Antes do diagnóstico do meu câncer, os amigos médicos eram do trabalho. Aliás, meu melhor amigo é médico. Depois do diagnóstico, meus médicos são meus amigos também. Deu para entender, né?
- Ninguém é novo demais, legal demais, rico demais ou pobre demais para ter câncer. No hospital, há gente de todo tipo! Tem até alienígena com câncer. *rsrs*.
- Dizer "eu te amo" torna-se mais fácil quando lembramos que somos meros mortais.
- Não é feio chorar em público.
- Conhecer seu corpo pode salvar sua vida. Percebeu um caroço diferente no seio? Procure um médico! Sempre fui da ciência, mas, agora, estou tendo a prova viva em mim. Uma palpação ou um diagnóstico precoce salva uma vida.
- Nem tudo está sob nosso controle! Confie e siga, pois amanhã é um novo dia. Às vezes, aquela viagem paga há 6 meses terá que ser adiada. Fazer o quê, não é?
- Maquiagem é tudo! Quimioterapia combina, sim, com corretivo para olheiras, cílios postiços, *blush* e lápis. Você fica novinha em folha e saudável com esse *kit* "sai para lá, cara de doente". Seu mundo muda de cor e o hoje fica muito mais colorido e brilhante.
- A vida é muito mais do que acordar, trabalhar e dormir. A vida é viver, ter momentos e contato social com quem amamos. Ter dinheiro e não ter tempo não combinam.
- Existem mais pessoas do bem do que eu imaginava.

- Ter medo é normal.
- Se um dia uma pessoa te fez mal, reze por ela. Esse alguém precisa mais do que você de oração.
- Na hora em que você precisa, a força vem. E acreditar que vai dar certo é seu único recurso. Somos super-heróis de verdade.
- Mãe e pai dão a vida por você. E irmão é a única pessoa a quem você pode contar tudo, sem se preocupar se vai brigar com você ou não, se vai rir ou chorar, se vai achar ridículo ou legal, e que com certeza vai te criticar, mas sempre por querer o seu melhor.

Sabe, a mente possui um poder extraordinário. Não somos capazes de mover montanhas, mas pensar e acreditar que somos capazes de chegar ao topo da montanha certamente é uma grande motivação para alcançarmos os nossos objetivos.

14 | Coisas boas quando se tem câncer

Vocês perceberam que sempre olho o lado positivo das coisas, né? Por isso, quero dividir com vocês alguns momentos muito agradáveis que a gente pode viver quando se tem câncer.

Primeiro, vou contar ocasiões fortunosas de quando eu já estava em vigência da quimioterapia e usando peruca (e não prótese capilar, que fica colada no couro cabeludo), que tem a vantagem de poder ser retirada a qualquer hora:

- É extraordinário poder secar a careca após o treino para tirar o suor. Só sabe quem tem a cabeça raspada. Que delícia, gente!
- É muito bom dormir sem cabelo e não ter de se pentear de manhã. Sobra muito mais tempo para dormir.
- Tomar banho careca. Gente, olha, definitivamente essa é a melhor forma de limpar as orelhas. Nossa, nunca havia parado para pensar nisso. Fora a massagem que a água faz na carequinha. É bom demais. Se meu cabelo não fosse tão *lhendo*, ficaria careca para sempre.
- Você pode realizar muitas das suas fantasias trocando as perucas.

Secando a careca após o treino!

E, agora, outras situações que foram muito prazerosas para mim:
- Conseguir vender rifas para comprar perucas e ajudar pessoas iguais a você, carequinhas.
- Ir retornando à sua vida normal. Quando voltei a correr, tive um momento de muito prazer. Poder voltar aos seus hábitos faz você valorizar muito mais o seu cotidiano, sabe? Até mesmo uma simples caminhada ao sol.
- Quando você não está a fim de fazer alguma coisa, não precisa fazer. E as pessoas normalmente não te questionam – que maravilha! Afinal, você tem câncer.
- Você pode dormir até mais tarde sem culpa. Você tem sono mesmo.
- No meu caso, eu não podia trabalhar à noite e em plantões de fim de semana. Coisa maravilhosa para quem trabalha dessa maneira há 18 anos. Que férias, hein!
- Você gasta menos com depilação. Afinal, cadê nossos pelos?
- O pouco de vinho que você bebe tem muito mais sabor.
- Sua família e seus verdadeiros amigos ficam mais próximos. Na verdade, ficam bem grudados em você. E você também, na maioria das vezes, terá mais tempo para encontrá-los. (Minha irmã Francine e minha *mamys* Rita vieram a São Paulo na minha segunda quimioterapia. Tivemos então uma bela e engraçada conversa durante a tarde toda!)
- Adquirir amigos novos e eternos e perceber como o mundo é. Muitas pessoas estão iguais a você, inseguras e com medo.
- Você faz vários amigos no hospital. Mas não aqueles amigos de plantão do trabalho, sabe? Verdadeiros amigos do centro de oncologia que lhe querem muito bem.
- Você comemora uma quimioterapia a menos. Quantas vezes vivemos diariamente e não comemoramos nada? O simples fato de estar bem de saúde e vivo é um grande motivo para comemoração. A gente aprende a comemorar muito quando se tem um câncer.
- A sensação de sentir o tumor sumindo é uma coisa indescritível.
- No caso do câncer de mama como o meu, você ganha umas tetas novas.
- Você vê mais sentido para as coisas. Só quem passa pode dizer.
- E, ainda, no meu caso específico, você entende muito mais, mas muito mais mesmo, o que é ser médico.

15 | Frases que não se deve dizer a quem tem câncer

Quando a gente é diagnosticado com uma doença grave, algumas coisas especiais, diferentes, engraçadas e também inusitadas acontecem.

Muitas vezes, não sabemos o que dizer ao ver um amigo ou familiar que está com câncer. No entanto, existem pessoas que ultrapassam o limite da tolerância e do bom senso. O melhor conselho é: se não souber o que falar, silencie-se.

Vou citar alguns exemplos que cheguei a ouvir e outros que minhas amigas me contaram.

- Você está ótima, está até gordinha. (Na verdade, alguns medicamentos para determinados tipos de câncer acabam inchando. Tomamos corticosteroides.)
- Você ainda está vivo? Um amigo de um vizinho teve câncer no mesmo lugar e morreu!
- Conheço umas pessoas com câncer: três já morreram, uma perdeu os dentes!
- Fulano teve a doença e sofreu muito, morreu rápido. (Quem tem câncer só precisa ouvir histórias de sucesso e/ou de quem conseguiu a cura! Não conte histórias sobre câncer com final pouco feliz. Há diferentes tipos de câncer e a maioria tem cura.)
- Nossa, você está ótima! Nem parece que está doente! (Quem tem câncer não precisa ter cara de que está morrendo. Na verdade, a maioria das doenças não tem "cara"/rosto.)
- Passa rápido, você não vai nem perceber. (Sem comentários! Passa rápido para quem não está vivenciando a situação.)

- Use uma peruca de cada cor todos os dias! (Sabe quanto custa uma peruca? E o pior, sabe o que significa não ter uma identidade?)
- Você prefere usar lenço a uma peruca?
- Cabelo é o de menos. (Particularmente, essa para mim é a pior. É o de menos para quem não vai perder, óbvio. Sinto muito, mas cabelo não é o de menos! Para a mulher, muito mais do que apenas estética, o cabelo representa boa parte de sua identidade feminina. O cabelo é a moldura do rosto.)
- Isso [muitas pessoas têm medo de pronunciar a palavra câncer] deve ser uma mágoa muito grande que você não resolveu. (Essa me faz rir.)
- Se você tiver fé, você se cura. (Já pararam para pensar que podem existir pessoas que chegam a achar que não tinham fé por causa de comentários como esse?)
- Como você está se sentindo sem suas mamas? (A pessoa faz mastectomia e recebe uma pergunta dessas...)
- Sinto muitíssimo! (As pessoas que enfrentam um câncer não precisam de pena. Precisamos de conforto.)
- Se tivesse acontecido comigo, eu não teria feito isso, aquilo ou aquilo outro. (*Putz*, se falarem isso para mim, juro que mando calar a boca. Ninguém sabe o que fazer até que aconteça com você. E o que você tem que fazer é seguir as orientações dos seus médicos.)
- Você não poderia ter feito alguma coisa para prevenir a doença? (Vamos talvez arrancar um pedaço de cada órgão nosso para prevenir o câncer? O que podemos fazer para prevenir é realizar o diagnóstico precoce para termos tratamento a tempo.)
- Pelo amor à sua vida, não fale que caso a pessoa tivesse se alimentado melhor, feito uma alimentação mais pura ou sem conservantes, talvez não tivesse "contraído" o câncer.
- Eu não suportaria, é porque você é forte. (Todos são capazes de suportar. Basta ter a doença.)
- Nossa, você não morre tão cedo, estava pensando em você! (Jamais diga isso!)
- Não entupa o WhatsApp com correntes do tipo "mande para 12 amigas e seu pedido será atendido em 3 dias". Assim que temos o diagnóstico de câncer, o WhatsApp fica cheio de correntes e a gente não tem nem tempo de responder a tantas. *rsrs*.

Por outro lado, existem algumas coisas que acredito que as pessoas que combatem um câncer adorariam ouvir com mais frequência e que podem transformar uma conversa em triunfo e celebração.
- O que você aprendeu com a experiência?
- Qual é sua relação com o câncer hoje?
- Você é *lhenda*!
- Fico tão feliz por você ter encarado essa batalha.
- Agora tenho certeza de uma coisa: você é realmente linda, porque, mesmo careca, você fica bonita. Como pode?
- Estamos em oração por você!
- Energia positiva para você!
- É por isso que sinto um privilégio gigante por você ser minha amiga.
- O nosso otimismo não vai mudar o mundo, mas pode melhorar a nossa vida e ajudar a fazer do mundo um lugar melhor.

Além disso, fale conosco – ou seja, com quem tem câncer – sobre os assuntos normais do dia a dia. A vida continua. Fique feliz por nós! Fique feliz conosco! Conte-nos que está orgulhoso e contente porque nós ficamos firmes e não deixamos o câncer nos derrotar! (Essa é a maior vitória de todas para quem tem câncer, porque é o mais certo a fazer.)

    O mais gostoso mesmo para um paciente com câncer é receber um grande abraço e deixá-lo à vontade. Eu recebi um abraço maravilhoso de um grande amigo de trabalho, o Gabriel Baldanzi, quando nos encontramos no hospital assim que ele soube do meu diagnóstico. Entretanto, fica uma dica: por favor, tomem cuidado com os cateteres, curativos, lesões, etc. *rsrs*.

16 | Informação é tudo – e um direito seu

Após ter um diagnóstico de câncer, a sua vida parece virar de pernas para o ar. Primeiro, há uma surpresa com impacto. Depois, uma revolta. E logo aparecem as dúvidas. E para quem a gente deve perguntar e tirar as dúvidas?

Olha, durante meu tratamento eu percebi que não há uma única pessoa capaz de responder todas as dúvidas. Em relação a assuntos mais técnicos e médicos, deve haver uma equipe multidisciplinar, ou seja, composta por vários profissionais para que você possa consultar, incluindo os médicos especialistas em suas respectivas áreas. Além disso, outra ótima fonte de informações são os pacientes que também tiveram câncer. Ninguém melhor que seus amigas com câncer de mama para dividir questões acerca de tudo o que envolve a doença.

No entanto, muito cuidado com as informações das amigas; sempre confirme tudo com seu médico. Câncer não é brincadeira, e as medicações para o tratamento são muitas vezes tóxicas e podem sofrer alterações quando associadas com qualquer outra droga.

Quando for conversar com seu médico, certifique-se de que toda a comunicação será feita da maneira mais detalhada possível. Se a conversa não for clara e você não entender algo, peça para que ele tente repetir de modo mais simples ou até mesmo utilizando desenhos.

Dicas importantes para que esteja sempre bem informada:

- Leve um caderno para a consulta com o médico e anote os pontos mais importantes; use-o também para anotar suas dúvidas diárias para esclarecê-las

nas próximas consultas. Isso porque nós ficamos muito esquecidas com a quimioterapia. Portanto, além de todas as informações novas, ainda ficamos meio lentas. *rsrs*. É preciso tentar gerenciar isso.
- No dia do retorno, comece esclarecendo suas dúvidas e anote as respostas (ou peça ajuda para seu acompanhante).
- Seja paciente. Várias consultas são necessárias para que paciente e médico estabeleçam uma boa relação.
- Caso queira obter mais informações sobre o seu caso, peça ao médico para lhe sugerir alguns *sites* ou livros.
- Não se sinta inibida em avisar seu médico caso deseje ouvir uma segunda opinião. É um direito de todo paciente.
- O médico poderá utilizar muitos termos cujo significado você não faz ideia do que seja. Avise-o que não entendeu e peça que ele tente explicar de outro modo.

Eu vou tentar listar algumas perguntas que podem valer a pena serem feitas, pois foram perguntas que fiz ou que recebi nos grupos de WhatsApp das minhas amigas com câncer ao longo de um ano após o meu diagnóstico. Vou listar também algumas que acho importante como médica.

Vou separar essas perguntas em tópicos para facilitar. Ressalto também que outros questionamentos surgirão; por isso, sempre teremos mais *posts* no meu *blog*.

PERGUNTAS A SEREM FEITAS AO MÉDICO
Na primeira consulta
- Esse câncer expressa algum tipo de hormônio?
- Esse câncer pode causar metástases?
- Há alguma recomendação especial para este momento?
- Qual prontuário médico preciso levar/trazer para o senhor [médico] (relatórios de diagnóstico, de cirurgia feita, notas do médico-assistente)?
- O que pode ter causado esse tipo de câncer? Ele tem alguma causa específica?
- A genética é um fator de risco?
- Devo conversar com as pessoas da minha família?
- Como devo me preparar para iniciar o tratamento?
- Devo mudar alguma coisa na minha vida?
- Quais outros testes preciso fazer?

- Devo buscar uma segunda opinião?
- Qual tem sido a experiência de pacientes com câncer semelhante ao meu?
- Há algum grupo de apoio para mim e minha família?
- O senhor [médico] atende pelo meu plano de saúde?
- Quais materiais posso ler sobre o meu câncer?
- Em qual parte do corpo a doença se localiza?

Sobre os sintomas
- Quais sintomas são comuns neste tipo de câncer?
- Como posso evitar ou diminuir esses sintomas no meu dia a dia?
- Há alguma atividade que não devo realizar ou que devo evitar?
- Se um novo sintoma surgir ou piorar, como devo proceder?
- Em quais situações devo ligar para o senhor [médico]?

Sobre o estágio da doença
- Qual é o estágio da minha doença?
- Qual é a extensão do tumor?
- Como isso determina o tratamento do meu câncer?
- A doença pode progredir? Ou regredir?
- Qual é o meu prognóstico?
- Podemos falar em cura para o meu câncer?

Sobre o tratamento
Todo câncer tem tratamento – seja visando à cura da doença ou, em casos mais avançados, ao alívio dos sintomas e a uma melhor qualidade de vida. Saber quais especialistas farão o acompanhando e conhecer a importância da equipe multidisciplinar durante o tratamento pode ajudar o paciente a entender a dimensão da doença e como cada aspecto do acompanhamento é essencial.
- Devo ficar atenta para algum sintoma suspeito?
- Quais os riscos e benefícios?
- Esse tratamento fará eu me sentir melhor ou pior?
- Quais são minhas opções de tratamento?
- Por que preciso fazer esse tratamento?
- Quais os efeitos colaterais esperados?
- Quanto tempo dura? Quantas vezes eu farei esse procedimento?
- Quantos exames precisarei fazer e quantas vezes?

- Quais os custos do tratamento?
- Qual hospital é melhor para as minhas necessidades?
- Quais profissionais vão coordenar meu tratamento?
- Como pronuncio o nome do medicamento?
- Este remédio vai interagir com outros que eu já tomo?
- Posso evitar os desconfortos do tratamento?
- Precisarei ficar internada?
- Precisarei seguir dieta específica?
- Para quem devo telefonar se tiver dúvidas e problemas relativos ao tratamento?
- Utilizo ou não o anticoncepcional?
- Posso ficar grávida durante o tratamento?
- Poderei ter filhos após o tratamento?
- Devo congelar meus óvulos?
- Posso retornar às atividades diárias normais após o tratamento?

Sobre a quimioterapia
- Por que a quimioterapia é a melhor opção para mim?
- Qual tipo específico de quimioterapia é recomendado?
- Qual é o objetivo do tratamento?
- Quais são os riscos e benefícios do tratamento?
- A quimioterapia pode aliviar meus sintomas?
- Qual é o resultado esperado?
- Vou sentir dor?
- Precisarei ficar no hospital?
- Quais são os efeitos colaterais? O que posso fazer para controlá-los?
- Quantas vezes eu receberei medicamentos quimioterápicos?
- Quanto tempo vai durar a minha quimioterapia?
- Se o meu câncer apresentar metástase, isso influencia?
- Quanto tempo dura cada sessão? Terei de fazer quantas sessões?
- Quais são os potenciais riscos e efeitos colaterais do tratamento?
- Quais restrições (alimentação, trabalho, exercícios físicos) terei durante o tratamento?
- Posso voltar às atividades diárias normais após o tratamento?
- Como seus outros pacientes se sentem com o mesmo tratamento?

Sobre a cirurgia
- Por que a cirurgia é a melhor opção?
- Existem outras opções de tratamento?
- Depois da cirurgia, após quanto tempo poderei voltar às atividades cotidianas?
- Quais são as chances de a cirurgia remover todo o meu câncer?
- Quais são os potenciais riscos e efeitos colaterais do procedimento?
- Devo considerar quimioterapia ou radioterapia após a cirurgia?
- Existe alguma coisa que eu deva ou não fazer antes da cirurgia para melhorar o meu resultado?
- Quais exercícios físicos posso fazer após a cirurgia?
- Como os pacientes de cirurgia se sentem com este procedimento?
- Quais restrições (alimentação, trabalho, exercícios físicos) terei durante o tratamento?
- Quando poderei retornar às minhas atividades normais?
- Quais são as impressões de outros pacientes com regimes de quimioterapia semelhantes?

Sobre a radioterapia
- Por que você está recomendando a radioterapia para mim?
- Qual é o objetivo do tratamento?
- Quais efeitos ela pode causar?
- O que posso fazer para aliviar os efeitos do tratamento?

Expectativas
Essa parte é uma questão primordial. É difícil fazermos esse tipo de pergunta, porém é extremamente necessário e valioso.
- Qual é a minha chance de cura?
- Quanto tempo, em média, pessoas com esse tipo de câncer vivem?
- Se eu não pude ser curada, vou viver mais tempo com o tratamento?
- Vou me sentir melhor ou pior do que agora? Os sintomas tendem a melhorar?
- Posso receber cuidados paliativos, focados na qualidade da minha vida e da minha família durante o meu tratamento?
- Quais as opções que tenho, se não quiser continuar meu tratamento?
- Quando devo pensar em tratamento psicológico?
- O que devo checar no meu plano de saúde?

- O câncer tem chance de voltar?

Sobre ensaios clínicos
- Existem pesquisas clínicas disponíveis para a minha doença?
- Quais os potenciais benefícios de ingressar em um estudo?
- Como me inscrevo?
- Quais são os riscos de participar?
- Há chance de precisar trocar de tratamento depois?
- Quanto tempo dura, em média?
- Terei de viajar para outra cidade ou estado?
- O meu plano cobre os custos?
- Posso ser acompanhada por familiares ao receber o tratamento?
- Terei de mudar de médico durante o tratamento?

Sobre a família e o estado psicológico
- Existem grupos de apoio para o meu caso? De que modo isso vai me beneficiar?
- Como falar com a minha família? Devo anunciar de uma vez?
- Crianças pequenas pedem um diálogo diferenciado?

Sobre cuidados avançados
Pacientes que receberam o diagnóstico da doença já em estado avançado ou de cânceres que geraram metástases também devem saber quais são suas expectativas e qual é a melhor maneira de lidar com a notícia. Entender a gravidade do seu câncer e as opções de tratamento, o que esperar para o futuro e como se planejar também são fatores que podem ser discutidos com a equipe médica.
- O tratamento da recidiva/metástase é diferente daquele que eu fiz/estou fazendo?
- As expectativas mudam? De que modo?
- Como planejar o futuro?
- Devo abordar questões jurídicas, familiares ou financeiras?

Recursos de suporte
- Há um psicólogo na clínica ou no hospital com quem eu possa conversar?
- Há um dentista/odontologista para fazer a prevenção de mucosite (inflamação da mucosa)?

- Existe acompanhamento de fisioterapeuta?
- Onde posso encontrar informações que me ajudem a lidar com o meu diagnóstico?
- Quais as sugestões de leitura e de *sites*?
- Há ações ou apoios oferecidos aos meus familiares?

Sobre o plano ou seguro de saúde
- Como saberei quais os serviços e os tratamentos que meu plano cobrirá?
- Quem é responsável por obter as autorizações?
- Quem devo contatar para fazer perguntas sobre minha cobertura financeira?
- Como serei informado sobre minha responsabilidade financeira?
- Quais são os planos de pagamento para a quantia que devo?
- Se o meu plano for insuficiente ou a seguradora optar por não abranger os serviços, há programas de assistência que possam oferecer ajuda?
- Se eu não tiver cobertura pelo plano e o governo negar assistência, tenho direito a outros programas que me auxiliem a ter acesso aos medicamentos de que necessitarei?
- Pode fornecer-me uma lista de organizações e recursos, como seguro de invalidez, suplementos e programas de assistência médica?

Para informações mais técnicas acerca do câncer, pode ser útil a leitura de alguns capítulos mais adiante.

Os textos deste capítulo foram adaptados dos seguintes *links*:
- <https://cancerdemamatemcura.wordpress.com/2011/12/>.
- <https://enfermagemnodiadia.wordpress.com/category/oncologia/page/3/>.
- <http://www.cccancer.net/tratamento/pergunte-ao-seu-medico/>.
- <http://www.minhavida.com.br/saude/galerias/17090-cancer-o-que-perguntar-ao-medico-sobre-a-doenca>.
- <http://www.oncoguia.org.br>.
- <http://www.accamargo.org.br/cartilha-dos-direitos-do-paciente-com-cancer>.
- <http://www.jornalconceitosaude.com.br/preparamos-um-roteiro-de-perguntas-para-voce-fazer-ao-seu-medico/>.

17 | A escolha do médico

Quando nos deparamos com situações difíceis, depois do impacto inicial, precisamos colocar os pés no chão. Não podemos deixar que as emoções nos conduzam ou tomem o leme da embarcação, porque é muito fácil naufragar.

Para conduzir da melhor maneira possível uma situação de saúde, precisamos do melhor médico. Ele, além de tecnicamente competente, tem de ser, acima de tudo, muito humano!

Apesar de ser do meio médico, quem me ajudou foi meu amigo-irmão Nevi. Imediatamente, ele ligou para uma recente amiga, Karina, que indicou o meu novo médico-amigo, dr. Felipe Andrade, mastologista.

Esse ser iluminado conseguiu meu diagnóstico em menos de 7 dias, com o "sobrenome" do tumor e tudo o mais. Após uma semana da consulta inicial, comecei o tratamento com quimioterapia.

Apesar desse profissionalismo incrível, quero ressaltar um ponto muito importante. Tudo que eu sempre ouvi dos pais dos meus pacientes sobre mim (por exemplo, "você é um anjo"; "que bom que temos você em nossa vida"; "você faz mais que a maioria", etc.) senti com meu querido mastologista dr. Felipe. Esse é um dos passos mais importante para o tratamento. Segurança e confiança em relação ao médico são essenciais. Nem procurei outro médico. Não precisei de uma segunda opinião, pois a segurança que ele me passou não permitiu que eu precisasse de qualquer coisa além do que ele me deu. E, finalmente, eu senti a segurança que os pais dos meus pacientes sentiam comigo. Que maravilha!

E aí vai mais um conselho. Se não tiverem essa segurança e equilíbrio logo no primeiro momento, tentem outra opção. O câncer terá um tratamento árduo e longo, e a cumplicidade entre médico e paciente é necessária.

Bom, como já disse, com certeza a gente não merece a doença, mas tenho convicção de que, com esse anjo dr. Felipe, estou recebendo o que sempre fui como médica: dedicação e humanidade. Ou seja, já o amo e sou dependente dele para sempre. *rsrs*.

As nossas conversas e mensagens são sempre de alto-astral. Ele é simplesmente o máximo!

Olhem um exemplo das nossas conversas:

> *dr. Felipe*
> Bom dia! Tudo bem?

> *Eu*
> Bom dia! Tudo sim! Picc (cateter de inserção periférica) na entrada do átrio! (Esse foi o cateter que coloquei para a quimioterapia.) Quimioterapia sem intercorrências! Peruca comprada! Noite tranquilíssima! Não tive nada. Muito obrigada!

> *dr. Felipe*
> Sensacional! 👍👍👍

Viram? Com emoji e tudo!

Dr. Felipe Andrade

Para completar esse vínculo maravilhoso, tenho uma história de arrepiar para contar.

Em uma consulta com o dr. Felipe, descobrimos que ele foi o segundo-assistente no dia do nascimento do meu filho, em 28 de abril de 2006, auxiliando minha obstetra, dra. Aline Cristina Camacho Ambrosio. Demais, não é? E qual não foi minha supresa quando descobri que a dra. Aline é a assistente do dr. Felipe. Meu Deus! Não é coincidência, é simplesmente uma obra divina, de luz. Como disse meu *personal trainer*, Marcelo Avelar, "nem que eu tentasse juntar todos eles após 10 anos, eu conseguiria tão rápido".

Tenho que dizer como amo o dr. Felipe. Ele simplesmente ajudou a trazer ao mundo a melhor coisa da minha vida, meu filho Tuti, e agora está devolvendo a minha vida, tratando o meu câncer.

18 | E a tal da quimioterapia?

Neste e nos próximos capítulos, vou falar sobre algumas questões relacionadas à quimioterapia.

A quimioterapia é uma das mais importantes ferramentas de que dispomos no tratamento contra o câncer. Surgiu durante a Primeira Guerra Mundial, nos Estados Unidos, quando as pessoas que trabalhavam em pesquisas com o gás mostarda (substância utilizada na guerra química) começaram a apresentar anemia e alterações nos glóbulos brancos e vermelhos e nas plaquetas. Isso chamou a atenção dos pesquisadores, que passaram a estudar o assunto, porque há doenças em cancerologia, como muitas leucemias e alguns linfomas, que evoluem com aumento dos glóbulos brancos (leucócitos) e queda dos vermelhos (hemácias).

Realmente, o gás mostarda foi o primeiro quimioterápico utilizado, a primeira droga química que se mostrou capaz de destruir as células tumorais. Depois, vieram outras que transformaram a quimioterapia em um ramo da Medicina que tem salvado muitas vidas e aliviado o sofrimento dos doentes.

ORIENTAÇÃO BÁSICA

O indivíduo com câncer necessita de uma abordagem completa para que possa ser tratado sem muitos traumas.

MEDOS E DÚVIDAS MAIS FREQUENTES EM RELAÇÃO AO TRATAMENTO QUIMIOTERÁPICO

Hoje, as pessoas já não têm tantas dúvidas a respeito de fazer ou não a quimioterapia. A cultura do tratamento oncológico está ligada à quimioterapia e o doente provavelmente se sentiria desprotegido se não a recebesse.

As pessoas têm dúvidas e têm medo. Medo do desconhecido. É um tratamento novo, absolutamente diferente de todos os outros que experimentaram na vida. Quando se defronta pela primeira vez com a doença, o paciente com câncer precisa aprender uma série de termos que nunca ouviu nem quis ouvir falar. Por isso, é importante que receba indicação de livros, *sites* e outras publicações para ajudá-lo a entender a proposta do tratamento quimioterápico e os efeitos que ele pode causar. É relevante esclarecer quais os efeitos colaterais esperados e garantir que a equipe médica estará disponível para atender e orientar os pacientes e seus familiares se esses ou outros sintomas se manifestarem.

Em relação a ser careca, que é um dos maiores medos dos pacientes com câncer, tenho a dizer que os nossos monstros internos nos prendem diante dos novos desafios de não sermos aceitos, de passarmos vergonha, de sermos deixados de lado ou para trás. Ser careca é isso; todos olham e nós temos vergonha. E é por isso que, quando recebemos a notícia do câncer, temos tanto medo da quimioterapia.

TIPOS DE QUIMIOTERAPIA

Como já disse, a quimioterapia pode ser indicada em várias situações, e a escolha do tipo e do protocolo vai depender do tratamento que seu médico escolher.

A quimioterapia pode ser dividida em branca e vermelha, de acordo com o tipo de medicamento quimioterápico utilizado. Normalmente, os protocolos indicam primeiro a vermelha e, em seguida, a branca.

- Vermelha: tem sua denominação baseada na cor do líquido administrado, que é vermelho. A quimioterapia vermelha tem como principal componente uma droga pertencente ao grupo dos antracíclicos, por exemplo, doxorrubicina (adriamicina) ou epirrubicina. Após a aplicação da quimioterapia vermelha, a diurese é vermelha e a pele também fica toda ruborizada.
- Branca: tem sua denominação baseada na cor do líquido branco. A quimioterapia branca é comumente composta pela medicação paclitaxel (Taxol®) ou, menos frequentemente, docetaxel, mas também podem ser

outras (para mais detalhes, ver item mais adiante). Costuma ser aplicada 3 meses após o início da quimioterapia vermelha no tratamento adjuvante do câncer de mama. Em geral, é realizada semanalmente, mas também pode ser administrada a cada 3 semanas se o oncologista entender que deve prescrever doses equivalentemente mais fortes. A quimioterapia branca não é indicada para todos os tipos de câncer. Ela é usada somente para os casos de câncer de mama, ovário, útero, pulmão de células não pequenas e sarcoma de Kaposi.

O meu protocolo foi de 4 doses da quimioterapia vermelha (semanalmente) e 12 da branca (a cada 21 dias).

Em função de a diferença básica entre a quimioterapia branca e a vermelha ser o tipo de quimioterápico empregado em cada uma, seus mecanismos de ação, seus efeitos colaterais e seus usos clínicos podem ser diferentes. Explicarei um pouco a respeito nos capítulos pertinentes, mais adiante.

Já em relação ao seu intuito, a quimioterapia pode ser dividida em:
- Quimioterapia adjuvante: é administrada após a cirurgia para destruir as células cancerígenas remanescentes do procedimento cirúrgico ou disseminadas pelos exames de imagem. Pode reduzir o risco de recidiva.
- Quimioterapia neoadjuvante: é administrada antes da cirurgia para tentar reduzir o tamanho do tumor de modo que ele possa ser retirado com uma cirurgia menos extensa. Em função disso, a quimioterapia neoadjuvante é frequentemente usada para tratar cânceres localmente avançados. Além disso, ao administrá-la antes do tumor ser removido, é possível prever como o tumor responde ao tratamento. Se o primeiro esquema de medicamentos quimioterápicos não reduzir o tumor, o médico saberá que outras drogas serão necessárias.
- Quimioterapia para doença metastática: a quimioterapia pode ser usada como tratamento principal para a doença disseminada.

Eu fiz a quimioterapia neoadjuvante, escolhida em conjunto com meu mastologista e oncologista, pois optamos por prever como o tumor responderia ao tratamento.

PERGUNTAS E RESPOSTAS
A seguir, há perguntas e respostas sobre a administração das medicações quimioterápicas.

Quando a quimioterapia é administrada no paciente?
Não há regras para o uso da quimioterapia: ela pode ser aplicada antes ou depois da cirurgia de retirada do tumor ou até mesmo isoladamente. Cada caso é único. Converse com seu médico e saiba o que é melhor para você.

Como a quimioterapia é administrada?
A quimioterapia pode ser administrada de várias maneiras, dependendo do tipo de câncer e, consequentemente, dos medicamentos empregados. As mais comuns são por via oral (pela boca) e intravenosa (pela veia). Menos frequentemente, a administração é por meio de injeções intramusculares.

A via intravenosa pode utilizar o acesso venoso periférico (aquela veia que puncionam nos exames de sangue) ou o cateter intravenoso – veja detalhes no respectivo item mais adiante.

O tipo de medicação é sempre o mesmo?
Não. Ele varia de acordo com o tipo do tumor, o local da lesão e as características de crescimento das células cancerosas. Os medicamentos misturam-se com o sangue e são levados a todas as partes do corpo, destruindo as células doentes que estão formando o tumor e impedindo que elas se espalhem pelo corpo, provocando as metástases. Por isso que todo o seu organismo recebe o medicamento. Esse é o objetivo.

Onde eu recebo a quimioterapia?
A quimioterapia pode ser realizada em um hospital, clínica ou em casa. Geralmente, inicia-se a quimioterapia em um hospital, para permitir que o médico acompanhe o paciente durante e após o procedimento. Dessa maneira, os médicos podem avaliar a necessidade de qualquer alteração no esquema de tratamento.

O meu esquema incluiu 6 meses de quimioterapia hospitalar.

Durante quanto tempo farei quimioterapia?
O tipo de câncer que você tem determinará a duração de seu tratamento, que pode ser feito apenas com um medicamento ou com uma combinação de medicamentos, administrados diariamente, semanalmente ou uma a duas vezes por mês.

Geralmente, a quimioterapia é feita em ciclos, com cada período de tratamento seguido por um período de descanso, a fim de permitir que o corpo se recupere. Cada ciclo de quimioterapia dura, em geral, algumas semanas.

Siga as orientações dadas pelo seu médico. Ele dirá exatamente como e quando você deverá tomar o medicamento. Obedeça corretamente as instruções recebidas e compareça às consultas de acompanhamento agendadas.

O que são ciclos de quimioterapia?
Ciclos são unidades de tratamento quimioterápico administradas periodicamente por tempo determinado. Por exemplo, há drogas que são administradas a cada 28 dias; outras, a cada 21 dias. Mais recentemente, apareceram esquemas que exigem aplicações semanais.

O número de sessões pode variar?
Sim. Depende do comportamento do tumor, mas, geralmente, a quimioterapia é indicada até o final da doença.

A quimioterapia dói?
Não. O que pode doer é o ato de punção da veia, assim como ocorre no exame de sangue.

Sobre a quimioterapia intravenosa
O que é quimioterapia intravenosa?
A quimioterapia intravenosa é uma das formas de administrar os medicamentos para o tratamento do câncer, como já dito em item anterior.

Ela pode ser realizada por meio de um acesso venoso periférico (aquela veia que pegam quando coletamos exames de sangue) ou de um cateter intravenoso colocado em uma grande veia do braço ou na parte superior do tórax.

Mais informações estão no item "Cateter", adiante.

O que é a quimioterapia intravenosa periférica?
Seu objetivo é reduzir um tumor ou destruir as células cancerígenas. A equipe médica pode precisar pegar uma nova veia antes de cada dose de quimioterapia ou o cateter pode ficar inserido em sua veia por alguns dias. O cateter intravenoso é colocado na mão ou no braço.

Quais são os possíveis riscos da quimioterapia intravenosa periférica?
- Pode haver vazamento do medicamento, prejudicando a pele do paciente permanentemente, assim como a veia ou o interior do corpo.
- Desenvolvimento de infecção no local do cateter.

Cateter

O cateter intravenoso é colocado na mão, no braço ou no tórax e usado para a administração do quimioterápico diretamente na corrente sanguínea de maneira central, ou seja, próximo ao coração (mas não dentro).

A maior vantagem do cateter é que ele deixa uma veia do paciente sempre acessível. Dessa forma, o paciente não precisa ser puncionado todas as vezes que vai tomar a medicação, nem várias vezes para se procurar veias disponíveis. Inclusive, quem faz quimioterapia por algum tempo pode ter alguma inflamação nas veias do braço se elas forem muito usadas. Ninguém merece, não é? Já vi muita gente sofrendo por receber a medicação na veia quando as sessões são longas; elas entopem, mancham a pele e maltratam muito os braços.

Em razão de o cateter ser algo externo que colocamos no corpo, em alguns casos pode haver rejeição e outros riscos (ver item adiante). Por isso, fique sempre atenta e fale com seu médico se surgir qualquer desconforto e tire sempre todas as suas dúvidas. Alguns dias depois da sua colocação, o local ficará inchado e um pouco roxo, mas ele realmente deixa tudo mais simples na quimioterapia.

Normalmente, o cateter é retirado em 6 meses a 2 anos após o término do tratamento. Eu retirei meu cateter 6 meses após o início do tratamento, quando cumpri o meu protocolo.

Como é o cateter intravenoso?
Vários tipos de cateteres intravenosos são usados para administrar a quimioterapia.

O cateter venoso central tem uma pequena parte que fica visível do lado de fora do corpo e outra parte que fica inserida dentro de uma veia. Esse foi o tipo que meus médicos e eu escolhemos para mim. Há o inconveniente de uma parte ficar para fora e, por isso, requerer certos cuidados específicos. Para quem se preocupa com estética, esse fator precisa ser analisado.

Outros cateteres intravenosos, denominados cateteres implantados, são completamente inseridos dentro do corpo e não são visíveis na parte externa. Podem apenas deixar uma cicatriz.

Como um cateter intravenoso de longa permanência é colocado?
O cateter é inserido durante um procedimento cirúrgico, sob anestesia geral. Antes da operação, é necessário fazer jejum de cerca de 6 horas. Após o procedimento, o paciente pode sentir algum desconforto e também pode ocorrer sangramento ou dor no local da inserção do cateter. Solicite ao cirurgião todas as informações sobre esse procedimento.

Já o cateter venoso central, que fica com uma parte externa, pode ser inserido até mesmo na enfermaria.

Quais são os riscos mais comuns do cateter?
- Desenvolvimento de infecção no local do cateter.
- Reação alérgica ao cateter.
- Rejeição ao cateter.
- Deslocamento do cateter, saindo da posição correta.
- Aparecimento de coágulos de sangue em decorrência do cateter.

Portanto, como visto até aqui, o cateter é muito importante. Cuide muito bem dele! Ele ajuda em seu tratamento!

Quais cuidados especiais devem ser tomados pelos pacientes em tratamento quimioterápico?
Evitar contato com pessoas com doenças infectocontagiosas e evitar permanecer em locais fechados com muitas pessoas. De fato, a quimioterapia e até alguns tipos de câncer diminuem a imunidade.

Terapias alternativas podem substituir a quimioterapia?
Não podem. Apesar de algumas drogas utilizadas na quimioterapia serem derivadas de elementos da natureza, como raízes, cascas, flores e frutas, é preciso descobrir exatamente qual é a substância capaz de destruir o tumor. Logo, não basta preparar um chá de uma determinada planta. São necessárias altas

concentrações dessa substância, que devem ser analisadas e testadas antes de serem comercializadas e aplicadas, com o objetivo de se descobrir não apenas a dose e frequência corretas, como também os possíveis efeitos colaterais a curto e a longo prazo. Por isso, essas terapias alternativas, sem pesquisas sobre sua ação, podem não inibir a progressão do câncer e piorar o quadro clínico, diminuindo as chances de sucesso no tratamento. Mais no final deste livro, há um capítulo dedicado para esse tema; vale a pena consultá-lo.

OS MEDICAMENTOS DA QUIMIOTERAPIA

Na maioria dos casos, em especial nos tratamentos adjuvante e neoadjuvante, a quimioterapia é mais eficaz quando são utilizadas combinações de dois ou mais medicamentos. Muitas combinações estão em uso no momento, contudo, ainda não está claro qual delas é a melhor.

Os medicamentos mais comumente empregados para a quimioterapia adjuvante e neoadjuvante incluem:
- Antraciclinas, como doxorrubicina e epirrubicina (eu os utilizei na quimioterapia vermelha).
- Taxanos, como paclitaxel (Taxol®) e docetaxel (eu os utilizei na químio branca junto com o 5-fluorouracil).
- Ciclofosfamida.
- Carboplatina.

Na maioria das vezes, são usadas combinações de dois ou três desses medicamentos.

QUIMIOTERAPIA PARA CÂNCER DE MAMA AVANÇADO

Os medicamentos quimioterápicos úteis no tratamento do câncer de mama avançado incluem:
- Docetaxel.
- Paclitaxel (Taxol®).
- Agentes da platina (cisplatina, carboplatina).
- Vinorelbina.
- Capecitabina.
- Doxorrubicina.
- Gencitabina.
- Mitoxantrona.

- Ixabepilona.
- Eribulina.

Embora as combinações de medicamentos sejam muitas vezes utilizadas no câncer de mama inicial, sendo o câncer de mama avançado mais frequentemente tratado com quimioterapia, algumas combinações, como carboplatina ou cisplatina mais gencitabina, são comumente usadas para tratar o câncer de mama avançado.

Para os tumores HER2-positivos, como no meu caso, um ou mais medicamentos específicos que tenham como alvo a proteína HER2 podem ser administrados junto com a quimioterapia, como explicado no capítulo a seguir. (Eu utilizei o pertuzumabe Perjeta® e o trastuzumabe Herceptin®.)

Os textos deste capítulo foram adaptados dos seguintes *links*:
- <www.accamargo.org.br>.
- <http://www.oncoguia.org.br/conteudo/perguntas-e-respostas-sobre-quimioterapia/5317/593/>.
- <http://www.ibcc.org.br/duvida/tratamentos/quimioterapia/4/42/>.
- <http://www.inca.gov.br/conteudo_view.asp?id=101>.
- <https://drauziovarella.com.br/cancer/quimioterapiamedos-e-duvidas/>.

19 | Câncer HER2-positivo, hormonioterapia e terapia-alvo

Quando eu peguei os resultados dos meus exames anatomopatológico e imuno-histoquímico, perguntei para meu querido dr. Felipe se as informações que estavam ali eram boas ou ruins. E ele respondeu:

— Não existe câncer bom. Todos são ruins. Câncer é igual a bandido. Só existe bandido ruim. Não existe bandido bom. E, portanto, como todo bandido, deve ser extirpado.

Isso me deixou relativamente tranquila. Entendi que tinha que enfrentar e tratar adequadamente o meu câncer. E foi o que fiz, destruindo o que não me pertencia.

O meu câncer era o tipo mais comum de câncer de mama, carcinoma ductal invasivo. O meu tumor, triplo positivo. E o sobrenome do meu tumor, híbrido luminal B/HER2. (Coloquei as fotos dos exames a seguir para saberem do que estou falando. Para outros detalhes do tipo do câncer e do tumor, recomendo ler também o capítulo "Sobre o câncer de mama", mais no final do livro.)

O que tudo isso quer dizer?

Sobre o tipo de tumor, sem delongas, significa que meu tumor responde a hormônios (progesterona e estrogênio) e é HER2-positivo. Isso significa, por sua vez, que faria uso de hormônio (hormonioterapia) e de anticorpo monoclonal (a maravilhosa terapia-alvo), além da cirurgia e da quimioterapia. Tudo isso com acompanhamento total por parte dos meus amados dr. Felipe (mastologista) e dr. Max Mano (oncologista especialista em mama).

Como eu fiz terapia-alvo e hormonioterapia, vou dar umas explicações sucintas sobre elas para vocês.

CÂNCER HER2-POSITIVO

O câncer de mama é a neoplasia maligna mais comum em mulheres no mundo todo. A cirurgia e a radioterapia são as principais modalidades de tratamento para o controle local da doença. No entanto, mais de 60% das mulheres morrerão em virtude da recorrência da doença em outros órgãos.

Três tipos de tratamento sistêmico adjuvante (pós-operatório) mostraram-se eficazes em reduzir significativamente a chance de o câncer de mama recorrer após a cirurgia curativa: a quimioterapia, o bloqueio hormonal (para pacientes com presença de receptores hormonais no tumor) e o uso de bloqueadores da proteína HER2 em pacientes com câncer de mama do tipo HER2-positivo.

HER2 é a abreviatura de *Human Epidermal growth factor Receptor-type 2*, ou seja, receptor tipo 2 do fator de crescimento epidérmico humano. Em quantidades normais, essa proteína tem um papel importante no crescimento e no desenvolvimento de uma vasta categoria de células, chamadas células epiteliais. Essas células constituem o revestimento interno e externo do organismo, bem como o tecido glandular.

As células do tecido mamário responsáveis pela produção de leite são exemplos de células epiteliais, ou seja, que contêm a proteína HER2.

Na amostra de tecido mamário (biópsia), deverá ser analisado e pesquisado o aumento (ou superexpressão) do receptor HER2 (existente na membrana das células tumorais) ou do gene *HER2/neu*. Quando há superexpressão da proteína HER2, o câncer de mama é denominado HER2-positivo.

A superexpressão de HER2 ocorre em 20 a 25% dos tumores malignos de mama e está associada à maior agressividade da doença, com maior grau e maior propensão para o desenvolvimento de metástases a distância, o que leva a um maior risco de morte pelo câncer.

TERAPIA-ALVO

Terapia-alvo é o nome de um recente tipo de tratamento contra o câncer. Ela utiliza drogas do tipo anticorpos monoclonais, inibidores de quinase ou outras substâncias para identificar e atacar especificamente células cancerígenas e provocar pouco dano às células normais. Cada tipo de terapia-alvo funciona de uma determinada forma, mas todas alteram a maneira como uma célula cancerígena cresce, divide-se e autorepara-se, ou como interage com outras células.

Os medicamentos empregados na terapia-alvo funcionam de forma diferente dos quimioterápicos convencionais; muitas vezes, têm efeitos colaterais menos graves e são mais frequentemente utilizados junto com a quimioterapia.

Cinco estudos multicêntricos e randomizados mostraram redução de 39 a 52% no risco de recorrência do câncer de mama e redução de 33% no risco de morte pela doença. Juntando todos os estudos, mais de 12 mil pacientes foram avaliadas, incluindo pacientes brasileiras, em estudos randomizados, os quais geram o melhor nível de evidência científica disponível para avaliação de novos tratamentos.

Medicamentos cujo alvo é a proteína HER2/neu
Trastuzumabe

Os cânceres de mama HER2-positivos tendem a crescer e disseminar-se de modo mais agressivo, como já dito. O trastuzumabe (Herceptin®) é o mais indicado para esse tipo de câncer por ser um medicamento do tipo anticorpo monoclonal, produzido a partir de uma proteína específica do sistema imunológico. Ele se liga à proteína HER2/neu (ou apenas HER2) na superfície das células cancerígenas da mama em quase 20% das pacientes, podendo ajudar a retardar o crescimento e estimular o sistema imunológico a atacar mais eficazmente a doença.

O trastuzumabe é frequentemente utilizado como terapia adjuvante para o câncer HER2-positivo para reduzir o risco de recidiva da doença, sendo administrado por via intravenosa, em intervalos de uma vez por semana ou até a cada 21 dias.

Dessa forma, é usado para tratar o câncer de mama HER2-positivo avançado que já recidivou após o tratamento quimioterápico ou que continua avançando durante a quimioterapia. Em geral, o tratamento combinado de trastuzumabe e quimioterapia funciona melhor do que a quimioterapia administrada isoladamente.

Em comparação com agentes quimioterápicos, os efeitos colaterais do trastuzumabe são relativamente leves e raros, podendo incluir febre, calafrios, fraqueza, náuseas, vômitos, tosse, diarreia e cefaleia. Esses efeitos colaterais normalmente são de curto prazo e ocorrem com menos frequência após a primeira dose.

O efeito colateral mais grave é a lesão cardíaca, que pode levar à insuficiência cardíaca congestiva. Para a maioria das mulheres, esse efeito tem sido temporário e melhora quando o uso do medicamento é interrompido. O risco de problemas cardíacos é maior quando o trastuzumabe é administrado com determinadas drogas quimioterápicas, como as antraciclinas (doxorrubicina e epirrubicina). Por essa razão, a função cardíaca é controlada regularmente durante o tratamento com trastuzumabe. Os principais sintomas de insuficiência cardíaca congestiva são falta de ar, inchaço nas pernas e fadiga severa. As mulheres com esses sintomas devem entrar em contato com seu médico imediatamente.

O trastuzumabe também pode causar danos e até morte do feto se for administrado em mulheres grávidas. Mulheres que podem engravidar devem usar métodos contraceptivos eficazes durante o tratamento e comunicar a intenção de engravidar ou a gravidez imediatamente a seu médico.

Pertuzumabe

Assim como o trastuzumabe, o pertuzumabe (Perjeta®) é um anticorpo monoclonal que se liga à proteína HER2, porém é direcionado a uma parte diferente dessa proteína.

Esse medicamento é administrado como uma infusão na veia a cada 3 semanas. Quando em combinação com trastuzumabe e docetaxel, os efeitos colaterais comuns incluem diarreia, perda de cabelo, náuseas, fadiga, erupção cutânea e diminuição dos glóbulos brancos. Embora até agora não esteja comprovado que ele altera a função cardíaca, existe a preocupação de que possa afetar, portanto, não deve ser administrado em pacientes com função cardíaca alterada. Assim como acontece com o trastuzumabe, o médico deverá solicitar exames da função cardíaca regularmente durante o tratamento.

Lapatinibe

O lapatinibe é outra medicação que tem como alvo a proteína HER2. É administrado via oral em mulheres com câncer de mama avançado HER2-positivo que não respondem ao tratamento quimioterápico e ao trastuzumabe.

Ainda está sendo estudado se o lapatinibe pode ser usado como terapia adjuvante em pacientes HER2-positivo; portanto, atualmente só é utilizado para câncer de mama avançado.

O lapatinibe é frequentemente aplicado em combinação com o quimioterápico capecitabina, e também pode ser administrado com letrozol em pacientes com câncer de mama HER2-positivo avançado.

Os efeitos colaterais mais comuns do lapatinebe incluem náusea, diarreia, vômitos, erupções cutâneas e síndrome mão-pé. Em casos raros, pode causar problemas no fígado ou diminuição da função cardíaca.

HORMONIOTERAPIA

A hormonioterapia é a classe de terapia mais efetiva para o tratamento de pacientes cujos tumores tenham expressão dos chamados receptores hormonais. Esses receptores são o receptor de estrogênio (RE) e de progesterona (RP), e sua presença qualitativa e quantitativa é determinada pela avaliação do tumor por meio da técnica denominada imuno-histoquímica.

Assim, absolutamente todo tumor de mama deve ser avaliado quanto à presença ou ausência desses receptores, e, preferencialmente, essa avaliação deve ser feita por um bom laboratório, com controle de qualidade adequado.

A presença desses receptores, ou mesmo de apenas um deles, indica um benefício na utilização da hormonioterapia como parte do tratamento em qualquer fase da doença, em combinação com o tratamento cirúrgico, seja no caso de doença localizada, seja no caso de doença metastática.

A hormonioterapia é tanto mais eficaz quanto maior for a expressão desses receptores pelas células tumorais. Assim, se as células tumorais tiverem ambos, RE e RP, em 100% das células, e os receptores estiverem presentes com coloração intensa, a paciente terá um benefício extraordinário com a hormonioterapia.

Semelhantemente à quimioterapia, a hormonioterapia pode estar indicada na neoadjuvância (tratamento pré-operatório com intuito de diminuir o tamanho do tumor, permitindo uma cirurgia menor), na adjuvância (tratamento pós-operatório com intuito de eliminar células que porventura estejam circulando ou tenham escapado à ressecção cirúrgica, para evitar que a doença recidive) ou na doença metastática. Além disso, em algumas mulheres, a hormonioterapia está indicada na prevenção do câncer de mama.

A hormonioterapia utilizada atualmente consiste em uma de duas classes: os moduladores do receptor de estrogênio (dos quais o tamoxifeno e o fulvestranto são as medicações utilizadas em câncer) e os inibidores de aromatase (dos quais o letrozol, o anastrozol e o exemestano são os mais utilizados).

É importante explicar que os inibidores de aromatase, por interferirem em uma enzima que é responsável pela maior produção de estrogênio nas mulheres após a menopausa (na pré-menopausa, o maior produtor de estrogênio são os ovários), somente podem ser utilizados em mulheres na menopausa. Nas mulheres que ainda não entraram nessa fase, a medicação de escolha entre os hormonioterápicos é o tamoxifeno.

Para que uma mulher na pré-menopausa possa usar inibidores de aromatase, ela deverá ser colocada na menopausa, seja cirurgicamente, pela retirada dos ovários, seja quimicamente, pela utilização de injeções que bloqueiam a produção hormonal dos ovários. A medicação que põe a mulher na menopausa é um análogo do hormônio da secreção de LH (aLHRH).

Há dados indicativos de que, nas mulheres na pós-menopausa, os inibidores de aromatase podem ser um pouco mais eficazes para reduzir o risco de recidiva que o tamoxifeno, porém essa pequena vantagem tem de ser discutida no contexto do perfil de toxicidade das medicações e do risco real de recidiva da doença de uma determinada paciente.

Os hormonioterápicos podem causar alguns efeitos colaterais. O tamoxifeno pode aumentar o risco de trombose (coágulos de sangue), de modo que está contraindicado em mulheres que já tenham tido trombose ou que tenham algum outro fator predisponente para trombose. Além disso, ele piora os sintomas da menopausa, pode causar certa retenção de líquido, pode, em raras ocasiões, causar toxicidade ocular (daí a necessidade de acompanhamento anual com oftalmologista) e pode ter seu efeito reduzido pela utilização concomitante de determinados antidepressivos. Já os inibidores de aromatase causam frequentemente dores articulares, às vezes limitantes, que podem provocar perda de massa óssea, levando à osteopenia ou até à osteoporose, além de provocar piora dos sintomas da menopausa. A lista potencial dos efeitos colaterais é certamente mais longa, e todas as pacientes devem discutir os possíveis sintomas com seu médico.

Da mesma maneira, é necessário discutir abertamente com seu oncologista os prós e contras de cada opção de tratamento.

Os textos deste capítulo foram adaptados dos seguintes *links*:
- <http://www.femama.org.br/novo/noticias-detalhe.php?id=192#.WdERCRNSwnU>.
- <http://www.oncoguia.org.br/conteudo/terapia-alvo-para-cancer-de-mama/1771/265/>.
- <http://www.inca.gov.br/conteudo_view.asp?id=103>.
- <http://www.oncoguia.org.br/conteudo/hormonioterapia-para-cancer-de-mama/1404/265/>.
- <http://www.infomama.com.br/blog/cancer-de-mama-rh-e-her2-adjuvante/>.

20 | *Uma chance para viver e o Herceptin®*

Recomendo fortemente que vocês assistam ao filme *Uma chance para viver*, que, baseado em fatos reais, conta a luta de um médico para encontrar a cura para o câncer de mama. Durante 12 anos de sua vida, o médico Dennis Slamon trabalhou na pesquisa do Herceptin® (trastuzumabe), um medicamento promissor no tratamento e na cura do câncer de mama. O uso desse fármaco apresenta ótima eficácia em pacientes com um determinado tipo de câncer de mama. O próprio dr. Slamon comentou que o filme é um grande incentivo para as mulheres buscarem também alternativas para o tratamento. *Uma chance para viver* é tocante, inspirador e, acima de tudo, esclarecedor, visto que mostra, de maneira real e emocionante, a vivência pessoal das pessoas acometidas pelo câncer de mama.

No Brasil, o Herceptin® é produzido pelo laboratório Roche e, atualmente, está disponível no Sistema Único de Saúde (SUS) desde que o câncer seja do tipo metastático, como expliquei no capítulo anterior.

21 | Sobre os efeitos colaterais da quimioterapia

Os medicamentos quimioterápicos podem provocar efeitos colaterais que dependem do tipo e da dose administrados e do tempo de tratamento. Podem incluir:

- Queda dos cabelos e dos pelos do corpo.
- Alterações nas unhas.
- Descamação ou ressecamento da pele.
- Feridas na boca (aftas, mucosite).
- Ressecamento da boca (xerostomia).
- Perda ou aumento de apetite.
- Perda ou ganho de peso.
- Enjoos, náuseas e vômitos.
- Tontura.
- Diarreia.
- Constipação intestinal.
- Infecção em decorrência da diminuição dos glóbulos brancos.
- Hematomas ou hemorragias decorrentes da diminuição das plaquetas.
- Fraqueza.
- Fadiga em virtude da diminuição dos glóbulos vermelhos.
- Síndrome mão-pé.
- Nevoeiro quimioterápico.
- Aumento do risco de leucemia.

A maioria dos efeitos colaterais geralmente desaparece após o término do tratamento. Muitas vezes, existem maneiras de diminuí-los. Por exemplo, podem ser administrados medicamentos para prevenir ou reduzir as náuseas e vômitos. Já outros efeitos podem persistir após o tratamento.

Além das perguntas e respostas a seguir, também vou abordar individualmente e com mais detalhes alguns desses e outros efeitos colaterais nos próximos capítulos.

PERGUNTAS E RESPOSTAS SOBRE OS EFEITOS COLATERAIS
Todos sofrem os mesmos efeitos colaterais da quimioterapia?
Nem todos os pacientes submetidos à quimioterapia apresentarão os efeitos colaterais citados no item anterior.

Atualmente, a quimioterapia possui mais de 50 medicamentos e diversas combinações entre eles, possibilitando inúmeras alternativas de tratamento, as quais, por sua vez, podem resultar em diferentes reações, mais ou menos potencializadas. O organismo do paciente é outro fator que interfere na variação e na frequência dos efeitos colaterais. Há também o monitoramento médico: em casos de medicações com efeitos colaterais conhecidos, como náusea e vômitos, o oncologista pode utilizar paralelamente outros medicamentos que inibam essas reações.

Há como evitar ou minimizar os efeitos colaterais provocados pela quimioterapia?
Sim. Seguem algumas dúvidas mais comuns e dicas rápidas e valiosas para cada efeito colateral do tratamento quimioterápico.

Toda quimioterapia causa queda de cabelo?
Depende. Os esquemas de quimioterapia agem de maneira diferente sobre as células normais. Alguns provocam queda de cabelo em 100% das pessoas. Outros, às vezes bastante agressivos, provocam muitos efeitos indesejáveis, mas os cabelos não caem. Senso assim, a queda de cabelo é um efeito colateral que pode ou não acontecer, dependendo do tipo de medicação utilizado em cada caso. No entanto, em relação ao uso paralelo de medicamentos para inibir os efeitos colaterais (comentado em item anterior), até o momento, nenhuma alternativa se mostrou 100% eficaz para prevenir a queda de cabelo.

É possível evitar a queda de cabelo e outros pelos do corpo?
Não há como evitar a queda dos pelos do corpo, mas é bom saber que eles voltam a crescer após o tratamento ou até mesmo antes do seu término. E para quem nasceu loira, mas ficou morena depois, os cabelos podem voltar a nascer com a mesma tonalidade original.

Como minimizar o trauma diante da possibilidade de perder temporariamente os cabelos?
A queda dos cabelos pode representar um grande trauma (considerado como efeito colateral secundário – e por isso está neste tópico), especialmente para as mulheres que vão iniciar tratamento quimioterápico. Por isso, se a droga a ser utilizada tem esse efeito colateral, a paciente é aconselhada a providenciar uma peruca antes de iniciar a quimioterapia. Muitas fazem a peruca com o próprio cabelo. Outras, com um tipo de cabelo tão parecido com o seu que não se nota a diferença.

Além disso, a exposição na mídia de pessoas sem cabelo por causa da quimioterapia ou de artistas que precisam usar peruca por motivos profissionais beneficiou muito os doentes que passam por essa situação.

Aproveito para falar da campanha "De Médica a Paciente", idealizada por mim e associada à ONG Cabelegria. Há cerca de 1 ano e meio estamos arrecadando perucas para doar a pacientes oncológicos, com o objetivo principal de levar alegria e aumentar a autoestima deles.

Quais cuidados especiais devem ser tomados com a alimentação para minimizar alguns dos efeitos colaterais?
Os pacientes em tratamento quimioterápico devem dar preferência aos alimentos frios ou não muito quentes, pois eles têm menor odor e, assim, serão mais suportados; ingerir pequenas quantidades de comida, várias vezes ao dia; evitar alimentos gordurosos, com temperos fortes, muito salgados ou enlatados; evitar a ingestão de bebidas alcoólicas e/ou gaseificadas; aumentar a ingestão de líquidos.

Geralmente, o paciente ganha peso durante o tratamento?
Depende. O ganho de peso varia de acordo com o medicamento prescrito pelo médico. Nem todos os medicamentos têm como efeito colateral o ganho de peso. Entretanto, uma vez previsto, cabe ao oncologista monitorar essa alteração e determinar um limite máximo para evitar qualquer risco de complicação ao organismo.

Quando essa reação for inesperada, deve-se investigar as causas, que, em geral, não estão relacionadas à quimioterapia, mas a outros fatores, como distúrbios hormonais, ausência de atividade física, outras doenças e, principalmente, hábitos alimentares inadequados. Nesses casos, o auxílio de um nutricionista é fundamental.

Diversos estudos foram feitos para verificar a incidência de alterações no metabolismo de pacientes. Mulheres com câncer de mama têm maior tendência ao hipotireoidismo, isto é, a uma diminuição no funcionamento da tireoide, o que pode favorecer o ganho de peso.

Excluindo esses casos que são facilmente tratados com hormônios, é provável que as mulheres engordem porque aumentam a ingesta e diminuem a atividade física. Duas razões em especial colaboram para que isso aconteça. Primeira: a medicação contra a náusea contém corticosteroide, substância que estimula o apetite. Segunda: a sensação de fadiga e fraqueza, que pode ocorrer durante o tratamento, colabora para a redução da atividade física.

O que fazer para não ganhar peso?

Nesse contexto, pode-se instituir, no programa de quimioterapia, consultas com nutricionista e *personal trainer*, com o objetivo de diminuir o ganho de peso por meio de orientação dietética e aumento da atividade física.

No que se refere ao ganho de peso efetivo, não se deve abolir por completo os alimentos com alto teor calórico — os doces, por exemplo –, mas deve-se evitá-los e optar por uma dieta rica em fibras. É recomendado também diminuir o sal, já que a maioria dos medicamentos quimioterápicos deixa a gente inchada, e comer mais frutas (sempre cozidas).

Invariavelmente, a prática de atividade física, além de ajudar no controle do peso, traz outros efeitos benéficos para a paciente.

Beber água é importante especialmente para quem está tomando medicações que dependem dos rins para serem eliminadas. Por isso, beba por volta de 2 litros de água por dia.

Como evitar a perda excessiva de peso?

Ingerir alimentos como gemadas, *milk-shakes*, massas e carnes. Esses alimentos devem ser consumidos especialmente nos intervalos entre uma aplicação e outra. Seu corpo precisa estar saudável em um sentido mais amplo.

Como evitar a ocorrência de diarreia?
Ingerir, várias vezes ao dia, suco de cenoura sem açúcar ou suco de maçã com limão; alimentar-se de maneira leve e com verduras apenas cozidas; procurar ingerir alimentos que ajudam a "prender" o intestino, como maçã, banana, arroz, batata e mandioca.

E para evitar a constipação intestinal?
Tomar suco de mamão com laranja e mel e consumir alimentos que ajudam a "soltar" o intestino, como laranja, ameixa, uva, figo, manga, mamão, pera, aveia e coco verde.

O que fazer em caso de perda do paladar?
Enxaguar a boca antes das refeições; usar como tempero vinagre, suco de limão e orégano (eles acentuam o sabor); chupar balas amargas ou azedas; pingar gotas de limão na língua para estimular o reaparecimento do gosto. E ainda há várias histórias de que o limão emagrece, porém, não sei se é verdade.

Como evitar a fraqueza?
Evitar esforço excessivo e aumentar as horas de descanso. (Eu nunca dormi e descansei tanto na vida. Que delícia!)

Como evitar as tonturas?
Sempre descansar após as aplicações de quimioterapia, principalmente nas primeiras 72 horas após o procedimento.

É possível prevenir ou reduzir os enjoos e as náuseas?
Hoje em dia, há drogas que minimizam esses efeitos colaterais da quimioterapia.
Adicionalmente, algumas recomendações de hábitos alimentares e comportamentais podem reduzir os enjoos e as náuseas: fazer refeições em pequenas quantidades e várias vezes ao dia (pelo menos seis vezes); ingerir alimentos em temperatura ambiente; ingerir lentamente bebidas geladas; manter a higiene oral; evitar fumar; evitar bebidas alcoólicas, café, chá preto e chá mate; evitar sentir o cheiro de comida durante o seu preparo; evitar frituras, alimentos gordurosos ou muito temperados e doces concentrados, como o de leite, goiabada, marmelada, cocada, calda de compota, cremes e bolos recheados; evitar comer uma ou duas horas antes da quimioterapia; e não se deitar logo após as refeições.

Como evitar ou minimizar as feridas na boca?
Evitar usar a prótese dentária, se for o caso; ingerir alimentos gelados (sorvetes e gelatinas) que ajudam a anestesiar a boca; manter a boca sempre limpa, fazendo bochechos várias vezes ao dia com água filtrada e uma colher de chá de bicarbonato de sódio; usar escova dental de cerdas bem macias, adicionando em cima da pasta dental ½ colher de chá de bicarbonato de sódio ou de sal.

O que fazer em caso de ressecamento da boca (xerostomia)?
Realizar a higiene oral com frequência; aumentar a ingestão de líquidos durante o dia e beber pequenas quantidades de líquidos durante as refeições; acrescentar molhos e caldos nos alimentos.

O que fazer em caso de aftas (mucosites)?
Em relação à alimentação: aumentar a ingestão de líquidos; ingerir 2 litros de água por dia; evitar alimentos muito quentes ou muito frios; dar preferência a alimentos macios, fáceis de mastigar e engolir, como purês, sopas, cremes, pudins, gelatinas, mingaus, vitaminas e carnes moídas ou desfiadas; evitar alimentos ácidos, crus, duros e secos. Quanto à higiene oral: fazê-la com frequência (30 minutos após as refeições e a cada quatro horas, usando escova dental macia, creme dental não abrasivo ou solução de bicarbonato de sódio); limpar a prótese dentária quatro vezes ao dia; umedecer os lábios com hidratantes labiais ou manteiga de cacau.

O que fazer em caso de ressecamento ou descamação da pele?
Passar diariamente hidratante que não contenha álcool (aproveite para fazer uma massagem!) e não usar desodorante com álcool.

Alterações hormonais podem ocorrer?
Depende. A reação pode acontecer ou não dependendo do tipo de medicamento utilizado e também do modo como o organismo do paciente reage à terapia. Mudanças no ciclo hormonal da mulher, por exemplo, podem ocorrer quando a quimioterapia afeta os ovários, assim como a perda de hormônios e a menopausa precoce. Eu, por exemplo, parei de ovular dois meses após o início da quimioterapia e, consequentemente, de menstruar até o momento da publicação deste livro.

A vida sexual é afetada durante e depois da quimioterapia?
Não. As relações sexuais podem ser mantidas normalmente. Apenas a gravidez tem de ser evitada. Parem com essa bobeira e mantenham seu casamento, se for o caso!

OS MECANISMOS DE AÇÃO DOS QUIMIOTERÁPICOS

Alguns efeitos colaterais indesejáveis podem ser explicados com justificativas técnicas, ou seja, são decorrentes dos mecanismos de ação dos próprios quimioterápicos.

Um questionamento pertinente é: como o mecanismo de ação das drogas antineoplásicas pode explicar a perda de cabelo ou a queda dos glóbulos brancos e vermelhos?

Por muitos anos, o câncer foi visto única e exclusivamente no sentido da célula que se divide de maneira acelerada para formar um tumor, e, portanto, as drogas almejavam bloquear esse processo de divisão celular. Como alguns tecidos do corpo têm altos índices de proliferação, ou seja, como há tecidos normais cujas células se dividem muito rápido – por exemplo, as do cabelo, as do sangue e as presentes no epitélio gastrointestinal –, não é de estranhar que essas drogas também agissem sobre eles.

Outra questão comum sobre o mecanismo de ação das drogas antineoplásicas está relacionada ao ganho de peso. Sabe-se que o tecido gorduroso produz hormônios, dentre eles o estrogênio, que tem ligação com o crescimento de células malignas em mama. Dessa forma, parece que esse impasse é difícil de ser resolvido, visto que alguns quimioterápicos podem, direta ou indiretamente, causar o aumento de peso da paciente com câncer de mama, e, assim, potencializar o crescimento das células malignas.

De todo modo, graças aos avanços das pesquisas para controlar os efeitos indesejáveis, tão intensas quanto as que se empenham em descobrir novas drogas para o tratamento do câncer, administrar quimioterapia hoje ficou mais fácil do que era no passado. O uso paralelo de medicamentos que inibem os efeitos colaterais e alguns hábitos comportamentais do paciente podem colaborar para minimizar tais efeitos.

O FUTURO DO CONTROLE DOS EFEITOS COLATERAIS

Da mesma maneira como foi descoberto o mecanismo da náusea causada pela quimioterapia, foi desvendado como evitar a queda das células brancas e vermelhas do sangue e, mais recentemente, a queda das plaquetas. Além disso, foram desenvolvidas técnicas para controlar os efeitos colaterais desfigurativos das drogas quimioterápicas. Hoje, existem perucas confeccionadas com cabelo natural e a queda do cabelo deixou de ser um problema tão grande na vida das pacientes com câncer.

Não seria exagero dizer que os estudos nessa área estão cada vez mais desenvolvidos. Assim como as pesquisas se interessam em encontrar as melhores drogas, também se preocupam em minimizar seus efeitos colaterais com novas alternativas de tratamento. Provavelmente, nos próximos anos, aparecerá algo para evitar a perda de cabelo. Estudos em ratos têm mostrado essa possibilidade.

No futuro, talvez a quimioterapia se converta em um tratamento clínico, como é hoje o de pressão alta (hipertensão) e de diabetes.

Os textos deste capítulo foram adaptados dos seguintes *links*:
- <https://www.hcancerbarretos.com.br/quimioterapia-2/33-paciente/opcoes-de-tratamento/quimioterapia/108-quimioterapia-e-os-efeito>.
- <http://www.accamargo.org.br/saude-prevencao/artigos/como-minimizar-os-efeitos-colaterais-da-quimioterapia/106/>.
- <https://www.vencerocancer.org.br/dicas-e-noticias/efeitos-colaterais/quimioterapia-medos-e-duvidas/>.
- <http://locc-itpac.blogspot.com.br/2015/08/mitos-e-verdades-quimioterapia.html>.
- <http://www.accamargo.org.br/saude-prevencao/mitos-e-verdades/mitos-ou-verdades-sobre-quimioterapia/177/>.

22 | Dicas para ajudar a lidar com a quimioterapia

Neste capítulo, darei dicas para lidar melhor com a quimioterapia – com base nas minhas experiências – e também falarei sobre alertas, isto é, sintomas emergenciais que requerem que você contate seu médico.

Durma bem! Tente dormir pelo menos 8 horas por dia, todas as noites. Se possível, tente realizar dois pequenos descansos durante o dia.

Limite suas atividades diárias, ou seja, quando estiver em período de tratamento, tente realizar apenas o que é mais importante para você. Deixe pequenas atividades como cozinhar, limpar a casa e tirar o lixo para outras pessoas – principalmente se você já exercer alguma atividade diária fora de casa.

Beba muita água no dia da quimioterapia, porque, já durante o ciclo, uns 30 minutos depois que o Taxol® (paclitaxel) começa a circular na corrente sanguínea, a boca seca e a garganta também. Às vezes, eu chegava a ter uma tosse seca que não havia água que hidratasse. Observei que, quando bebia mais água nas 24 horas anteriores, esse incômodo era menor durante a quimioterapia. Aliás, a água é uma excelente aliada para ajudar a reduzir os efeitos colaterais. Eu bebo pelo menos 2 a 3 litros por dia desde que comecei o tratamento. Isso foi um bom hábito adquirido.

Principalmente nas primeiras sessões de quimioterapia (vermelha), batia um cansaço e dor nas pernas à noite, que duravam uns 3 dias. Eu precisava me deitar e acabava dormindo muito nesse período. Na segunda etapa da quimioterapia (branca), os antialérgicos administrados junto com o quimioterápico me deixavam com muito sono já durante a própria sessão.

Durante todo o tratamento, os corticosteroides administrados contra enjoos e reações alérgicas me deixavam muito agitada – e olha que eu já sou eufórica. Nos dias das sessões de quimioterapia, eu tinha muita insônia à noite. Mesmo quando eu conseguia dormir umas horinhas, eu acordava no dia seguinte ainda super agitada. Eu me sentia ligadona! Não era só uma agitação, eu ficava eufórica mesmo, cantava o dia todo... Aliás, eu já canto habitualmente; em uso dos corticosteroides, eu cantava mais ainda. No começo dessa situação de insônia, ficava fritando na cama. Depois, aprendi a não lutar mais contra a falta de sono e aproveitava para ler um bom livro, escrever ou estudar. Se isso acontecer com você, caso prefira, converse com seus médicos e peça um medicamento para dormir.

Também por causa dos corticosteroides, quando chegava em casa após a sessão de quimioterapia, eu tinha fome de leão. Todavia, eu me controlei para não engordar, porque ninguém merece, além de ficar inchada, engordar.

As rebordosas dores nas articulações, especialmente joelhos, tornozelos, pés e mãos (é a tal da neuropatia periférica), apareciam dois ou três dias depois da sessão. Nessa época, eu tive dores leves porque praticava atividade física, mas ressalto que a maior parte das pessoas sofre com isso. Portanto, não hesite em pedir analgésicos aos seus médicos! Antes de qualquer coisa, beba bastante água e faça atividades físicas – essa é a grande dica. A prática de atividade física, ou apenas uma simples caminhada, ajuda a amenizar as dores e o inchaço, os quais, de todos os efeitos, são os que menos incomodam.

A urticária (coceira nas mãos, pés e braços) também pode aparecer nessa fase, mas ela é bem administrável com medicamentos. Eu não apresentei esse efeito, ainda bem.

Uma reação muito chata é a mudança de humor. Depois da euforia, ficava meio "deprê", um pouco melancólica. Parecia que estava na tensão pré-menstrual (TPM). Tudo efeito do corticosteroide. Por isso, desde do início eu conversei com meu oncologista e passei a usar fluoxetina. Essa instabilidade emocional é realmente mais complicada de administrar. De uma forma ou de outra, o importante é saber que, quando o tratamento acabar, ela vai passar também.

Outra reação que aconteceu no final da quimioterapia branca foi a queda de absolutamente todos os pelos. Os cílios sumiram entre a nona e a décima sessão. A gente fica na esperança de que os pelos não vão cair, já que estamos aguentando até quase o final, mas é uma doce ilusão. Caem mesmo. E, depois, renascem.

SINTOMAS EMERGENCIAIS

Procure um médico se você sentir algum destes sintomas:

- Se seu nível de fadiga mudar ou você não estiver apto a fazer suas atividades de sempre.
- Se você sentir tontura ou como se fosse desmaiar.
- Se sentir falta de ar.
- Se seu coração passar a bater muito forte ou muito fraco.
- Se você estiver com febre por mais de 1 a 2 horas.
- Manchas ou placas avermelhadas no corpo.
- Sensação de dor ou ardência ao urinar.
- Dor em qualquer parte do corpo inexistente antes do tratamento.
- Sangramentos que demoram a estancar.

E por último: lute! Lute para recuperar sua saúde e viva!

Os textos deste capítulo foram adaptados dos seguintes *links*:
- <http://www.usp.br/agen/repgs/2006/pags/073.htm>.
- <http://www.cccancer.net/tratamento/efeitos-colaterais/>.

23 | Quimioterapia vermelha

Aqui vou falar sobre os efeitos que eu senti com a minha quimioterapia vermelha.

Os efeitos colaterais da quimioterapia são muito pessoais, alguns passam muito mal, outros levam "na boa". Dizer que é bom, claro que não é, mas acho que consegui administrar bem os efeitos da quimioterapia vermelha. A primeira vez é sempre um baque para o organismo, pois o nosso corpo não está acostumado com a droga e o medo também influencia bastante.

MEUS EFEITOS COLATERAIS DA QUIMIOTERAPIA VERMELHA

- Náusea: com um remédio pré-quimioterapia para não enjoar, eu não tive nada a princípio. Nas primeiras 24 a 48 horas, fiquei com a mesma sensação que temos quando estamos nas primeiras semanas de gestação. Ainda bem que era só a sensação. *rsrs*.
- Constipação: eu nunca tive o intestino preguiçoso, portanto, não foi um problema para mim. De qualquer maneira, é bom caprichar na ingestão de fibras e procurar uma nutricionista, se precisar.
- Inchaço: esse foi o efeito colateral que mais me incomodou nessa primeira etapa do tratamento. Mas ainda bem que é temporário.
- Alteração da saliva: eu sofri pouco com isso, mas, algumas vezes, fiquei com a boca muito seca e com a sensação de não ter saliva.
- Fadiga: na primeira semana de quimioterapia, principalmente, eu começava o dia bem, mas, por volta das 17h00, eu sentia um cansaço e muita dor nas pernas. Então, eu me deitava e acabava dormindo muito. Nas

primeiras 72 horas após o dia da quimioterapia, eu "hibernava". Amei dormir tanto; afinal, como médica, raramente faço isso.
- Alterações menstruais: o oncologista já havia me alertado que a quimioterapia desregularia a menstruação e que eu poderia ficar meses sem menstruar ou menstruar meses seguidos, até entrar na menopausa. Contudo, durante a quimioterapia vermelha, a minha menstruação veio na data certa e sem intercorrências (depois, na branca, ou seja, após 2 meses do início do tratamento, parei de menstruar). De qualquer forma, é sempre recomendado telefonar para seu oncologista se perceber algum tipo de alteração.
- Queda de cabelos: meu couro cabeludo começou a doer em torno de duas semanas depois da primeira sessão de quimioterapia. Isso porque, com o tratamento, o folículo piloso sofre inflamação. Fiquei cerca de três dias me sentindo assim, mas era um incômodo bastante leve, pelo menos para mim. Depois parou de doer e os cabelos começaram a se "suicidar". Eu já havia cortado um pouco antes, para não estranhar tanto quando começassem a cair. E, já que eu ia perder os cabelos mesmo, eu queria tudo novo! *rsrs*.

Enfim, a quimioterapia pode, de fato, não ser fácil. Cada pessoa, cada organismo reage de um jeito. Encarar de maneira positiva e não ter medo é essencial, assim como o é a fé em Deus e na ciência. Podemos encontrar sempre solução para tudo. Muita força na peruca!

24 | E a tal da quimioterapia branca? É tão leve assim?

EFEITOS COLATERAIS DA QUIMIOTERAPIA BRANCA

Os efeitos colaterais da quimioterapia branca variam muito de acordo com o paciente, mas alguns são comuns a todos. Há uma solução para cada um deles, pois existem medicamentos para controlá-los.

Eu fui administrando cada efeito colateral da melhor maneira possível, buscando o máximo de qualidade de vida durante o tratamento. No meu protocolo, além dos 4 ciclos da quimioterapia vermelha, eu havia de fazer 12 ciclos de Taxol® (paclitaxel) semanais (3 meses de tratamento só com essa medicação).

Não precisamos parar a vida enquanto estamos em tratamento, até porque a quimioterapia branca debilita bem menos que a vermelha.

Neuropatia

Muitos medicamentos usados no tratamento do câncer de mama, incluindo taxanos, agentes de platina, vinorelbina, eribulina e ixabepilona, podem danificar os nervos do cérebro e da medula espinhal. Isso pode provocar sintomas como formigamento, sensibilidade ao frio ou ao calor e fraqueza, principalmente nas mãos e nos pés. Na maioria dos casos, esses efeitos desaparecem com o término do tratamento. Entretanto, a verdade é que costumam permanecer por cerca de 6 meses após o término do tratamento. É interessante perceber que esse é um efeito cumulativo, ou seja, ele vai ampliando conforme o número de sessões aumenta. Há procedimentos a serem feitos para minimizá-los, os quais serão citados no capítulo sobre neuropatia.

Síndrome mão-pé
Certos medicamentos quimioterápicos, como a capecitabina e a doxorrubicina, podem provocar irritação nas palmas das mãos e nas plantas dos pés, o que é denominado síndrome mão-pé. Os primeiros sintomas incluem dormência, formigamento e vermelhidão. Se piorar, as mãos e os pés podem inchar, provocando desconforto ou até dor. Não existe um tratamento específico, embora alguns cremes possam ajudar. A melhor maneira de prevenir essa síndrome é informar o médico assim que os sintomas iniciais aparecerem, para que a dose de medicamento possa ser alterada.

Chemo brain ou nevoeiro quimioterápico
Muitas mulheres tratadas contra o câncer de mama relatam problemas de concentração e memória, que podem durar bastante tempo. Embora muitas mulheres associem isso à quimioterapia, observou-se esse efeito também naquelas que não fizeram quimioterapia como parte do tratamento. Já alguns estudos mostraram que o nevoeiro quimioterápico é um efeito colateral do tratamento e que seus sintomas geralmente duram alguns anos.

Fadiga
A fadiga é outro efeito colateral comum da quimioterapia que pode durar alguns anos. Muitas vezes pode ser controlada, por isso é importante avisar o médico assim que os sintomas surgirem para que ele possa prescrever medicamentos que ajudem a gerenciar os efeitos provocados pela fadiga.

Alterações menstruais e problemas de fertilidade
Para as mulheres mais jovens, as alterações menstruais são um efeito colateral comum da quimioterapia. A menopausa precoce e a infertilidade podem ocorrer e ser permanentes. Quanto mais velha for a mulher no momento da quimioterapia, mais probabilidade de ela chegar à menopausa ou se tornar infértil durante o tratamento. Mesmo que a menstruação tenha parado durante a quimioterapia, você ainda pode engravidar. Ficar grávida durante a quimioterapia pode levar a defeitos congênitos no feto e interferir no tratamento. Se você está na pré-menopausa antes do tratamento e é sexualmente ativa, é

importante discutir o controle da natalidade com seu médico. Para as mulheres com câncer de mama receptor de hormônio positivo, alguns tipos de controle de natalidade hormonal não são uma boa opção, por isso é importante conversar com o oncologista ou ginecologista para saber as melhores opções. Se você pensa em engravidar após o tratamento do câncer de mama, converse com seu médico antes de iniciar o tratamento.

Aumento do risco de leucemia
Muito raramente, determinados medicamentos quimioterápicos podem provocar doenças como a síndrome mielodisplásica ou a leucemia mieloide aguda. Isso costuma acontecer cerca de 10 anos após o tratamento. Para a maioria das mulheres, os benefícios da quimioterapia superam os riscos dessa complicação rara.

O INÍCIO DA MINHA QUIMIOTERAPIA BRANCA
Bom, a minha primeira quimioterapia branca foi bem tranquila. Nela, fiz uso de Taxol®, Herceptin® e Perjeta®. Esses dois últimos medicamentos fazem parte das tão sonhadas terapias-alvo, isto é, são anticorpos monoclonais para pacientes com receptores HER2-positivo. Eu fiz questão de ir vestida de branco para a quimioterapia branca!

Os textos deste capítulo foram adaptados dos seguintes *links*:
- <http://www.oncoguia.org.br/conteudo/sindrome-maope/1340/109/>.
- <http://www.oncoguia.org.br/conteudo/10-coisas-sobre-chemo-brain-relatadas-por-um-paciente-com-cancer/8825/491/>.
- <http://www.oncoguia.org.br/conteudo/6-efeitos-colaterais-da-quimioterapia-nao-esperados-pelos-pacientes/2352/107/>.
- <http://www.medicinanet.com.br/bula/4930/taxol.htm>.

25 | E a tal da neuropatia periférica?

Certos fármacos usados em quimioterapia podem afetar os nervos periféricos, ou seja, as fibras nervosas motoras, sensoriais ou vasomotoras, causando fraqueza e atrofia musculares, dor e dormência.

Esse estado é denominado neuropatia periférica e está relacionado com a administração, por exemplo, de agentes à base de platina, como a cisplatina, indicada para o cancro do testículo e do ovário, e a oxaliplatina, para câncer do cólon, estômago, ovário, mama e pulmão.

A dor associada aos efeitos neurotóxicos pode ser prolongada, intensa e relativamente resistente à intervenção.

Os efeitos neurológicos causados pela cisplatina surgem de forma mais severa em doentes que recebem doses superiores a 400 ou 500 mg/m^2 e dizem respeito a sensações anormais na pele das extremidades e perda de percepção sensorial.

A sintomatologia pode persistir por meses após o fim do tratamento e, em alguns pacientes, a sensação de dor pode durar vários anos após o término da quimioterapia.

As manifestações clínicas da neuropatia periférica incluem alterações da sensibilidade, hipersensibilidade ao frio, dor, contrações musculares, diminuição/ausência de reflexos, fraqueza muscular e incapacidade funcional, as quais comprometem a qualidade de vida dos pacientes. Um exemplo dessas alterações sensoriais é sentir dor ao frio, seja ao comer, beber ou segurar objetos frios, podendo afetar de 26 a 100% dos pacientes, segundo estudos realizados. Além da hipersensibilidade ao frio, alguns pacientes queixam-se de dor ao morder os alimentos, o que decorre de espasmos e/ou de rigidez nos músculos envolvidos na mastigação, podendo comprometer o estado nutricional.

Tendo em conta a eficácia do uso de tais fármacos no controle da doença oncológica, torna-se importante precaver-se desses efeitos secundários. Para a prevenção dos efeitos neurotóxicos induzidos pela oxaliplatina, os agentes que parecem ser mais eficazes são o cálcio e o magnésio, que, administrados em dose de 1 g cada, antes e após o tratamento, resultam em melhora significativa da qualidade de vida dos pacientes no que diz respeito, dentre outros efeitos, ao desconforto/dor ao engolir e aos espasmos musculares durante a mastigação.

É primordial acompanhar o paciente oncológico no controle da sintomatologia relacionada com a neuropatia periférica, recomendando-se:

- Evitar o contato com objetos a temperaturas extremas.
- Não ingerir bebidas frias ou recorrer a cubos de gelo, mesmo quando estiver com náuseas.
- Preferir alimentos e bebidas à temperatura ambiente ou mornos, inclusive por alguns dias depois do fim do tratamento.
- Usar luvas para retirar alimentos do refrigerador ou do congelador.
- Evitar contato com objetos metálicos. Por exemplo, dar preferência a talheres de plástico.
- Para prevenir ou tratar feridas na boca, usar uma escova de dentes macia e fazer bochecho, com ½ a 1 colher de chá de bicarbonato de sódio e/ou ½ a 1 colher de chá de sal em 230 mL de água, 3 vezes ao dia.
- Manter uma nutrição adequada.

Em casos de neuropatia periférica, comprovou-se ser eficiente a redução da dose da quimioterapia. Converse sempre com seu médico e avise-o de qualquer sinal ou sintoma. Às vezes, poderá ser necessária a substituição da droga.

Os textos deste capítulo foram adaptados dos seguintes *links*:
- <https://co.linkedin.com/company/stop-cancer-portugal>.
- <http://stopcancerportugal.com/2014/12/01/quimioterapia-quando-a-hipersensibilidade-ao-frio-dificulta-a-alimentacao/>.

26 | E quando a gente tem medo?

Assim que iniciei o tratamento do câncer, coloquei um cateter venoso central de inserção periférica, chamado PICC, para que minhas veias periféricas não sofressem tanto a cada sessão de quimioterapia, em exames, etc. Contudo, cerca de 2 dias depois, tive uma trombose ao redor do cateter no meu braço esquerdo. Posso dizer que naquele momento senti o meu primeiro medo de verdade, porque foi a primeira intercorrência no caminho do tratamento. E nós, médicos, sempre ficamos de orelha em pé quando as coisas começam a dar errado.

No entanto, meus ídolos e queridos dr. Max Mano, meu oncologista, e dr. Felipe Andrade, meu mastologista, cumpriram, como sempre, seus papéis de médicos e verdadeiros guardiões e tranquilizaram-me, dizendo que intercorrências acontecem e que estavam preparados para isso. E é verdade, eu falo o mesmo para meus pacientes e trato esses imprevistos, assim como meus médicos fizeram comigo. Obrigada mais uma vez aos meus amigos médicos! E obrigada também ao meu amigo-irmão Nevi e à minha amiga Karina por terem me indicado esses profissionais incríveis.

Acho que vocês já entenderam. Quando tiverem medo por causa das intercorrências, procurem seus médicos e não escutem nada ao seu redor. Qualquer informação equivocada que não seja de seus médicos é muito perigosa.

Eu falo e repito: "cabeça" é tudo e te ajuda demais. Sempre falei isso como médica, pois, em pediatria, ter isso em mente é diariamente primordial. E, como paciente, pude comprovar o mesmo princípio. Ele vale também para o segundo medo que tive, relatado a seguir.

A segunda vez que tive um pouco de medo foi quando começou minha quimioterapia branca. Por quê?

Desde o início do tratamento, o dr. Max disse que a quimioterapia branca era tranquila, mas que, como ela tem um componente biológico, pode dar alergia. Acontece que, particularmente, eu sempre tive medo de alergia. Além disso, escutei muitas pacientes falando coisas ruins sobre esse tipo de quimioterapia. Assim, quando comecei a quimioterapia branca, pensei em tudo que havia ouvido, nas reações, na falta de ar, na angústia... Tomei um anti-histamínico e minha voz ficou enrolada. Perguntei à enfermagem se era normal essa moleza. Como médica, eu sabia que eu era; como paciente, eu precisava confirmar. De imediato, acalmei-me e dormi até roncar. É por isso que precisamos ter total confiança na equipe. Bom, nem preciso falar que eu sempre soube desses efeitos colaterais, porém, quando foi a minha vez de ser paciente, é óbvio que acabei esquecendo de tudo.

Para finalizar, quero contar que, antes de todo o tratamento, eu tinha muito medo de perder os meus cabelos, como a maioria das mulheres. No entanto, isso passa, gente. Algumas pessoas consideram que a perda de cabelo é a pior parte da quimioterapia, visto que, principalmente para a mulher, essa perda acaba afetando sua própria identidade. Apesar de os cabelos serem a pura elegância da mulher, a gente consegue manter-se impecável com perucas, próteses capilares, chapéus, lenços, etc. É por isso que não posso deixar de mencionar novamente o meu projeto que engloba a campanha "De Médica a Paciente".

Em conjunto com voluntários, como a assessoria de imprensa Rojas Comunicação, lançamos essa campanha que visa à arrecadação de verbas para a compra de perucas para doação. Associadas à ONG Cabelegria, já conseguimos entregar cerca de 60 perucas, inclusive com a ajuda de rifas dos dois livros que escrevi e com a realização de eventos.

O que tenho a dizer é que, quando estiver com medo, lembrem-se dos profissionais de saúde e também tenham muita, muita, muita fé, sobretudo fé em Deus.

27 | Mas e os meus cabelos?

Aquela história de que somos mais fortes do que imaginamos é a mais pura verdade. Receber o diagnóstico de câncer não é fácil e com ele surgem inseguranças e dúvidas. Os pacientes têm de enfrentar os efeitos colaterais do tratamento, dentre eles, a queda de cabelo, que é um dos mais temidos visto que traz para a gente a realidade que temos câncer. Afinal, os cabelos são o glamour da mulher; eles emolduram nossa face. E ficar careca, para as mulheres, não é fácil, diminui também nossa feminilidade. Algumas pessoas consideram essa a pior parte da quimioterapia, pois a perda de cabelo acaba afetando sua própria identidade.

Neste capítulo, vou expor tópicos que considero relevantes sobre esse assunto[*] para ajudar você a enfrentar a queda de cabelos de uma maneira menos dura, e vou contar a minha história.

Também conhecida como alopecia, a queda de cabelo é uma das reações que podem ocorrer com alguns tipos de quimioterapia. Como já comentado, esse efeito ocorre porque a quimioterapia atua tanto nas células cancerígenas como nas saudáveis, atingindo principalmente as células que se multiplicam com mais rapidez, como os folículos pilosos, responsáveis pela produção dos cabelos. Além da perda dos cabelos, a quimioterapia faz os pelos do corpo

---

[*] Fonte: <https://www.hcancerbarretos.com.br/home-paciente/76-paciente/opcoes-de-tratamento/quimioterapia/quimioterapia-e-os-efeitos-colaterais/124-efeitos-colaterais-perda-de-cabelo>.

caírem também. Ou seja, a gente vira uma lagartixa. Definitivamente, não dá para se sentir bonita nem sensual, não é?

E quando os cabelos começam a cair? No geral, entre 16 e 21 dias após a primeira sessão de quimioterapia. Eles podem se soltar aos poucos ou em grandes chumaços, inclusive causando dor no escalpo. E olha, vou contar para vocês: nossa, como dói. O couro cabeludo fica muito sensível. Por isso, a minha melhor dica é raspar antes de os cabelos começarem a cair de fato, porque diminui bastante a dor. Além disso, é angustiante a sensação de ver seus fios caindo aos poucos e em chumaços. Portanto, raspar é uma boa alternativa. No entanto, isso não é regra. Também não é preciso sair desesperada e raspar assim que se tem o diagnóstico. Dá para aproveitar um tempo ainda com os cabelos e, sobretudo, economizar as perucas e as próteses que serão usadas depois.

E prestem atenção: embora a queda dos cabelos assuste, não há motivo para se preocupar demais, já que, em dois ou três meses após a quimioterapia acabar, seu cabelo voltará a crescer. Esse novo cabelo poderá ter a mesma aparência do anterior ou alterar-se um pouco.

Vou listar aqui algumas dicas de como lidar com a queda de cabelos:

- Nunca se esqueça de consultar seu médico e perguntar se o seu tratamento poderá gerar queda de cabelo.
- A utilização de xampus e loções especiais não evita que os cabelos caiam. Então, não adianta ficar passando um monte de produtos.
- Lembre-se de que há um tempo para a queda dos cabelos. Você pode aproveitá-lo antes de começarem a cair de fato. A queda se dará após 14 a 16 dias da quimioterapia.
- Cortes de cabelo: corte o cabelo curtinho ou raspe. Isso ajudar a lidar melhor com a situação, uma vez que é possível perceber melhor a queda sem um grande impacto. É complicado perceber seus fios de cabelo no travesseiro, nas roupas, nas mãos, no carro, etc. Se for raspar a cabeça, prefira um barbeador elétrico a uma lâmina de barbear. Quando for cortar ou raspar seus cabelos, prefira estar acompanhada e, sempre que possível, escolha um profissional acostumado com essa situação.
- Perucas: se você acredita que se sentirá melhor com uma peruca, é melhor experimentá-la enquanto ainda possui cabelo. Esse procedimento é indicado para que você mantenha o mesmo tipo de coloração de cabelo, formato e comprimento. Sempre experimente uma peruca antes de comprá-la e tenha certeza de que ela, com o tempo, não irá machucar o seu

couro cabeludo ou tirar o seu conforto. Veja se o seu plano ou seguro de saúde também cobre o valor da peruca. Caso contrário, entre em contato com alguma entidade de ajuda ao câncer ou peça orientação ao seu médico, pois ambos podem oferecer uma opção para que você tenha acesso a perucas. Não se esqueça de pedir ajuda também ao seu cabeleireiro, principalmente se tiver um como o meu – o Pedro, do C.Kamura, que, além de meu cabeleireiro, é meu amigo.

- Cuidados com os cabelos: seja cuidadosa ao lavar, secar e pentear os seus cabelos. Use um xampu suave, como os de bebê. Lave-os com delicadeza. Seque utilizando uma toalha macia, fazendo leves toques contra o cabelo, e não use um secador. Procure não escová-lo com muita força.
- Como o seu couro cabeludo pode ficar sensível, não utilize os seguintes itens: *sprays* de cabelo, produtos para soltar ou relaxar as madeixas, secadores, colorações, bobes e produtos que enrolem o cabelo.
- Após a perda de cabelo: proteja sempre seu couro cabeludo, pois ele pode se machucar facilmente durante e após a queda dos fios. É essencial evitar contato com o sol e lugares muito quentes ou frios. Sempre aplique filtro solar e use chapéus para proteger o seu couro cabeludo. Tente manter a sua cabeça sempre aquecida com chapéu, gorro, lenço ou outras peças de roupa.
- Use fronha de cetim, pois a de algodão pode irritar o couro cabeludo. O cetim fornece menos fricção com o corpo e, portanto, é mais confortável. Parece supérfluo, mas você verá que suas noites de sono e as sonecas durante o dia se tornarão mais confortáveis.
- Procure um grupo de ajuda, um amigo próximo ou alguém que passou pela mesma experiência, pois será extremamente benéfico para ajudar a lidar com a situação. Grupos de WhatsApp são um grande apoio hoje em dia.

Como já disse, os cabelos voltam a nascer em cerca de 90 dias após o fim do tratamento. Em alguns casos, ficam um pouco mais crespos. As modificações estruturais do cabelo depois da quimioterapia acontecem porque a matriz (região que controla a espessura e a simetria da fibra capilar) é afetada pelo tratamento. Os fios podem crescer também em ciclos diferentes, primeiramente mais grossos e depois mais finos, o que deixará o cabelo desigual. A diferença no aspecto dos fios decorre da redução da espessura da fibra capilar e da elevada variação na espessura dos fios no couro cabeludo do paciente. Após um ano do término do tratamento, a maior parte dos pacientes já está com o cabelo completamente normal.

Lembrem-se de que nós não somos Sansão, portanto, nossa força não está somente em nossos cabelos. Continuaremos em pé e lutando mesmo sem eles. E podemos utilizar os cabelos de outras pessoas. Então, vamos que vamos aproveitar as perucas, próteses capilares e *mega-hair*.

E COMO FOI COM OS MEUS CABELOS?

Eu estou compartilhando com vocês essa minha experiência em detalhes, porque espero que ela sirva para muita gente. A maioria das pessoas com quem conversei, quando recebeu o diagnóstico, saiu correndo para cortar ou raspar os cabelos ao som de uma música bem triste.

Nesse sentido, sinto-me afortunada por ter sido bem orientada pelo meu amado cabeleireiro e amigo Pedro Porciúncla ("Pedroca"), do C.Kamura. Ninguém mais, ninguém menos que ele para me ajudar. Ele foi a primeira pessoa que soube que meus cabelos originais não ficariam comigo por um tempo. Passei a conversar mais frequentemente com ele para discutir sobre o que fazer quando meus cabelos começassem a cair.

Um dia, saímos juntos para comprar uma peruca para mim, a que eu usaria um dia. Ele, sempre com o seu característico alto-astral, disse-me: "Bi, quando você quiser, venha me visitar. Por enquanto, vai aproveitando seu cabelo. Não pense em raspar agora. Você já tem até o que colocar depois!".

E, mais uma vez, fiz o que já fazia há 13 anos: deixei meus cabelos nas mãos dele. Também segui o que ele sugeriu: aproveitei os meus cabelos enquanto pude.

Após 16 dias do início da quimioterapia, meus cabelos começaram a cair mais intensamente. Posso dizer que esses dias antes de a quimioterapia fazer efeito nos meus fios de cabelo foram essenciais para que eu me adaptasse à queda deles!

Não demorei muito para ir visitar o Pedro, no C.Kamura, como relato a seguir.

Dia 25 de junho de 2016, a renovação

Além de ser aniversário do meu marido, Mario La Torre Junior, esse dia em 2016 foi muito especial!

Como disse, os meus cabelos começaram a cair, de forma mais intensa, somente após 16 dias da primeira sessão de quimioterapia (ainda antes da segunda sessão). Mais especificamente no dia do aniversário do amor da minha vida, Mario La Torre Junior. Antes disso, pude ir incorporando a ideia de perder meus cabelos.

Nesse dia, 25 de junho de 2016, eu decidi que renovaria tudo. Escolhi que renovaria meus cabelos porque acredito, do fundo da minha alma, que esse é um processo de limpeza total. Eu queria mesmo que tudo se fosse.

Houve ainda outro relevante motivo para eu ter deliberado essa renovação: na consulta anterior, recebi a excelente notícia de que, após a primeira sessão de quimioterapia, meu tumor já havia começado a reduzir! Quer razão maior para renovar?

Então, fui até o C.Kamura para o Pedro fazer um corte. A ideia foi encurtar o cabelo, para ir acostumando com a ideia de não o ter. Depois de cortar, o Pedro já colocou a peruca. Em um primeiro momento, surpreendi-me com o fato de que a gente, paciente com câncer, vai perdendo o medo de coisas bobas e deixa de se estressar com coisas pequenas, pois percebe que algo muito maior existe. A peruca era incrível, pois era muito parecida com o corte que eu estava antes.

Pedro Porciúncla, meu cabeleireiro do C.Kamura, e eu, em uma festa em 2013

1 ano antes de começar a usar peruca, meus cabelos estavam com o mesmo corte da peruca

12 dias após a primeira quimioterapia: os cabelos começam a cair e ficam bem ralos mesmo

Pedro fez um corte para deixar o cabelo mais curto

Pedro colocando a minha primeira peruca

Abusando do chapéu no inverno

No hospital, para a quimioterapia – de peruca e com chapéu

Portanto, desculpe-me pela decepção ou falta de drama: no meu caso, não teve cena de novela dramática raspando o cabelo. *rsrs*. Por quê? Simplesmente porque não há necessidade. Eu consegui seguir as orientações do Pedroca de aproveitar o meu cabelo ao máximo.

Assim, comemoramos o aniversário do meu marido com um almoço maravilhoso, contando com a presença de minha mãezoca (que também aproveitou para fazer um belo corte de cabelo com o Pedro).

A carequinha

Alguns dias depois, no dia 30 de junho, eu fui para minha segunda sessão de quimioterapia, desta vez acompanhada de minha mãe e minha irmã, que fizeram questão de vir a São Paulo para estar ao meu lado naquele momento.

Elas notaram que meus *lhendos* cabelos estavam caindo, caindo, caindo... (*Ops*, se eu continuar, não paro de escrever, porque caem, caem, caem... *rsrs*.) Naquele dia, eu tinha uns 35% dos meus fios de cabelo.

Naquela tarde do mesmo dia, minha irmã fez duas surpresas para mim. Primeiro, ela levou-me à Hair Look, onde conheci o Carlos Cirqueira, cabeleireiro especializado em perucas e próteses capilares. Carlos é um ser humano admirável, maravilhoso, que logo se tornou um grande amigo e meu segundo cabeleireiro. A outra surpresa foi um presente: uma peruca nova, linda, mais comprida que a outra.

Lá, acabei decidindo colocar uma prótese capilar. Carlos raspou de vez os meus cabelos e fiquei carequinha. E não, não teve drama, mas foi muito simbólico.

Na Hair Look, fiz a manutenção da prótese capilar e me diverti muito ao ficar amiga de todos os profissionais de lá. Vou falar deles nos próximos capítulos.

A seguir, há algumas fotos do dia em que coloquei prótese capilar, na Hair Look, com o Carlos Cirqueira.

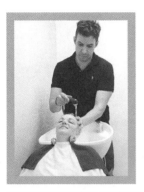

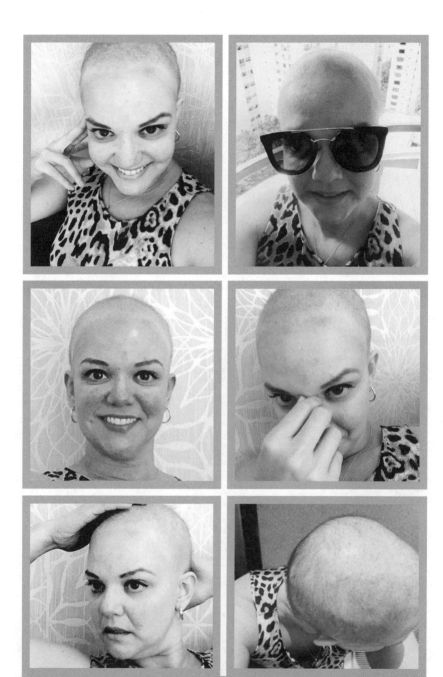

Primeira semana de cabelos raspados, tirando *selfies* na Hair Look, enquanto Carlos lavava minha prótese capilar

Quero também aproveitar que o assunto é sobre os meus cabelos para relatar um acontecimento bastante representativo que aconteceu no dia em que raspei o cabelo.

Quando cheguei na Hair Look pela primeira vez junto com minha irmã e minha mãe, sentamos e esperamos o Carlos para nos atender. Logo chegou uma cliente (que depois soubemos que era antiga), com uma prótese toda torta e com a cola se desprendendo. Minha irmã e eu olhamos e ficamos apavoradas, achando que o câncer a tinha deixado louca. Ela estava com roupa de ginástica e com a prótese solta. Depois perguntamos para o Carlos se estava tudo bem com aquela cliente e ele disse assim: "Ah, filha, em uns dois meses você estará chegando aqui e já jogando a sua prótese/peruca no lavatório."

É bem assim mesmo. A gente se acostuma com tudo. E hoje entendo completamente a maluca com a peruca torta. Vocês não têm ideia do que eu fiz e faço na Hair Look hoje em dia.

SUGESTÕES PARA VOCÊ

Se estiver passando ou um dia passar por uma situação como essa, não saia correndo para raspar ou cortar seus cabelos. Você não precisa passar por mais acontecimentos impactos antes do tempo.

Não é fácil a queda dos cabelos, mas você pode se preparar. Com aceitação e força para vencer, aliadas à consciência do que está por vir, essa situação pode propiciar muitos benefícios.

Ah, outra coisa: para mim, não há necessidade alguma dos amigos ou familiares também cortarem ou rasparem! As perucas são muito caras! Deixe para comprá-las só para você.

Para finalizar, atenção: o câncer de mama é uma das doenças que afetam mulheres jovens, e, além de todas as dificuldades de qualquer doença, não deve ter o poder de mexer com a autoestima feminina. As circunstâncias advindas podem e devem ser diferentes para cada paciente. Faça aquilo que permitirá você se sentir melhor. Se existe uma coisa que a vida nos ensina é que não somos nada sem os outros. Peça orientações e opiniões. Todavia, você deve raspar seus cabelos somente por vontade própria. Se não quiser, se achar que não se sentirá bem, não o faça. Cada um deve seguir o que o coração mandar.

Eu pulei essa parte de raspar o cabelo de imediato porque considerei amenizar a sensação de ser careca, procurando absorver aos poucos a ideia. Com toda a certeza, quando o processo ocorre de maneira consciente e lenta, torna-se mais leve olhar-se no espelho logo após o corte. Além do mais, eu fui auxiliada por dois cabeleireiros que, além de profissionais de extrema capacidade técnica, são meus amigos.

"A vida é minha. Mas o coração é seu. O sorriso é meu. Mas o motivo só pode ser você!"

28 | Engraçado como a gente perde o medo de ser careca

É impressionante como o estigma de ser careca vai se desfazendo. Certo dia do final do mês de setembro, resolvi fazer uma reforma em mim: fui trocar o curativo do cateter e fazer a manutenção da prótese capilar na Hair Look.

Lá, fiquei um tempo em uma salinha especial que a Hair Look fez para as clientes, maravilhosamente isolada do resto do salão, enquanto o amado Carlos lavava minha peruca. Durante aqueles minutos, eu fiquei sozinha e foi muito gostoso – vou contar por quê. Eu estava careca, com apenas um fiapo de cabelo, e estava me sentindo linda. Fui para a sacada da salinha e fiquei dando uma de modelo careca e tirando umas *selfies* (reproduzidas neste livro no capítulo "Mas e os meus cabelos?"). Meu amigo Carlos nem sabe disso, pelo menos até ler o livro.

Como pode, não é? Vou confessar que sempre achei feio quem estava careca por causa de uma quimioterapia. E por que será? Porque eu tinha um preconceito, eu também via o câncer como um tabu, como todos. Eu seguia o universo. Mas e agora? Agora, pessoal, eu também tenho câncer e também fiquei careca.

O que posso fazer é agradecer a Deus por me fazer compreender tão bem meus pacientes hoje em dia. Estou tão próxima deles que entendo melhor o motivo do meu câncer. Naquele dia, na Hair Look, foi quando mais encarei isso.

Na verdade, ter ficado sozinha e careca por uns minutos foi essencial para mim. Porque funciona assim: você descobre um câncer, inicia o tratamento e todos estão ao seu redor. Aí, tudo vai passando, a vida continua e as pessoas percebem que você está bem. E se você está bem, não há necessidade de ficar atrás o tempo todo. E não há mesmo – a pior coisa para quem tem câncer é sentir que está atrapalhando a vida de alguém e que essa pessoa teve de mudar o seu foco. Naquele dia, após quase dois meses de diagnóstico e tratamento, pude ficar sozinha, de fato, por alguns minutos. Foi uma delícia. Fazia tempo que não me encontrava comigo mesma.

Depois de saberem de uma boa parte da minha história, vocês devem se perguntar: "Em quais momentos é mais difícil colocar um sorriso no rosto?". Não sei. Não sinto isso. Sou louca? Quem sabe. Contudo, ainda não passei por esse momento.

Durante todo o processo, acredito que o que mais pode alterar a autoestima é raspar a cabeça. Os cabelos são a moldura de uma mulher.

No meu caso, tive a satifação de conhecer o Carlos, da Hair Look, que me propiciou os artifícios certos para eu me criar novamente todo dia e me divertir com isso. Sem hipocrisia, pois as próteses capilares são *lhendas*.

Devemos passar pelo tratamento da melhor maneira possível, e um bom meio de conseguir isso é cuidando da beleza e da autoestima, bem como aceitando a situação e buscando forças para vencer. As mulheres que estão com câncer de mama têm de ter consciência de que o tratamento é temporário: vai começar e vai acabar. Então, nesse período, vamos nos fantasiar todos os dias, porque tudo fica mais fácil e faz bem!

Eu percebi que ser careca não é tão canceroso. Pode ser bonito. Definitivamente não é o que quero para mim. É um momento apenas, dá para entender? E, agora, eu compreendo melhor as minhas crianças que são tranquilas sendo carecas. Isso é uma peruca, real ou artificial. No entanto, os cabelos não deixam de ser uma peruca também. Uma peruca *lhenda*, mas uma peruca.

Então, hoje, eu amo viver, amo sorrir, amo meus amigos, amo meu filho, amo meu marido, amo meus pais, amo minha irmã e cunhadinho e amo minhas sobrinhas. E me amo acima de tudo.

Eu disse para o meu amigo que me deu um abraço apertado (aquele do capítulo das frases que não se deve dizer para quem tem câncer):

— É engraçado como a gente vai perdendo a vergonha de ser careca. É um processo.

E ele, sabiamente, respondeu:

— Não sei bem como é isso, mas acho que parte é o medo do desconhecido. E quando o desconhecido vira conhecido, ele assusta menos.

Lhendo. Pura verdade!

29 | O estigma do cabelo raspado

Aqui, eu escrevo uma curiosidade que eu pesquisei quando quis entender os motivos de os cabelos serem tão primordiais para as mulheres e de ser tão dolorido raspar os cabelos.

A prática de raspar a cabeça como retaliação começou na Idade Média, quando mulheres acusadas de adultério eram desnudadas e tinham o símbolo de sua beleza – os cabelos – raspados. Ou seja, desde aquela época já havia o preconceito de que quem raspa a cabeça não presta, ou seja, não é digno, o que é inconcebível.

Essa punição foi reintroduzida como castigo (já pensou?) no início do século XX. Os próprios alemães aplicaram essa punição às mulheres que tiveram filhos com soldados das tropas francesas invasoras da Renânia em 1923.

Em 1944, tão logo a França se viu livre dos invasores alemães na Segunda Guerra Mundial, cerca de 20 mil mulheres acusadas de terem colaborado de alguma maneira com os nazistas tiveram seus cabelos raspados em praça pública, em sessões de humilhação que incluíam também apedrejamentos e cusparadas da população que as assistia. A intenção era criar uma marca indelével. A vida dessas francesas tornava-se quase insustentável em seu próprio país. Ou seja, mais uma vez, raspar a cabeça foi uma forma de humilhação.

Em particular, as mulheres francesas que, coagidas ou forçadas, colaboraram com os nazistas tiveram um castigo vergonhoso após a libertação da França.

No entanto, vejam que interessante: raspar a cabeça nem sempre significou coisa ruim. Um exemplo é a sociedade egípcia, que dava especial atenção à beleza e à moda.

A grande maioria da população egípcia usava perucas não apenas para disfarçar a calvície... Perucas eram usadas como forma de higiene, religiosidade e estética. Que legal e chique!

Para a nobreza e as classes mais abastadas, a tendência era usar perucas, o que denotava *status* na sociedade hierárquica egípcia. *Lhendos*. Elas eram verdadeiras obras de arte e, quanto mais alto o *status* social, mais ornamentada e elaborada deveriam ser. Parece que a peruca que a rainha Isimkheb (cerca de 900 a.C.) usava em grandes eventos pesava tanto que ela precisava de ajuda para andar! *rsrs*.

Os egípcios colocavam, no topo das perucas, uma espécie de cone com uma pomada perfumada, feita com gorduras vegetais e animais. Com rituais de certa conotação erótica, a fragrância espalhava-se pelos ombros e impregnava vestidos de linho e o corpo inteiro. Várias perucas foram encontradas com restos desses cones perfumados.

As perucas eram produzidas com cabelo natural castanho ou louro escuro e coloridas de preto com cera de abelha. Notavelmente, homens e mulheres usavam perucas.

O mais curioso de tudo é que o artesanato de perucas não mudou muito desde então. Muitas vezes eram confeccionadas com o próprio cabelo de quem iria usá-las, para depois serem colocadas sobre a cabeça raspada. Para proporcionar mais volume, eram usados preenchimentos como fibras de tamareiras, linho e lã. Contudo, o elemento principal era o cabelo natural, assim como ouro e incenso.

Extensões também eram usadas para aumentar o comprimento e dar volume. Viram? Ser careca e usar perucas também pode ser glamouroso.

Os textos deste capítulo foram adaptados dos seguintes *links*:

- <http://www.museudeimagens.com.br/humilhacoes-pos-segunda-guerra/>.
- <http://revistamarieclaire.globo.com/Revista/Common/0,,ERT313737-17737,00.html>.
- <http://kid-bentinho.blogspot.com.br/2014/07/a-punicao-das-francesas-que-colaboraram.html>.
- <https://www.blog.perucasestoril.com.br/post/conheca-a-origem-das-perucas>.
- <http://www.amabeleza.com.br/brnovidades/brnoticias/item/7509-cabelos-e-suas-historias--as-perucas-esgipcias>.

Até meu marido chegou a vestir uma peruca que eu usei em uma festa de Halloween

30 | O apoio de minha mãe e de minha irmã

O APOIO DE MINHA MÃE

No dia que eu raspei o cabelo, minha mãe escreveu e postou no Facebook o seguinte:

"Minha menina, hoje, com você e sua irmã juntas, no momento em que você realmente optou por tirar o seu cabelo que ainda restava, vi que se transformou em uma mulher forte e capaz de ir em frente em qualquer situação com essa determinação. Quanto orgulho senti vendo o seu astral maravilhoso contagiando todos ao seu redor com essa força iluminada, pois você sabe disso: eu sempre te chamei de meu anjo loiro e sei que tem uma luz ao seu redor. Beijos, te amo muito, pode contar comigo sempre, porque estarei ao seu dispor."

Mães sabem de tudo mesmo: luz, determinação e alto-astral.

O APOIO DE MINHA IRMÃ

Como já contei, minha irmã Francine me fez duas surpresas no dia em que estava em São Paulo, junto com minha mãe, para me acompanhar na segunda sessão de quimioterapia.

Ela me levou à Hair Look, onde conheci o maravilhoso cabeleireiro e amigo Carlos Cirqueira, que acabou raspando meu cabelo e me acompanhando durante toda a jornada, e também me presenteou com uma nova peruca. Eu amei, pois, com essa, eu poderia me sentir uma verdadeira Rapunzel. *Lhenda.*

Nesse dia, Fran me mandou essa mensagem que eu não poderia deixar de reproduzir aqui:

"Sua irmã é sua primeira amiga na vida. Ninguém nunca vai entender a sua família maluca como a sua irmã. Mesmo se você não se reunir ou não falar tanto quanto você pode, ela vai estar sempre lá com e para você. Sua irmã vai segurar sua mão por um tempo, mas irá manter o seu coração para uma vida!"

Minha mãe e eu no dia em que coloquei a prótese capilar na Hair Look

Minha irmã Francine e eu no dia em que eu raspei meus cabelos

31 | Quimioterapia e maquiagem

Ah, quimioterapia, minha amada bruxa do bem, só quem passou pelo pancadão que você proporciona ao organismo sabe do que estou falando. O tratamento do câncer é, definitivamente, um desafio às mulheres que gostam de se maquiar e utilizam cosméticos.

Até a tonalidade da pele pode mudar, fazendo a pessoa parecer corada (na fase da quimioterapia vermelha), pálida (com anemia) ou bronzeada. Além disso, como o tratamento diminui a imunidade, é preciso tomar cuidado ao comprar alguns produtos.

Por isso, neste capítulo, vou citar alguns detalhes (pequenas empresas, grandes negócios, *rsrs*).

A quimioterapia acaba com os nossos cabelos, sobrancelhas e cílios. E perder os cílios e as sobrancelhas nos transforma em "monstrinhos" com variados nomes. *Aff!* Em extraterrestres que se alimentam de comprimidos e vêm de planetas mega alternativos onde não existem pelos. Ou em uma lagartixa, que é totalmente sem pelos – é idêntico. *rsrs*. Pode ser também em "cara de bolacha" ou de emojis inchados, já que inchamos por causa dos corticosteroides.

Portanto, use e abuse da maquiagem, que pode ser uma grande aliada para não ficar com cara de doente.

Todo mundo pensa que quando estamos em tratamento contra um câncer vamos ficar acabadas, mas não precisa ser assim. Eu faço questão de me arrumar. Sempre fui vaidosa, não vou mudar agora, não é? Afinal, com ou sem cabelos ainda somos mulheres, ainda podemos ter vaidades e nos sentirmos bem com a nossa aparência, mesmo durante o tratamento.

HIGIENE E HÁBITOS

A pele seca pode quebrar e escamar, permitindo a entrada de bactérias no sistema imunológico, além de causar infecções, que é a última coisa que a gente precisa nesse momento, pelo amor de Deus! Podemos e devemos nos prevenir ao máximo:

- Use com frequência um gel antisséptico nas mãos, especialmente depois de sair na rua.
- Lave bem as mãos antes de aplicar a maquiagem.
- Fique atenta à validade dos produtos.
- Não empreste maquiagem nem pincéis.
- Sempre que possível, use cotonetes, esponjas e discos de algodão descartáveis. Evite aplicadores reutilizáveis.
- Beba muita água (cerca de 3 litros por dia), pois isso ajuda a evitar o ressecamento da pele.

TIPOS DE PRODUTOS PARA PELE

Por causa da químio e da radioterapia, a pele do rosto pode ressecar e tornar-se sensível, manchada ou pálida. E como estamos carecas, o rosto fica em evidência. Então, uma pele bonita é fundamental:

- Escolha produtos designados especialmente para o seu tipo de pele atual.
- Para a maquiagem parecer mais natural, mantenha a pele sempre hidratada.

BASE

A base é tudo. Sempre aprendi isso. Ela vai corrigir imperfeições e prevenir descamações.

Nesse período, vale a pena investir em uma base de qualidade, lembrando de escolher um para o seu tipo de pele atual. A cor da base deve corresponder à sua tonalidade de pele normal para dar uma aparência de pele saudável.

Como nosso rosto fica bem inchado em decorrência dos corticosteroides empregados na quimioterapia, use e abuse da técnica de claros e escuros para afinar o rosto.

PROTEÇÃO SOLAR

Nunca se esqueça do filtro solar. A maioria das quimioterapias pode causar manchas quando ficamos expostas ao sol.

Se a sua base não tiver filtro solar, aplique um protetor solar antes. Escolha um que seja próprio para o rosto, de modo a evitar obstrução dos poros.

Se a sua pele estiver manchada ou pálida, use uma base um tom mais claro para um aspecto mais saudável. Existem vários tipos de corretivos nos tons verde, amarelo e lilás, que uniformizam o tom da pele. Use o lilás para corrigir manchas alaranjadas e marrons, o verde para manchas vermelhas e o amarelo para manchas roxas e azuladas. Que dica *top*, hein.

CORRETIVO

Use corretivo para corrigir olheiras e outras manchas. Opte pelas versões cremosas, pois as em pó podem acabar realçando a descamação da pele, além de torná-la mais seca.

BLUSH

O *blush* é vida, igual sangue. Ele pode realmente dar vida a uma pele pálida, manchada ou cansada, tornando sua aparência saudável e viva.

Dê preferência para os *blushes* em creme ou em bastão, uma vez que os em pó tendem a se acumular em vincos e rugas, chamando a atenção para a pele seca e escamada. Espalhe-o com firmeza para parecer mais natural e escolha um tom adequado para a sua pele. Fique *lhenda*.

CÍLIOS

Não se esqueça de abusar dos cílios postiços. Veja essa primeira foto, tirada quatro dias após a quimioterapia e toda trabalhada no *make*. rsrs.

Os textos deste capítulo foram adaptados do seguinte *link*:< http://www.oncoguia.org.br/conteudo/cuide-sempre-do-seu-visual-dicas-de-maquiagem/1710/21/>.

32 | Cuidados com as mãos, as unhas e os pés

Durante o tratamento quimioterápico, podemos sentir alterações na pele, como ressecamento em demasia, principalmente na região das mãos e dos pés.

Dentre as principais modificações estão a chamada síndrome mão-pé (já comentada neste livro), as mudanças nas unhas e a famosa e danada neuropatia periférica (uma pequena lesão no sistema nervoso que pode causar perda de sensibilidade), comentada em outro capítulo.

No caso da síndrome mão-pé, a gente pode ficar toda trabalhada no inchaço, na vermelhidão, no formigamento e na descamação da pele das mãos e do pé. Já as unhas podem perder sua pigmentação e se deslocarem, efeito chamado de onicólise – principalmente por causa da doxorrubicina e derivados, droga "vermelha" que causa a mudança das unhas. Só Deus na causa, como diria a Rose, que trabalha comigo.

O que importa é que tudo isso é passageiro e que podemos fazer algumas coisas para prevenir que a situação piore. O dermatologista, médico que cuida da pele, deve sempre ser procurado. Peça indicação ao seu médico oncologista. Todos esses sintomas podem ser tratados e os medicamentos devem ser prescritos pelos respectivos especialistas.

Para reduzir ou prevenir esses possíveis efeitos adversos do tratamento quimioterápico, é preciso evitar algumas coisas e fazer outras. Vejamos.

É necessário evitar:
- Tecidos ásperos e sintéticos. Só seda, tá, meu bem? *rsrs*.
- Andar descalço ou usar sandálias abertas. Vamos abusar do scarpin.

- Uso de adesivos curativos.
- Contato com produtos químicos como detergente e água sanitária. Esqueça o branco das coisas, por enquanto.
- Nos casos de neuropatia periférica, evitar a exposição da pele a temperaturas extremas (muito quente ou gelado) – uma vez que, por exemplo, não é possível perceber o calor de uma panela –, pois a chance de queimadura é enorme.

Então, minhas queridas companheiras, recomenda-se que:
- Vistam roupas confortáveis.
- Usem luvas de borracha se forem manusear produtos de limpeza.
- Passem protetor solar e hidratante 24 horas por dia.
- Calcem meias e luvas de algodão ao dormir.
- Tenham uma dieta equilibrada e rica em vitaminas B e C.
- Deixem a pele descoberta em alguns momentos para que ela possa respirar, evitando a transpiração em excesso.
- Tomem analgésicos e antibióticos indicados por seu médico, se for necessário. É muito importante não sofrer sentindo dor à toa. Queixe-se, pois você tem opções de tratamento e de amenização de efeitos colaterais.

Em relação exclusivamente às unhas, quero dividir com vocês o depoimento da minha amiga e manicure Ana. Ela é minha amiga mesmo. Como acabamos tendo uma boa relação de amizade, a nossa conversa é muito aberta. Segue o depoimento dela.

"Em um sábado, uma cliente ligou para agendar um horário para fazer pé e mão. Marquei e perguntei: 'Vamos embelezar as unhas?'. Ela então respondeu: 'Não fique empolgada... Não posso tirar cutículas da mão, só posso pintar, agora a do pé você pode caprichar como sempre'. Então questionei: 'Por que não?'. Ela respondeu que as unhas da mão não poderiam ser feitas porque foram retiradas as defesas do lado operado, e se algum dia ela machucasse esse braço, demoraria para cicatrizar e tinha o risco de pegar infeção. Já as unhas do pé poderiam ser feitas porque os linfonodos das pernas ficam na virilha.

Em seguida, minha amiga Fabíola, a autora deste livro, chegou para embelezar as unhas. Eu, com um pouco de dúvida, perguntei: 'Fabíola, você está fazendo o mesmo procedimento, a mesma quimioterapia, qual a diferença?'.

E as respostas foram as mais animadas e compreensivas. ;) A Fabíola me disse: 'Mulher nunca deve se privar de fazer as coisas mais gostosas da vida! Deve se cuidar, se amar e aproveitar cada oportunidade da vida!'."

Portanto, lembrem-se de que cada caso é um caso. Meu amado oncologista, dr. Max Mano, disse que não havia problema se eu fizesse as unhas – mas é óbvio que a manicure tem que tomar bastante cuidado. Pergunte tudo ao seu médico. Não fique com dúvidas.

Devemos lembrar que as as unhas costumam revelar mais do que se imagina. Podem demonstrar deficiências nutricionais, níveis de estresse e, inclusive, algumas doenças. Portanto, pessoas em tratamento do câncer precisam ter certas preocupações e cuidados com as unhas. Não é só tirar a cutícula e pintar. Prestem atenção, amores.

Tenha cuidado se fizer as unhas com uma manicure, pois seu sistema imunológico está enfraquecido. Evite tirar as cutículas, pois elas protegem as unhas contra infecções. Tirando ou não as cutículas, certifique-se que todos os equipamentos não descartáveis estão esterilizados e limpos. Sempre que possível, leve seu próprio *kit* contendo removedor, alicate, lixa, creme, base e esmalte. (A Ana, que trabalha no salão Boa Aparência, na zona norte de São Paulo, cuja proprietária é a Marília, prepara um *kit lhendo* para mim.)

Para evitar o ressecamento das unhas, o ideal é usar um creme hidratante concentrado sobre as cutículas e unhas. Se mesmo assim suas unhas enfraquecerem e começarem a descamar, lixe as pontas com mais frequência, porém não lixe em cima da unha. Para prevenir a progressão da fraqueza e da descamação delas, reforço que use luvas de borracha ao lavar louça ou executar qualquer outra tarefa que envolva o uso de produtos químicos.

Mesmo que suas unhas enfraqueçam, tornem-se quebradiças ou desbotadas em decorrência do tratamento, resista às unhas postiças. A cola utilizada na aplicação das unhas postiças, bem como os produtos usados para removê-las, podem danificar ainda mais as suas unhas naturais.

Às vezes, as unhas podem ficar com uma aparência opaca e as pontas escuras, fenômeno conhecido como unhas de Terry. Já as unhas sulcadas são hereditárias e não é motivo para preocupação, mesmo durante o tratamento. Esses sulcos podem aparecer por causa do estresse. Se isso te incomodar, aplique base niveladora nas unhas.

Se a aparência das unhas incomodar muito, pode passar esmalte, mas com alguns cuidados:
- Evite ficar muitos dias seguidos com o mesmo esmalte, pois as unhas podem ressecar. Ou seja, é melhor pintar várias vezes.
- Dê um intervalo de alguns dias para pintar as unhas novamente.
- Retire o esmalte sempre com removedores sem acetona.
- Passe frequentemente creme ou até mesmo óleo sobre as mãos e cutículas.
- Quando for realizar tarefas domésticas (como lavar louça, cuidar do jardim ou limpar a casa), sempre use luvas.
- Use produtos para mantê-las mais fortes, mas pare de usá-los se eles machucarem as suas unhas.
- Se a sua cutícula estiver vermelha e dolorosa, informe o seu médico.
- Os esmaltes podem ser lindos, mas eles não precisam nos acompanhar todo o tempo. Quando for usá-los, antes da aplicação, use a base para proteção (não use bases só como preparação para o esmalte, use-a no seu dia a dia).

Os textos deste capítulo foram adaptados dos seguintes *links*:
- <http://www.oncoguia.org.br/conteudo/sindrome-maope/1340/109/ >.
- <http://www.accamargo.org.br/saude-prevencao/artigos/doze-cuidados-com-as-maos-e-pes- -importantes-ao-paciente-oncologico/210/>.
- <http://www.oncoguia.org.br/conteudo/suas-unhas-o-toque-final/1921/21/>.

33 | Quimioterapia e o sol

Minha pele pós-quimioterapia ficou a cara da riqueza, igual bundinha de neném, *rsrs*. Isso acontece porque a pele fica muito sensível e, na maioria das vezes, resseca com a quimioterapia. Como o tratamento é cumulativo, quanto mais quimioterapia entra pelo cateter, mais fina a pele vai ficando.

Durante ou até após o tratamento quimioterápico, aumentam os riscos de queimaduras solares e escurecimento cutâneo. Portanto, o sol está proibido para determinados tipos de quimioterapia e, para outros, de maneira muito moderada e sempre com protetor solar.

A pergunta é sempre a mesma: "Posso pegar sol durante o tratamento com quimioterapia?". E a resposta costuma ser simples: não, não se pode expor a pele ao sol durante e logo após o término do tratamento.

Uma pesquisa mais detalhada pode deixar as coisas mais claras. As medicações utilizadas em quimioterapia que comprovadamente causam problemas após a exposição solar (fotossensibilidade) são: dacarbazina, metotrexato, vinblastina e fluorouracila. Sendo assim, se o paciente estiver em tratamento para linfoma de Hodgkin, a resposta é: fuja do sol!

Nas demais quimioterapias, é possível pegar um sol moderadamente antes das 10 e após as 16 horas com protetor solar de fator (FPS) no mínimo 60. É essencial também seguir a recomendação de usar os chapéus e bonés com proteção solar (por exemplo, os da UV Line®), que possuem fator de proteção nas fibras do próprio tecido; assim, você fica protegida e estilosa.

Além disso, quem faz tratamento quimioterápico não pode descuidar da hidratação, especialmente no verão. Como a boca pode ficar seca (efeito colateral da quimioterapia, como já disse), já adquiri o hábito de beber no mínimo 2 litros de água por dia. E uma água de coco geladinha ou suco verde, além de refrescantes, são excelentes para nossa recuperação.

Na maioria das vezes, as mudanças de pele menos graves melhoram após o término do tratamento quimioterápico. Entretanto, algumas devem ser tratadas imediatamente, já que podem ser permanentes.

- Reações menos graves: coceira, ressecamento da pele, erupções cutâneas, descamação e maior sensibilidade quando a pele é exposta ao sol.
- Reações graves:
    - Reação severa da pele em locais tenham recebido previamente radioterapia e/ou quimioterapia, podendo causar dor, vermelhidão ou bolhas.
    - Extravasamento da medicação.
    - Em caso de dor ou ardência durante a administração da quimioterapia, o paciente deve comunicar o fato de imediato à enfermeira ou ao médico. Em alguns casos, a agulha por onde se introduz o medicamento quimioterápico pode sair do lugar, provocando esses sintomas.
    - Reações alérgicas à quimioterapia.
    - Comunicar imediatamente ao médico em caso de chiado no peito ao respirar, coceira na pele, aparecimento de *rash* cutâneo (sentir o rosto ficar vermelho e esquentar) ou urticária.
    - Radiodermite ou radiodermatite. É uma lesão cutânea resultante do excesso de exposição à radiação ionizante, que geralmente se manifesta após uma ou duas semanas de tratamento.

Então, minhas dicas são:
- Hidratação para manter a pele íntegra, saudável e resistente.
- Proteção solar (fator acima de 60 – mesmo andando na cidade), pois algumas medicações podem reagir com o sol e levar a alergias fotodependentes, ou seja, que surgem com a exposição solar.
- Cuidados com traumas, pois podem virar uma porta de entrada de microrganismos.
- Proteja também os lábios.
- Evite a luz solar direta e não se exponha entre 10 e 15 horas.

No caso de pacientes que estejam fazendo radioterapia, o sol está proibido, especialmente na área tratada, pois normalmente ela fica irritada. A recomendação médica é que não se exponha ao sol até 6 meses depois do tratamento ou corre-se o risco de adquirir manchas indesejadas.

Se você fez cirurgia há menos de 3 meses, não tome sol no lugar da cicatriz, pois ela também pode escurecer. Quem fez esvaziamento axilar também deve evitar se expor ao sol em dias de muito calor, para que o braço não inche.

A boa notícia é que, com os devidos cuidados, podemos e devemos aproveitar o verão, seja na praia ou na piscina! Afinal, quem não ama uma praia, areia, piscina e sol, não é?

Os textos deste capítulo foram adaptados dos seguintes *links*:
- <http://linfomacao.blogspot.com.br/2009/04/posso-pegar-sol-durante-tratamento-para.html>.
- <http://dascoisasquetenhoaprendido.com.br/2014/12/22/quimioterapia-e-o-sol/>.
- <http://www.projetomama.com.br/blog/pode-tomar-sol-na-quimioterapia/>.

34 | Exercícios físicos e câncer de mama

Todos sabem dos benefícios que a atividade física traz para a saúde de modo geral. O sedentarismo é um grande inimigo dos indivíduos, em especial daqueles que estão acima do peso. Ressalta-se que as mulheres sofrem mais com sedentarismo. Fazer exercícios, mesmo os mais simples, pode colaborar muito para que você tenha uma vida mais saudável.

A lista de benefícios é extensa, mas cito alguns:
- Melhora a função cardiovascular.
- Melhora o fluxo sanguíneo.
- Reduz o risco de doenças cardíacas.
- Estimula a queima de calorias, facilitando a manutenção e redução do peso.
- Oferece grande auxílio para o corpo e a mente.
- Aumenta as endorfinas circulantes, melhorando o humor e também a autoestima.
- Na menopausa, ajuda a evitar ou até melhorar a densidade óssea, reduzindo as fraturas patológicas que pioram a qualidade de vida das mulheres.

Especificamente quando o paciente tem câncer, praticar atividade física:
- Melhora o equilíbrio, prevenindo quedas e fraturas ósseas.
- Melhora a autoestima e gera independência nas tarefas cotidianas.
- Ao liberar endorfinas, o exercício funciona como estimulante do bom humor, agindo como um antidepressivo e auxiliando na redução de náuseas.

No passado, acreditava-se que pacientes em tratamento de doenças crônicas, como câncer ou diabetes, deviam manter-se em repouso e não praticar atividades físicas. Hoje em dia, as contraindicações valem somente se a prática provocar dor, desconforto, aumento da frequência cardíaca ou falta de ar. Recentes pesquisas demonstram que é seguro e possível se exercitar durante o tratamento do câncer, pois a prática pode melhorar a disposição, evitando a atrofia muscular, e também a qualidade de vida do paciente.

Por outro lado, o repouso em excesso pode resultar em perda funcional e atrofiamento muscular, além de reduzir a amplitude dos movimentos do paciente.

Sentir-se bem é a ordem do dia, portanto, uma mudança de hábitos pode melhorar muito a sua qualidade de vida. Tenha certeza de que ficar parado não ajudará em nada na melhoria do quadro, portanto, busque exercícios que possam te proporcionar prazer, mexa-se!

MINHA FELICIDADE AO PODER ME EXERCITAR

Já falei para vocês que um dos efeitos colaterais da quimioterapia é o inchaço – que, particularmente, me incomodou muito. Meu sonho, quando acabasse a quimioterapia, era mergulhar em um barril de diuréticos. *rsrs*. Alguém pode me arrumar? Daqueles bem potentes, tipo furosemida (Lasix®).

Bem, brincadeiras à parte, como isso não seria viável, o meu *coach* e eterno amigo Marcelo Avelar me deu dadivosas recomendações. Como eu já era corredora, tinha um bom condicionamento físico e senti muita falta das corridas, pude voltar a me exercitar depois de 1 mês após o diagnóstico. Eu fiquei muito feliz! Durante a quimioterapia, tentei cumprir a minha meta de caminhar conforme orientação e foi uma delícia sentir que não fiquei cansada e ainda ajudou a minimizar o inchaço. Olha, treinar me ajudou muito. Além disso, aproveito para beber 1,5 litro de água já em função da caminhada. Abatia dois coelhos com uma cajadada só. *rsrs*.

Muito obrigada ao meu querido Marcelo Avelar – essa pessoa que entrou na minha vida antes mesmo do meu diagnóstico tem pós-graduação em exercícios físicos para pacientes com doenças oncológicas. Deus é maravilhoso, não faz nada por acaso!

Que a atividade física reduz o risco de ataques cardíacos todos sabem, mas que protege contra o câncer não é uma informação tão conhecida assim. Falarei um pouco disso no item "Estudos comprovam!".

Corridinha ao ar livre. Essa felicidade toda foi porque estava no meio do meu tratamento e voltei à corrida nesse dia após meses sem correr

Eu e meu *coach* Marcelo Avelar quando retomei meus exercícios físicos

Embora haja muitas razões para ser fisicamente ativo durante o tratamento do câncer, é indispensável que os exercícios sejam prescritos e acompanhados por um profissional de Educação Física qualificado para tal prescrição, baseando-se no que é seguro, eficaz e agradável para cada paciente. Consulte também o item "Programa de exercícios".

COMO SABER SE VOCÊ ESTÁ ACIMA OU ABAIXO DO PESO DURANTE O TRATAMENTO

Para saber se você está acima ou abaixo do peso, você deve calcular o seu IMC (índice de massa corpórea). O IMC é calculado dividindo o seu peso (em quilos) pela sua altura (em metros) elevada ao quadrado: IMC = kg/m^2.

- O ideal é que o número obtido não ultrapasse 25 e não seja menor que 18,5.
- Menor que 16: a pessoa tem grandes chances de estar com desnutrição grave.
- Entre 16,1 e 18,4: a pessoa pode estar propensa a problemas de saúde ligados à desnutrição.
- Entre 18,5 e 25: a pessoa está dentro da normalidade e saudável.

- Entre 25,1 e 29,9: a pessoa é considerada com sobrepeso, o que já começa a trazer problemas de saúde.
- Acima de 30: ela está obesa, e os riscos de câncer, doenças cardiovasculares e diabetes são ainda mais altos.

EXERCÍCIOS FÍSICOS E CÂNCER DE MAMA

Para as pacientes de câncer de mama, a prática de exercícios orientada pelo fisioterapeuta e/ou pelo médico é fundamental antes, durante e após o procedimento cirúrgico e o tratamento.

Sempre converse com seu médico, pois para cada fase há uma possibilidade diferente de exercício. Além de ser importante para sua recuperação e autoestima, vai proporcionar uma vida melhor e mais saudável.

A atuação do fisioterapeuta deve iniciar-se no pré-operatório, objetivando conhecer as principais alterações preexistentes e identificar os possíveis fatores de risco para complicações pós-operatórias, conscientizando a paciente da importância dos procedimentos fisioterapêuticos.

O que podemos fazer em cada fase do tratamento:
- Durante os exames pré-operatórios: quando a paciente se prepara para a cirurgia, é recomendado que mantenha sua rotina, respeitando seus limites. Uma boa opção são exercícios aeróbicos.
- No pós-operatório: depois do procedimento é importante não fazer esforço. O indicado é fazer alongamentos (caso não tenha tido complicações) e evitar sol, mar e piscina.
- Durante a quimioterapia: é necessário evitar lugares cheios. Caso a pessoa sinta-se bem, andar na esteira ou fazer caminhadas leves pode ser uma excelente opção.
- Durante a radioterapia: evitar expor-se ao sol ou tomar banho de mar e piscina. Vale lembrar que, nessa fase, a paciente pode sentir sonolência e perda de energia.
- Após tratamentos: procurar voltar à vida normal e, se possível, fazer caminhada, ioga, pilates e natação.

Só faça exercícios físicos após liberação de seu médico oncologista, e certifique-se que o profissional que irá elaborar sua rotina de exercícios conheça seu diagnóstico e suas limitações. Algumas precauções devem ser seguidas:

- Certifique-se de que seus níveis sanguíneos estejam adequados.
- Não faça exercícios físicos se estiver com anemia.
- Se suas taxas de glóbulos brancos estiverem baixas, evite locais públicos.
- Não pratique atividades físicas se o nível dos minerais no sangue, como sódio e potássio, não estiverem normais.
- Se você se sente cansado e sem vontade de praticar exercícios físicos, tente pelo menos fazer 10 minutos de alongamento diariamente.
- Evite superfícies irregulares e exercícios que possam fazer você se machucar.
- Evite exercícios que provoquem muita tensão nos ossos caso tenha osteoporose, metástase óssea, artrite e lesões nos nervos.
- Se você tem problemas de equilíbrio, prefira a bicicleta ergométrica à esteira.
- Avise seu médico se ganhar peso sem motivo aparente, tiver falta de ar ao mínimo esforço, tontura, dores, inchaços e visão turva.
- Observe a ocorrência de sangramentos, especialmente se estiver tomando anticoagulantes.
- Evite piscinas com cloro se tiver feito radioterapia e não se exponha ao sol.
- Caso esteja usando um cateter, evite esportes aquáticos e outros riscos que possam causar infecções.
- Evite também treinos de resistência que exercitem os músculos na região do cateter.

Para obter os melhores resultados, é importante monitorar o coração. Preste atenção à sua frequência cardíaca, à sua respiração e ao seu cansaço. Se sentir falta de ar ou muito cansaço, pare e descanse um pouco; quando se sentir bem novamente, retome os exercícios. Sempre respeite o seu ritmo. Tenha cuidado se estiver tomando remédios para controlar a pressão.

PROGRAMA DE EXERCÍCIOS

Não existe uma rotina definida de exercícios para pacientes com câncer, pois ela dependerá de cada paciente. Como regra geral, ela deve ajudar a manter a resistência, a força muscular e a flexibilidade, permitindo que a pessoa continue capaz de realizar as coisas que quer e precisa fazer. Quanto mais o paciente se exercita, melhor irá se sentir.

É comum que pessoas que já praticavam exercícios regulares antes do diagnóstico do câncer precisem reduzir a intensidade e a quantidade de exercício durante o tratamento. Mesmo que seja necessário parar com os exercícios físicos, é importante se manter ativo.

Sendo assim, deve-se verificar se o paciente já executava algum programa de exercícios físicos antes da doença e, a partir desse ponto, desenvolver um novo programa que seja coerente ao que já se fazia e ao estágio em que a doença se encontra.

Nesse sentido, o programa de exercícios deve ser adaptado aos seus interesses e necessidades, considerando:
- Tipo e estadiamento da doença.
- Tipo de tratamento.
- Condicionamento físico.

O que levar em conta ao planejar um novo programa de exercícios:
- Converse com seu médico sobre os tipos de exercícios que poderá fazer.
- Comece devagar e vá aumentando o ritmo lentamente, respeitando os limites do seu corpo. Mesmo que no começo só possa fazer alguns minutos de exercícios por dia, já se sentirá melhor.
- Faça pequenas séries de exercícios com intervalos frequentes.
- Inclua exercícios que trabalhem a força, a flexibilidade e a capacidade aeróbica.
- Sempre faça aquecimento antes de iniciar e alongamento depois de terminar os exercícios, trabalhando também a respiração.

COMBATE À FADIGA, UM EFEITO COLATERAL MUITO COMUM DO TRATAMENTO DO CÂNCER

Com relação à fadiga, a maioria dos pacientes com câncer percebe que tem muito menos energia do que antes. Durante o tratamento, cerca de 70% dos pacientes apresentam fadiga. Esse tipo de cansaço do corpo e do cérebro não melhora com o repouso. Para muitos, a fadiga é intensa e limita suas atividades. A inatividade leva à perda de massa muscular e de função.

Um programa de exercícios aeróbicos pode ajudar você a se sentir melhor, podendo inclusive ser prescrito como tratamento para fadiga em pacientes com câncer.

Algumas dicas para reduzir a fadiga são:
- Estabeleça uma rotina que permita que você faça os exercícios diariamente.
- Exercite-se regularmente.

- Faça uma pausa entre as séries de exercício.
- A menos que seja indicado o contrário, mantenha uma dieta equilibrada, que inclua proteínas.
- Beba cerca de 8 a 10 copos de água por dia.
- Faça atividades que lhe deem prazer.
- Use técnicas de relaxamento e visualização para reduzir o estresse.
- Peça ajuda quando precisar.

Adicione atividades físicas à sua rotina:
- Dê uma volta pelo seu bairro após o jantar.
- Ande de bicicleta.
- Se mora em casa, corte a grama e varra o quintal.
- Lave seu banheiro.
- Lave seu carro.
- Brinque com as crianças.
- Passeie com o cachorro.
- Dance.
- Faça exercícios enquanto assiste televisão.
- Dispense o carro em pequenos trajetos.
- Use as escadas em vez de elevador.

ESTUDOS COMPROVAM!

Estudos revelam que é pequena a proporção de mulheres diagnosticadas com câncer que realizam atividade física. Apenas 32% das mulheres com câncer atingem o nível de atividade física recomendado para mulheres saudáveis, isto é, 150 minutos/semana. Além disso, há uma tendência à redução em duas horas/semana do nível de atividade física após o diagnóstico de câncer de mama, sendo que mulheres obesas apresentam uma redução ainda maior.

Vários estudos buscam correlacionar melhorias nos parâmetros clínicos, físicos, psicológicos e na qualidade de vida após a participação em programas de exercícios, durante e após o tratamento do câncer de mama.

Alguns dos benefícios encontrados em indivíduos submetidos a programas de exercícios aeróbios foram diminuição da fadiga, elevação dos níveis de hemoglobina, de células *natural killer* e de linfócitos sanguíneos, prevenção e melhora do quadro clínico do linfedema de braço e elevação da função cardiorrespiratória. Em programas que combinaram exercícios aeróbios e resistidos, também foram encontrados benefícios como manutenção e aumento da massa muscular e óssea, preservação da funcionalidade individual e redução da fadiga. Assim, houve redução dos efeitos colaterais sobre a saúde óssea e minimização dos impactos na mobilidade e funcionalidade dessas mulheres.

Quanto ao bem-estar psicológico, que englobou autoestima, imagem corporal, ansiedade, depressão e estados de humor, as melhorias advieram de exercícios aeróbios, anaeróbios e de atividades como ioga e tai chi chuan. Alguns autores afirmam que as mulheres portadoras de câncer que são mais ativas parecem ter melhor qualidade de vida do que aquelas menos ativas. Contudo, seus resultados não são capazes de mostrar se esses benefícios provêm de uma melhoria nas capacidades físicas ou de outros fatores associados ao exercício. Dentre esses fatores, poderiam ser citadas as alterações sociocognitivas, como aumento da sensação de poder, do autocontrole e da autopercepção, *feedback* positivo de outros, interações sociais, distração e benefícios aos estados de humor.

As contraindicações à prática de atividades físicas se relacionam aos exercícios vigorosos e intensos em períodos de febre, dor, sangramento e infecção, em virtude da possível alteração na função imunológica e recuperação do estresse físico. No entanto, aspectos como anemia e fadiga não são fatores que contraindiquem a participação em programas de reabilitação baseados em exercícios físicos. A Sociedade Americana de Câncer (American Cancer Society) informa que ainda não há evidências biológicas significativas sobre nenhum efeito adverso do exercício físico durante o tratamento e a recuperação do câncer.

Embora pouco fundamentadas, há evidências de que a prática de atividade física protege contra o câncer. Por razões pouco conhecidas, obesidade e vida sedentária aumentam a incidência de certos tipos de câncer. Combinados, os dois fatores são responsáveis por 20% dos casos de câncer de mama, 50% dos carcinomas de endométrio (camada que reveste a parte interna do útero), 25% dos tumores malignos do cólon e 37% dos adenocarcinomas de esôfago, enfermidade cujo número de casos aumenta exponencialmente.

Nos últimos 15 anos, foram publicados vários estudos demonstrando que, independentemente da massa corpórea, mulheres e homens ativos fisicamente apresentam risco mais baixo de desenvolver alguns dos tipos mais prevalentes de câncer da espécie humana: câncer de mama, de próstata e de cólon.

Para dar uma ideia do grau de proteção conferido, uma análise conjunta de 19 pesquisas publicadas (metanálise) sobre a relação entre atividade física e o aparecimento de câncer de cólon mostrou que mulheres ativas apresentam risco de desenvolver a doença 29% menor do que as sedentárias. E que, entre os homens ativos, o risco é 22% mais baixo.

Em 2005, um trabalho publicado na revista *JAMA* levantou uma nova questão sobre este tema: a adoção da prática de exercícios físicos depois do diagnóstico de câncer aumentaria os índices de cura? Nele, foram estudadas 2.987 mulheres operadas de câncer de mama. Depois da cirurgia e dos tratamentos complementares (radioterapia e quimioterapia), aquelas que passaram a caminhar por pelo menos 30 minutos, em média cinco vezes por semana, na velocidade de 5 a 6 km/h – ou fizeram exercícios equivalentes –, apresentaram cerca de 60% de redução do risco de recidiva da doença, menor mortalidade por câncer de mama e menor probabilidade de morrer por outras causas.

Dois estudos recém-publicados reforçam a hipótese de que a atividade física aumenta as chances de cura de quem teve câncer. No primeiro, os autores selecionaram um grupo de 573 mulheres operadas de câncer de cólon. A intensidade dos exercícios praticados por elas foi avaliada por meio de questionários periódicos que abrangeram o período iniciado 6 meses antes da operação e encerrado 4 anos depois da mesma. Comparando aquelas que permaneceram ou se tornaram sedentárias depois da cirurgia com as que adotaram a prática de caminhadas de pelo menos 1 hora na velocidade de 5 a 6 km/h, quatro a cinco vezes por semana – ou exercícios equivalentes –, as ativas reduziram pela metade suas chances de morrer de câncer.

No segundo, foram avaliados 832 portadores do mesmo tipo de câncer, participantes de um estudo comparativo entre dois esquemas de quimioterapia administrada depois da cirurgia. Os resultados foram semelhantes: andar pelo menos 5 a 6 km em 1 hora, quatro a cinco vezes por semana, reduziu a mortalidade por recidiva da doença entre 50 e 60%.

Os benefícios obtidos não foram influenciados por aspectos como sedentarismo (antes do diagnóstico de câncer), idade, sexo, índices de massa corpórea, tamanho do tumor, número de gânglios invadidos ou tipo de quimioterapia recebido.

Ainda não está claro por que os níveis de atividade física para proteger contra recidivas de câncer de cólon precisam ser mais altos do que os necessários para obter resultados semelhantes em câncer de mama.

Diversos mecanismos biológicos podem ser evocados para explicar o efeito protetor do exercício na evolução de tumores malignos. Os mais aceitos consideram que o trabalho muscular reduz os níveis sanguíneos de insulina e de certos fatores de crescimento liberados pelo tecido adiposo, capazes de estimular a multiplicação das células malignas.

Reduzir em 50% a probabilidade de morrer de câncer de mama ou de intestino pela adoção de um estilo de vida mais ativo é um resultado inacreditável: nenhum tipo de radioterapia ou de quimioterapia – por mais agressiva que seja – demonstrou provocar esse impacto.

CONCLUSÃO

Do ponto de vista científico, embora a relação entre atividade física e câncer não esteja definitivamente esclarecida, os dados obtidos até aqui são tão contundentes que todas as pessoas operadas de câncer de mama, intestino, próstata e, possivelmente, de outros tumores malignos devem investir, na prática regular de exercícios, a mesma energia com que enfrentam operações, radioterapia ou quimioterapia.

Os textos deste capítulo foram adaptados dos seguintes *links*:
- <https://cancernaoesoumsigno.wordpress.com/2016/05/>.
- <http://www.abfo.org.br/blog/beneficios-da-atividade-fisica-durante-o-tratamento-oncologico/>.
- <http://www.saude.br/index.php/articles/84-atividade-fisica/229-recomendacoes-da-oms-dos-niveis-de-atividade-fisica-para-todas-as-faixas-etarias>.
- <http://veja.abril.com.br/saude/atividade-fisica-regular-reduz-o-risco-de-cancer/>.
- <http://veja.abril.com.br/saude/exercicio-evita-25-dos-casos-de-cancer-de-mama-e-colon/>.
- <http://www2.inca.gov.br/wps/wcm/connect/f903ad804920f3cab32fbf0ece413a77/02_RC30_prevencao.pdf?MOD=AJPERES>.

35 | Sexo e libido *versus* câncer e seu tratamento

Neste capítulo, vou falar mais detalhadamente sobre um assunto extremamente importante a respeito do tratamento da saúde em geral da mulher. Além de todas as mudanças que acontecem ao recebermos o diagnóstico de câncer de mama, há também uma diminuição da libido, que pode estar relacionada a múltiplos fatores. O fato é que essa redução pode trazer consequências graves, como depressão na mulher e problemas no relacionamento do casal, podendo causar, inclusive, a separação em alguns casos. Afinal, sejamos sinceros, o sexo faz parte de todo relacionamento. Ele deve continuar!

    A rotina do tratamento de câncer é pesada. É bastante cansativo ter de ir e voltar do hospital, além de enfrentar os efeitos colaterais dos medicamentos e as mudanças físicas e psicológicas que a quimioterapia acarreta, como a perda dos cabelos, por exemplo. Em meio a tudo isso, a libido realmente acaba ficando abalada e a vida a dois começa a ficar de lado. Nesse momento, a cumplicidade e a intimidade farão toda a diferença. Ser sincero com relação aos sentimentos e as sensações certamente ajudará no entendimento da situação e facilitará que ambos passem, juntos, por esse momento difícil. É imprescindível ter em mente que o desejo sexual irá retornar com a estabilidade da doença.

    Por isso, vou tentar ajudar com dicas e orientações para que as coisas possam ficar melhores.

    Segundo um estudo, 70% das mulheres que tiveram câncer de mama também tiveram problemas na cama. Os resultados foram baseados em uma pesquisa com cerca de 1.000 mulheres na Austrália, que tinham sido diagnosticadas com câncer de mama invasivo cerca de dois anos antes de responder perguntas sobre seu tratamento contra o câncer de mama e a vida sexual. A idade média das mulheres do estudo foi de 54 anos e todas tinham um parceiro.

A presença de disfunção sexual não é incomum entre as mulheres nessa faixa etária. As estimativas de sua prevalência variam muito, mas os pesquisadores consideraram que 70% é um número certamente superior ao que seria esperado em mulheres dessa idade. No estudo, 82% delas disseram que estavam felizes com sua vida sexual antes do diagnóstico de câncer, mas, após o tratamento, relataram secura vaginal e perda de libido. Os pesquisadores também descobriram que mulheres que tinham tomado certos medicamentos contra o câncer de mama, chamados inibidores de aromatase, apresentaram maior probabilidade de ter problemas nessa área. Foi constatado que as mulheres que fizeram uso dos inibidores da aromatase são mais propensas a relatar dificuldades sexuais do que aquelas que utilizaram tamoxifeno. Como os dois tratamentos são eficazes, a escolha relacionada ao estilo de vida deverá ser feita em conjunto, ou seja, com o médico e a paciente.

O problema relatado no estudo não é novo e permanece meio estagnado desde que surgiu. A principal conclusão que os pesquisadores chegaram foi que falta aconselhamento médico. As mulheres avaliadas no estudo, que foram tratadas em bons centros de saúde, relataram que os médicos não fazem perguntas sobre a vida sexual delas. Segundo o estudo, se os médicos e psicólogos não perguntarem, as mulheres não vão falar. Consequentemente, não poderão ser ajudadas – o que é um fato, não?

Uma outra pesquisa, feita na Universidade de São Paulo (USP), avaliou 139 mulheres afetadas pelo câncer de mama, com idade média de 54,6 anos, em que a mais nova tinha 24 anos e a mais velha, 78. A coleta de dados foi feita entre usuárias do Núcleo de Ensino, Pesquisa e Assistência na Reabilitação de Mastectomizadas (Rema) da Escola de Enfermagem de Ribeirão Preto (EERP-USP). Essa pesquisa observou que, pelo menos um ano após o diagnóstico, quase metade mantinha vida sexual ativa. Apontou também que os profissionais de saúde não estão preparados para orientar essas pacientes sobre questões ligadas à sexualidade.

Além da pesquisa quantitativa, foram feitos outros dois estudos qualitativos. Um deles avaliou em profundidade 25 pacientes do Rema. O segundo ouviu 32 enfermeiras que lidam com pacientes nessa situação. Os resultados integram o projeto "Sexualidade e Câncer de Mama", financiado pela Fundação de Amparo à Pesquisa do Estado de São Paulo (Fapesp) e coordenado pela professora Elisabeth Meloni Vieira, da Faculdade de Medicina de Ribeirão Preto (FMRP-USP).

Segundo Vieira, 56,8% das pacientes que participaram da pesquisa quantitativa afirmaram ter tido ao menos um parceiro sexual no último ano, enquanto 48,9% disseram ter feito sexo no último mês. "Essas mulheres têm, em média, seis relações sexuais por mês, ou seja, têm uma vida sexual ativa".

A pesquisa qualitativa feita por Vieira com as enfermeiras, da qual participaram todas as profissionais que atuam na área oncológica em Ribeirão Preto, indicou que a maioria evita tratar do tema. Vieira constatou que "não falam e não deixam a paciente perguntar. Primeiro, porque nunca foram orientadas para isso; então, sentem-se inseguras. Depois, existe a ideia preconcebida de que doente não faz sexo, por isso consideram o assunto desnecessário. E também há a questão da vergonha".

Contudo, por que tudo isso acontece? Geralmente, esse problema costuma afetar mulheres cujo tratamento da doença gera mutilações, como os tumores ginecológicos ou de mama, e homens que tratam tumores de próstata ou testículo, os quais podem levar à impotência.

Os pontos que podem ser destacados nesse sentido incluem:

- O diagnóstico e a insegurança em relação ao sucesso do tratamento são fatores que podem contribuir para a diminuição do desejo sexual.
- No caso das mulheres, a quimioterapia pode ter efeitos colaterais intensos e levar à perda de hormônios ou à menopausa precoce.
- Mulheres que estão fazendo quimioterapia frequentemente notam a diminuição do desejo sexual.
- Os efeitos colaterais físicos, como dor de estômago, cansaço e fraqueza, podem deixar pouca energia para uma relação sexual.
- O desejo sexual volta somente quando a mulher se sente melhor. Se está fazendo quimioterapia a cada 2 ou 3 semanas, o interesse sexual pode voltar apenas alguns dias antes do próximo ciclo.
- Após o término do protocolo de quimioterapia, os efeitos colaterais desaparecem lentamente, e o desejo sexual retorna aos níveis anteriores.
- As mulheres tendem a se sentir pouco atraentes e ficam com baixa autoestima em decorrência das mudanças no organismo, como perda de cabelo, perda ou ganho de peso, cicatrizes e, às vezes, presença de cateteres de infusão, que podem fazer que a autoimagem da mulher não seja das melhores, comprometendo, assim, a vida sexual.

- Já a radioterapia, quando realizada na região pélvica, pode ter como sequelas alterações da mucosa vaginal, secura ou encurtamento vaginal, o que dificulta o ato sexual e, consequentemente, interfere no desejo sexual.
- No caso dos homens, o tratamento de tumores prostáticos ou testiculares que provoquem algum tipo de disfunção erétil são as causas mais comuns da perda da libido. No entanto, também podem interferir fatores emocionais, como depressão, medo e estresse relacionados à doença.

O tratamento quimioterápico é extremamente forte para o organismo e leva à perda progressiva de hormônios. Além da possibilidade de a mulher parar de menstruar, pode ocorrer menopausa precoce, como já mencionado, e com ela chegam sintomas bastante incovenientes, como ondas de calor, alterações vaginais, suores noturnos e depressão. As alterações hormonais causam secura vaginal, diminuição da lubrificação, estreitamento vaginal e úlceras em mucosas, como boca, garganta, vagina e reto. Com tudo isso envolvido, embora o motivo não seja a diminuição da libido, às vezes o ato sexual pode se tornar desconfortável e doloroso, acarretando a perda do interesse sexual. Além disso, para algumas mulheres com cânceres ginecológicos que fazem radioterapia nessa região, a relação sexual pode ficar extremamente dolorosa.

Nesse contato, levando em conta que a substituição hormonal não é indicada nos casos de cânceres ginecológicos, o recomendado é: ter paciência.

E haja paciência, viu, garotas! A boa notícia – já adiantando para vocês um ponto positivo – é que, após o tratamento, a libido volta, e volta potente! Não se preocupe pensando que o problema será permanente. Ainda bem.

De qualquer forma, é essencial conversar com o médico e relatar as queixas, pois uma maneira de tentar reverter o problema é utilizando lubrificantes íntimos com aplicadores intravaginais. Todavia, é primordial avaliar cada caso para encontrar a melhor solução.

Os homens que passam por tratamento de câncer de próstata podem enfrentar as mesmas dificuldades, mas com diferenças sutis. Às vezes, a vida sexual fica prejudicada não por falta de desejo, mas porque ocorre disfunção erétil. Não se desespere. Esse não é um sintoma que ocorre sempre, e o problema pode ser resolvido por meio de medicamentos orais, injeções ou até implante de prótese peniana.

E o que nós podemos fazer para melhorar essa situação? Ué, podemos assistir a *Cinquenta tons de cinza* durante as 24 horas do dia. Brincadeirinha...

Vamos às dicas.

TRATAMENTOS PARA A SECURA VAGINAL

Antes de começar a tomar qualquer medicação, converse com seu médico para ter certeza que ela não influenciará negativamente no seu tratamento.

Lubrificantes

Os lubrificantes ajudam a reduzir a secura vaginal e podem tornar o sexo menos doloroso e mais prazeroso. Para os casos leves de secura vaginal, lubrificantes em forma de creme, gel ou óleo são vendidos em drogarias sem a necessidade de receita médica. Deve-se evitar o uso de produtos que contenham vaselina. O óleo mineral e óleos de cozinha não são recomendados, assim como não o são os remédios caseiros. Hoje, sabe-se que o látex dos preservativos também pode alterar o pH vaginal, causando infecções. Cuidado com eles.

Recomenda-se que se comece a utilizar o lubrificante durante as preliminares, espalhando generosamente sobre os lábios, clitóris e vagina, bem como em seu parceiro. Se sentir necessidade, passe mais durante a relação sexual. Se você se sente incomodada por ter de usar a mão para espalhar o lubrificante, use luvas cirúrgicas ou compre algum lubrificante que tenha aplicador. O lubrificante também pode ser usado com um aplicador íntimo ou uma seringa para chegar ao fundo e hidratar todo interior da vagina. Mantenha um tubo de lubrificante no quarto, no banheiro ou em algum lugar ao seu alcance. Tente usar lubrificantes vaginais da mesma maneira que passa creme hidratante na mão, ou seja, com frequência e regularidade.

Já o estrogênio vaginal está disponível em creme, supositório, comprimido e na forma de anel vaginal. Todos são inseridos na vagina e devem ser prescritos pelo médico. No entanto, lembrem-se de que a maioria das mulheres em tratamento de câncer não pode usar nenhum tipo de hormônio.

Uma indicação é o Vagidrat®, um hidratante vaginal sem hormônios. É só aplicar duas ou três vezes na semana, mas somente após consultar o seu médico.

Remédios naturais

Alguns óleos e ervas são utilizados pelas mulheres para combater a secura vaginal. Novamente, os produtos à base de petróleo podem alterar o pH vaginal e causar infecções. Nem todos os remédios à base de ervas são indicados para uso durante o tratamento oncológico, portanto, consulte sempre seu médico.

Itens a serem evitados
Alguns produtos podem piorar a irritação causada pela secura vaginal. Por isso, deve-ser evitar:
- Usar sabonetes e banho de espuma com fragrância.
- Lavar a roupa íntima com sabão que contenha fragrância.
- Vestir calças justas.
- Usar calcinha de material sintético.

PRELIMINARES
Antes de iniciar a relação sexual, é importante que você esteja relaxada e sinta-se confortável.

As preliminares são responsáveis por aumentar a excitação e, portanto, esquentar a relação sexual. Já é comprovado que elas são importantes na relação de um casal e promovem um sexo mais gostoso. Alguns dizem que elas já começam com o toque na cintura, antes mesmo de tirarem as roupas; outros até acreditam que elas são mais importantes e prazerosas do que a penetração. Eu concordo. Adoro um beijo demorado, a preparação do ambiente, enfim, até o sexo oral. Práticas até então inexploradas e que vão além da penetração podem ajudar o casal a sair da rotina e trazer vida ao relacionamento.

Alguns psicólogos recomendam que os casais aprendam a se concentrar no conforto e nas preliminares, atrasando um pouco o início da relação sexual propriamente dita.

Para as mulheres que acham o sexo doloroso, as preliminares são um fator essencial para ficar excitada – momento em que a vagina produz lubrificantes naturais e a parede vaginal relaxa e dilata, permitindo uma penetração sem dor. Uma mulher está pronta para o sexo após essas mudanças, assim como um homem está pronto quando tem uma ereção.

Ambiente
A preparação para o sexo já começa com o ambiente. A cama bem arrumada conquista de início, porém você pode incrementar a decoração. Um quarto escuro com velas e pétalas de rosas espalhadas é um ambiente clássico. Conhecendo o seu parceiro, você pode investir em qualquer outra decoração propícia à situação e que o agrade.

Roupa

Decidir a roupa que vai usar na hora do sexo já é um adicional para as preliminares. Escolha uma *lingerie* bem sedutora, com a qual você se sinta bem ao vestir; pense nas cores e nos modelos que mais agradem você e seu parceiro. Outra opção é vestir uma fantasia com a qual vocês sempre sonharam. Vale uma conversa em casal antes da ocasião para planejar todos os detalhes.

Palavras

Além dos toques e de toda a preparação antes do sexo, na hora H é possível promover a excitação do parceiro pelo uso das palavras certas.

Você pode usar termos "safadinhos" e descrever o que está sentindo ou até sussurrar no ouvido dele coisas que você sabe que seu amor gostaria de ouvir.

Beijo

Beijo é essencial, demonstra sentimento e tesão. Para uma boa preliminar, não beije só a boca. Aproveite para usar a boca em outros ótimos locais, como pescoço, mamilos, coxas e virilha.

Bônus

Tente descobrir as partes do corpo que mais o excitam e abuse! E não deixe de dar dicas para o parceiro sobre os lugares do corpo em que os beijos te deixam mais excitada.

Brinquedinhos e acessórios, lubrificantes, géis com sabor e aqueles que esquentam ou esfriam podem ser ótimas pedidas para apimentar a relação sexual. Uma alternativa é investir nas brincadeiras com baralhos e dados sexuais. Se quiser ousar mais, aposte nas vendas e algemas

Dando um *up* na prótese capilar para um dia especial com o maridão, porque precisamos nos sentir *lhendas* sempre

enquanto estimula seu parceiro: o resultado pode ser incrível. Eu bem que falei para vocês assistirem ao filme *Cinquenta tons de cinza*. rsrs.

Aproveite os toques com as mãos para fazer uma massagem bem gostosa e excitante no parceiro. Ela também pode ser enriquecida com o uso de cremes e géis específicos. Como no beijo, escolha bem os lugares que o excitam para massagear. As carícias e movimentos no corpo podem evoluir para a masturbação.

O QUE VOCÊ PENSA

É importante que você perceba o que está passando em sua mente durante o sexo. Você está realmente pensando no que está fazendo? Ou está pensando em problemas do cotidiano?

Se você não se sentir excitada, seu parceiro pode acabar se sentindo culpado (pelo menos um pouco), o que pode diminuir o desempenho sexual.

Portanto, durante a relação sexual, tente se concentrar no sexo. Para um homem, a perda do interesse sexual da mulher é pior do que a ausência ou a falta de parte de uma mama.

AJUDA DE UM PROFISSIONAL

Nem todos os médicos e enfermeiros ficam à vontade para discutir questões sexuais. A maioria dos médicos não tem o hábito de perguntar sobre a vida sexual das pacientes, e elas não costumam discutir sua vida amorosa com um médico que não tenha aberto o diálogo para isso.

Em todo caso, um psicólogo ou psiquiatra pode ajudá-la a iniciar a comunicação com seu parceiro e conversar sobre sua intimidade e as questões sexuais.

Um grupo de apoio, seja presencial ou virtual, pode ser mais útil do que você imagina. As mulheres que participam desses grupos muitas vezes compartilham experiências e conselhos, incluindo formas de aumentar o prazer sexual, especificamente aquelas que tiveram câncer de mama ou que já se encontram na menopausa em decorrência do tratamento.

SATISFAZENDO AS NECESSIDADES DE OUTRAS MANEIRAS

A maioria dos casamentos está suscetível a enfrentar problemas que, muitas vezes, são deixados de lado. Para uma relação a dois ser saudável, é vital administrá-la diariamente, ponderando as atitudes para que as coisas boas superem as ruins.

Às vezes, você pode achar que o câncer de mama evidenciou os problemas em seu casamento. Nesse momento, você deve se perguntar: "Posso viver com esses problemas?". Pense seriamente nas suas necessidades e em como satisfazê-las.

Nesse sentido, há outros modos de atender às suas necessidades, como:
- Leia mais. A fantasia pode enriquecer a sua vida.
- Saia mais com seus amigos. Faça caminhadas no parque, compras ou até mesmo viaje com eles.
- Comemore aniversários e datas importantes.
- Dedique-se a atividades comunitárias.

Os textos deste capítulo foram adaptados dos seguintes *links*:
- <https://hypescience.com/70-das-mulheres-que-tiveram-cancer-de-mama-tem-problemas-na-vida-sexual/>.
- <http://agencia.fapesp.br/pesquisa_investiga_sexualidade_das_afetadas_pelo_cancer_de_mama/15332/>.
- <https://www.vencerocancer.org.br/dicas-e-noticias/efeitos-colaterais/cancer-e-falta-de-libido-por-que-isso-acontece/>.
- <http://oncoguia.com.br/site/print.php?cat=120&id=2316&menu=4>.
- <http://delas.ig.com.br/amoresexo/2016-07-05/preliminares---veja-dicas-para-comecar-melhor-a-relacao-sexual.html>.
- <http://vidaeestilo.terra.com.br/homem/interna/0,,OI4029787-EI14242,00-Preliminares+sao+o+primeiro+passo+para+uma+boa+transa.html>.
- <https://www.terra.com.br/vida-e-estilo/mulher/veja-5-preliminares-para-aumentar-o-prazer-durante-o-sexo>.

36 | Bela, *lhenda*, divertida e ativa, mesmo fazendo quimioterapia

Quem passa por um tratamento de câncer, além do medo e do tratamento invasivo, tem de lidar com o fator assustador da mudança do seu visual! A gente pensa: "Como poderei fazer quimioterapia, tomar corticosteroides (que causam inchaço), sofrer com a queda dos cabelos e ainda ficar *lhenda*?".

Quando fui diagnosticada, eu tinha 40 anos, uma idade muito produtiva, e estava com muitos projetos. O câncer de mama caiu como uma bomba na minha vida? Não! Minha vida parou? Não. Continuei com todos os meus projetos (com exceção das viagens). Eu não parei de trabalhar e dei andamento a todos os meus planos. Nada ficou estagnado ou foi cancelado. Consegui até continuar com meus exercícios físicos. Tudo isso permitiu que eu não me submetesse ao estereótipo social de doente, de pessoa com câncer.

Para impedir que eu me sentisse uma coitada ou que as pessoas tivessem pena de mim, criei forças para elevar a minha autoestima, de modo que eu continuasse sendo quem eu sou.

Dentro do possível, procurei me manter, além de ativa, vaidosa, para me sentir bela e *lhenda*. Mesmo perdendo os cabelos, os pelos, a cor e a forma, procurei aprender uns truques poderosos para me sentir digna e sair na rua sem precisar me esconder. Eu me vestia elegantemente, me maquiava, me enfeitava e me cuidava. Algumas dicas foram expostas nos capítulos anteriores.

Descobrir como usar uma peruca da maneira correta ou fazer uma amarração de lenço bem estilosa e sair linda, sentindo-se bem e não deixando a peteca cair faz parte do seu tratamento! Sinta-se. Inspire-se!

Eu vivenciei momentos que poderiam ser definidos como tristes ou chatos, mas eu procurei encontrar um modo alegre ou divertido de encará-los. Por exemplo, a minha careca coçava demais! Para ajudar, meu querido cabeleireiro Carlos deixou minha prótese solta na parte de trás para eventuais coceiras. Um tempo depois, achei uma bela solução: água termal em *spray* na carequinha. Eu dizia, tentando me divertir: "Força na peruca, levante-a e vamos resolver a coceira".

Essas foram as minhas ferramentas para combater tudo o que envolve o tratamento de câncer. Você também pode tentar! Veja o que tenho a dizer.

MOTIVAÇÃO

Muitas mulheres, ao se verem numa situação de câncer, focam apenas no lado sombrio, na quimioterapia, na queda dos cabelos, etc. Entretanto, tudo isso infelizmente faz parte do tratamento. Então, já que não dá para fugir, por que não encarar tudo de maneira mais leve? A autoestima é fundamental para seguir em frente.

Sabemos que a quimioterapia e a beleza em si não são muito amigas. No entanto, na maioria das vezes, vejo pacientes que se resguardam, sofrem escondidas e só depois de pelo menos um ano de tratamento voltam a viver a sua vida com seus cabelinhos curtos e tímidos. Tarefa difícil essa. Que tal tentar prosseguir com sua vida o mais próximo possível do normal? Talvez seja uma jornada mais fácil do que ficar entocada.

Quando passar por momentos verdadeiramente tristes, em que nada parece dar certo e não sentir esperança para o futuro, levante a cabeça e força na peruca! Informe-se, leia e troque ideias! Existem vários *sites* e *blogs* que podem te ajudar a superar o momento com informações sobre como se manter positiva. Este livro, inclusive, fornece várias dicas para encarar de forma positiva a situação.

O certo em nossa vida é que tudo passa. No final, começa-se tudo de novo. Esse final pode ser feliz ou não. No entanto, a trajetória até o final depende muito de você! Por isso, por favor, não se sinta uma coitada, você não é. E, por favor, tente não deixar o câncer derrubar você!

37 | A minha cirurgia de mama

No dia 30 de novembro, mesmo ainda sem terminar os ciclos da quimioterapia, fiz a cirurgia de mama, como indicado pelos meus médicos. A cirurgia indicada para o meu caso foi quadrantectomia à direita, mas fiz também a reconstrução mamária com o cirurgião plástico.

Ressalto que todos têm o direito de fazer reconstrução mamária, tanto pelo Sistema Único de Saúde (SUS) como pelo convênio médico, quando passam por esse processo.

O meu tumor era pequeno, de 1,2 cm, e meu teste genético foi negativo para BRCA. Portanto, não precisei realizar mastectomia total. O exame de congelamento, que é feito no ato da cirurgia, deu negativo, inclusive nos gânglios sentinelas, então não precisei esvaziar os gânglios. A cirurgia correu muito bem.

Fui muito paparicada enquanto estive no hospital. Meu amigo Nevi acompanhou-me durante toda a cirurgia, o que me propiciou muita segurança; foi maravilhoso. Ele também ficou de acompanhante comigo na noite da cirurgia, pois meu marido teve de ficar com meu filho Tuti. No dia seguinte, era meu aniversário de 41 anos. Meus pais chegaram em São Paulo e eu ganhei flores do meu marido, um presente do Nevi e recebi a visita das minhas amigas do peito, Camila Maluf e Jussara Velasco. Com todos juntos no quarto, inclusive meu marido e meu filho, foi uma verdadeira festa. Só tenho a agradecer.

Tive alta hospitalar no dia seguinte à cirurgia, ou seja, no próprio dia 1 de dezembro, dia do meu aniversário. Que presente, hein?

Camila, Jussara, Nevi, Tuti e Mario

Como 1 de dezembro era meu aniversário, ganhei flores maravilhosas do meu marido e esse presente lindo do meu amigo Nevi

Eu fui para casa ainda com dreno no seio direito. Foram prescritos analgésicos, antibióticos e anticoagulantes para evitar qualquer complicação pós-operatória. Segui tudo certinho, a fim de não causar reações indesejadas.

Após 5 dias, voltei ao médico cirurgião que me operou e o dreno foi retirado, pois o débito estava diminuindo.

O período de recuperação de pacientes em tratamento é muito crucial e varia de acordo com as características individuais, a extensão da doença e o tratamento recebido.

A prática de exercícios físicos após a cirurgia ajuda a restabelecer os movimentos e a recuperar a força no braço e no ombro. Auxilia, também, na diminuição da dor e da rigidez nas costas e no pescoço. A gente fica dura mesmo, especialmente porque travamos com medo da dor. Como vocês sabem, amo exercícios e comecei a praticar alguns imediatamente para me ajudar na recuperação.

Os exercícios são cuidadosamente programados e devem ser iniciados tão logo o médico autorize, o que costuma ocorrer um ou dois dias após a cirurgia. Inicialmente, os exercícios são leves e podem ser feitos na cama.

SUGESTÕES DE EXERCÍCIOS*
No hospital, no dia seguinte à cirurgia

- Mantenha o braço 20 cm afastado do corpo, e a mão, o punho e o cotovelo do lado operado apoiados sobre um travesseiro, de modo a ficarem mais altos que o ombro para evitar inchaço e diminuir a tensão.
- Inicie movimentos suaves de dedos, punho, cotovelo e ombro assim que seu médico permitir. Faça 10 séries em cada articulação, 3 vezes ao dia. Se você fez a reconstrução mamária, movimente tudo menos o ombro. Faça também movimentos com o pé e os joelhos e eleve, de vez em quando, o quadril.

Respiração profunda

É necessário e saudável praticar respiração profunda para aumentar a movimentação do tórax, ajudar no relaxamento e na redução de tensões do corpo e da mente:

- Deite-se de costas, respire normalmente 3 vezes.
- Respire profundamente enchendo os pulmões com o máximo de ar que puder. Segure o ar por alguns segundos e relaxe. Imagine suas tensões e preocupações saindo com o ar exalado. Repita 5 vezes.
- Respire 3 vezes normalmente para finalizar.

No hospital

Você pode permanecer de 2 a 5 dias internada, período em que pode ficar com as pernas flexionadas e elevadas no leito, conforme orientação médica. É importante não forçar o ombro do lado operado nos primeiros dias, mas cotovelos e mãos podem ser movimentados normalmente.

---

* Fonte: <http://www.oncoguia.org.br/conteudo/reabilitacao-funcional-pos-mastectomia/1559/61/>.

Para não sentir dores nas costas, dobre e estique as pernas sempre que puder. Você pode levantar e abaixar o quadril mantendo os joelhos flexionados de forma a aliviar a pressão das costas na cama.

Em casa
Movimentos de relaxamento
- Movimento pendular: em pé, de frente para uma parede, a cerca de 40 cm, curve seu corpo e encoste a testa na parede usando o braço do lado não operado como apoio (como se fosse contar para brincar de esconde-esconde). Solte bem o braço operado e balance para frente e para trás, de um lado para outro, como um pêndulo.
- Girando a cabeça: deixe os ombros e braços bem soltos do lado do corpo e gire a cabeça, imaginando desenhar um círculo bem amplo com o topo da cabeça, para um lado e para outro. Repita 3 vezes para cada lado.
- Girando o ombro: em pé, deixe os braços soltos e gire o ombro, imaginando o desenho de um círculo. Primeiro, para a frente; depois, para trás. Repita o exercício 3 vezes em cada lado.

Movimentos de abertura
- Elevando o braço: fique em pé próximo à parede, mas não muito perto dela. Toque a parede com os dedos do lado operado e vá subindo 3 vezes, com movimento dos dedos, lentamente, até o ponto máximo que você conseguir. Conte até 10 e abaixe o braço.
- Alcançando a orelha oposta: fique em pé com as mãos ao longo do corpo. Coloque a mão do lado operado sobre a cabeça e tente alcançar a orelha do lado oposto, passando o braço por cima da cabeça. Conte até 10 e relaxe.

Atividades da vida diária
Higiene
Pentear os cabelos ajuda muito na recuperação. No começo, se esse movimento for difícil, faça-o sentada, apoiando o cotovelo em uma mesa, para aliviar o peso do braço. Com o tempo, faça sem o apoio.

Vestuário
Comece sempre vestindo uma blusa ou camiseta pelo lado operado, tendo o outro braço como ajudante. Para despir, deixe o braço do lado operado por último.

Procure levar a bolsa do lado que não foi operado. É importante não carregar muito peso.

Atividades domésticas

- Ao lavar e pendurar roupas, comece com as peças leves, como meias, lenços e calcinhas, aumentando o volume aos poucos, mas fazendo tudo sem pressa e com atenção.
- Ao passar roupas, faça-o com o lado operado, com muito cuidado para não se queimar. Se o braço cansar, pare e descanse.

Trabalho e lazer

Os trabalhos manuais podem ser realizados desde que os braços sejam movimentados a cada 20 minutos para que relaxem.

Esporte

Com a movimentação do ombro normalizada, pratique alguns esportes, como hidroginástica, natação, ioga, dança de salão e ginástica. Todos com intensidade moderada.

38 | Considerações sobre a minha quimioterapia e o seu término

Dezembro de 2016 foi um mês muito esperado por ser o término da minha quimioterapia e, junto, o meu aniversário de 41 anos de idade.

É um mês em que todas as pessoas se preparam para as compras e fazem um balanço do ano, do que foi feito ou não. E o que eu tenho a dizer?

Eu consegui superar algo que chegou em junho de 2016 e tomou conta de minha vida por 5 meses, tentando me deixar sem autonomia, porém, eu fui retomando-a aos poucos. Eu também tive a oportunidade de ter experiências diferentes, que jamais pensei em vivenciar. Eu fui resiliente e fiquei mais fortalecida. Pode parecer exagero, eu sei, mas é assim que funciona: milhões de células lutando para se multiplicar e outros trilhões lutando para sobreviver, sendo que eu sou esses trilhões de células lutando dia a dia.

Dentre as diversas experiências que tive nesses 5 meses, destaco algumas:
- Enfrentar as reações das 4 sessões de quimioterapia vermelha não foi tão simples; elas judiaram um pouquinho de mim.
- Conhecer mais de perto as pessoas foi um choque; são seres humanos que nos surpreendem a cada momento. Algumas pessoas que achava que eram amigos sumiram após saber da doença, como se fosse algo contagioso. Foi muito triste. Nesse momento, tive de assimilar que era preciso separar o joio do trigo. Nem sei se estava preparada para isso. Confesso que não foi fácil aceitar e lutar o tempo todo incansavelmente, mas superei.
- Foi (e ainda é) incrível poder vivenciar experiências novas, com pessoas que sofrem do mesmo mal que você. O câncer não escolhe idade, classe

social ou etnia; nada torna você diferente. No câncer, somos todos iguais, sentimos as mesmas coisas, temos as mesmas reclamações. É algo comovente. Muitas pessoas se acham melhores ou superiores a outras, mas mal sabem elas que somos todos iguais, sem distinção alguma.

- Cumprir 12 quimioterapias brancas foi um vitória destemida. Meu oncologista disse: "Não se engane com o Taxol®. Parece que ele não causa nada, mas te deixará bem cansada". Eu pensei: "Comigo, não". Bom, na oitava sessão, ele quis se manifestar um pouco. Para impedir, fui racional e resolvi caminhar mais a fim de melhorar. Não deu outra: meu condicionamento físico melhorou e o cansaço foi embora. Para minha sorte, eu perdi peso ao longo do tratamento, o que ajudou muito também.

Parece que foi ontem que tudo começou! Foi uma jornada extenuante. Em junho de 2016, iniciei o tratamento. Entre junho e dezembro, cumpri o protocolo das duas quimioterapias! Sem contar com a cirurgia de mama no final de novembro. Em janeiro, estava pronta para começar a radioterapia. *Ufa!*

Tive poucos efeitos colaterais, pouco cansaço e pouca prostração! Foram muitas privações e muito controle e autocontrole. Não chorei e senti pouca tristeza. Tive decepções, principalmente com algumas pessoas. No entanto, tive muitas alegrias e conquistas, em especial com o meu projeto "De médica a paciente". Não me fiz de coitada em nenhum momento (por exemplo, liberar geral e comer tudo o que tinha vontade). Me mantive frme, vaidosa e ativa.

Venci essa primeira batalha! Posso dizer que tenho orgulho de mim mesma! Com toda a certeza do mundo, não é um tratamento fácil e muito menos para qualquer um levar. Também não posso dizer que seja o mais difícil.

Constatei que minha família é realmente bastante unida e que tenho um casamento sólido. Estamos todos juntos na alegria e na tristeza, na saúde e na doença. Posso dizer, sem mágoa, quem realmente são meus amigos, que estão ao meu lado para tudo e para todos os momentos, não só os de festa. São pessoas com quem eu não falava desde a infância, pessoas que nem conheço pessoalmente, pessoas que estão do outro lado do oceano, isso sem contar os colegas de trabalho e alguns amigos do dia a dia.

No fim de 2016, eu sabia que havia me tornado uma pessoa melhor. Eu agradeço a Deus diariamente por mais um dia de vida, sou menos nervosinha e, acima de tudo, quero viver.

Descobri, na prática, que tudo na vida é uma questão de escolha. E eu escolhi viver. Pela minha mãe, pelo meu filho, pelo meu marido, pela minha irmã, minhas sobrinhas e cunhado, meu pai, meus afilhados e meus amigos, mas principalmente por mim mesma!

Eu quero viver! Quero muitas coisas. Ainda tenho muito a aprender e muito para dar e ensinar. Quero e vou ser feliz!

Não tenho pretensão de ser exemplo para ninguém, mas eu desejo ajudar aqueles que estão passando ou passarão pela mesma doença que a minha.

Só quem tem ou já teve câncer, só quem está passando ou passou por tudo o que eu já passei e muito mais sabe o que estou falando. A gente aprende a ver a vida com outros olhos. A gente aprende a viver de novo. É como se nós pegássemos tudo o que aprendemos até hoje, colocássemos numa caixa e tentássemos tirar apenas as coisas boas de lá de dentro.

Esse é o meu balanço de 2016.

39 | Minha radioterapia

Após o término da quimioterapia, meu oncologista deu um tempo de descanso de uns 20 dias para que eu pudesse tirar umas férias antes da começar a radioterapia, o que foi essencial. Assim, iniciei a radioterapia no final de janeiro de 2017. Houve a indicação porque fiz cirurgia conservadora (quadrantectomia).

O tratamento radioterápico utiliza radiações ionizantes para destruir ou inibir o crescimento das células anormais que formam um tumor. Existem vários tipos de radiação, porém as mais utilizadas são as eletromagnéticas (raios X ou raios gama) e os elétrons, disponíveis em aceleradores lineares de alta energia.

A radioterapia é administrada geralmente após a cirurgia ou depois da quimioterapia, na região da mama.

Na maioria das vezes, as aplicações são realizadas em dias úteis e com descanso nos finais de semana e feriados. Esse descanso é importante para alívio dos efeitos colaterais. Querer fazer a radioterapia nesses dias para que o tratamento termine mais rápido pode gerar efeitos desagradáveis.

Durante cada aplicação, o paciente não sente dor, incômodo ou qualquer sintoma. Além disso, a radiação não fica no corpo do paciente após o término da sessão. Portanto, não há necessidade de evitar contato com outras pessoas.

INDICAÇÕES E TIPOS

No caso de quadrantectomia, a paciente pode receber as aplicações apenas na mama ou também nas áreas de drenagem linfática, situadas na parte baixa do pescoço e embaixo do braço. A inclusão da drenagem linfática é realizada quando há linfonodos comprometidos na peça cirúrgica e em situações nas quais o tumor era grande (geralmente maior que 5 cm) ou quando há muitos linfonodos comprometidos (em geral, mais do que quatro).

Em algumas situações, nas quais o tumor é pequeno e o número de linfonodos comprometidos é menor que quatro, o oncologista pode optar pela radioterapia como uma maneira de dar a maior garantia possível de que a doença não irá recidivar localmente.

Radioterapia externa ou convencional

A radioterapia externa ou convencional é o tipo mais comum para tratar o câncer de mama. Esse tratamento consiste em irradiar o órgão alvo com doses fracionadas.

A radioterapia é um tratamento simples e rápido. Durante as aplicações, a paciente fica por 10 a 15 minutos no aparelho, tempo suficiente para o posicionamento e a liberação da radiação no local correto. O tratamento é indolor e a radiação é invisível. Não há qualquer incômodo ou sensação durante a aplicação. Ela é realizada com a paciente deitada de barriga para cima e com um ou os dois braços para cima, a depender da rotina do serviço.

O número de aplicações depende de vários fatores que são avaliados pelo médico especialista em radioterapia. Em geral, elas variam de 25 a 33 aplicações, uma vez por dia, em dias úteis, em horário próprio para cada paciente. Recentemente, novas modalidades vêm permitindo diminuir o número de dias de aplicação (hipofracionamento), que foi o que eu fiz.

Braquiterapia ou radioterapia interna

Outro tipo de aplicação é a braquiterapia ou radioterapia interna. Essa técnica consiste na inserção do material radioativo dentro ou próximo ao órgão a ser tratado. Para isso, são utilizadas fontes radioativas específicas, pequenas e de diferentes formas, por meio de guias denominadas cateteres ou sondas.

A braquiterapia pode ser intersticial, quando vários cateteres com material radioativo são inseridos na mama, em torno da área que o tumor foi retirado, e deixados por alguns dias para liberar a dose necessária para o tratamento; ou pode ser intracavitária, que é o método mais comum de administrar o tratamento em pacientes com câncer de mama, sendo considerada uma forma de acelerar a irradiação parcial da mama.

RECOMENDAÇÕES GERAIS

Antes da sessão de radioterapia, não podem ser utilizados, na região a ser irradiada: desodorantes, cremes, pomadas, loções, emulsões, hidratantes tópicos ou géis. Esses produtos podem causar aumento da dose de radiação na pele. É importante limpar suavemente e secar a pele no campo de radiação antes de cada sessão.

CUIDADOS IMPORTANTES COM A RADIOTERAPIA

Uma vez indicada a radioterapia pelo cirurgião ou pelo oncologista clínico, a paciente deve consultar um médico especialista em radioterapia (rádio-oncologista ou radioterapeuta). É aconselhável sempre verificar se o médico possui título de especialista pela Sociedade Brasileira de Radioterapia em conjunto com a Associação Médica Brasileira.

Toda paciente que fizer tratamento com radioterapia deve ter em mente algumas informações e perguntar ao médico sobre elas.

No serviço de radioterapia em que for atendida, sempre verifique como será realizada a radioterapia. Isto é, informe-se sobre o tipo de aparelho que será utilizado para seu tratamento. Uma dica importante é perguntar se o planejamento será com tomografia. Se não for com tomografia, a técnica empregada será a convencional, que não é mais recomendada pela baixa precisão e pelos riscos de complicações. Certifique-se de que a técnica que será realizada é a conformada (que usa tomografia) em vez da convencional. A técnica conformada distribui a radiação de forma mais segura na área que precisa ser tratada.

Atualmente, os aceleradores lineares são as máquinas apropriadas para a realização da radioterapia. Aparelhos antigos, como as unidades de cobalto, infelizmente ainda estão em operação no Brasil e, por suas características, provocam mais reações de pele.

Alguns estudos já demonstraram que, em situações clínicas favoráveis (tumores pequenos e sem comprometimento de linfonodos), é possível reduzir o número de aplicações, aumentando a dose diária, sem prejuízos nos resultados. Alguns estudos realizaram a radioterapia em 16 dias úteis (estudo canadense) e outros, em 13 dias úteis (estudos ingleses). É interessante perguntar ao médico da radioterapia se, no seu caso, é possível fazer a radioterapia hipofracionada, que é mais curta.

Pelas atuais normas da Comissão Nacional de Energia Nuclear (CNEN), todo paciente deve passar uma vez por semana com o médico rádio-oncologista durante o tratamento para monitoramento dos efeitos colaterais. Essas consultas são conhecidas como revisões semanais e são obrigatórias. Verifique se o serviço tem essa rotina e exija seu direito. Nessas consultas, aproveite para tirar as dúvidas sobre o seu caso em particular.

Não há necessidade de mudança na rotina diária durante a radioterapia. Apenas deve-se ajustar os horários para poder comparecer ao serviço de radioterapia para o tratamento. A paciente pode e deve continuar trabalhando e, sempre que possível, é saudável praticar atividade física. Estudos mostraram que pacientes com câncer de mama que se exercitam durante a radioterapia sentem menos fadiga, têm autoestima mais elevada e toleram melhor o tratamento. A atividade física ajudou muito no meu caso, porque eu tinha muita fadiga com a radioterapia, mas mantive a atividade física e minha força foi retornando.

Sempre tire suas dúvidas com o médico especialista em radioterapia e, quando houver questões persistentes ou insegurança, ouça uma segunda opinião.

DÚVIDAS COMUNS

Quais os riscos, os efeitos colaterais ou as sequelas de longo prazo da radioterapia?

Essa pergunta é muito importante e deve ser feita sempre para o médico rádio-oncologista. Os riscos dependem de cada situação clínica. Pode não haver qualquer risco ou sequelas, bem como podem haver complicações definitivas. Algumas desaparecem ou são amenizadas com tratamentos específicos.

A radioterapia pode piorar o linfedema do braço da cirurgia da mama?

Sim. Pode piorar e isso depende da extensão do esvaziamento axilar (quantos linfonodos foram retirados) previamente realizado. O envolvimento de um fisioterapeuta especializado em drenagem linfática é de fundamental importância para amenizar esse linfedema. Em pacientes que foram submetidas apenas à retirada de linfonodos sentinelas, o risco de linfedema com a radioterapia é muito baixo e depende da extensão da radioterapia.

Quanto tempo após a radioterapia posso fazer a reconstrução mamária? É verdade que, se eu fizer logo, a cirurgia abre?

A reconstrução pode ser realizada em média 6 meses após o término da radioterapia. É possível ser feita antes, desde que o mastologista e o cirurgião plástico verifiquem a recuperação e a espessura da pele irradiada. Se fizer logo em seguida e a pele ainda estiver em recuperação e mais fina, pode haver risco de abertura e dificuldade de cicatrização.

Fazer radioterapia na mama esquerda e na região da clavícula afeta mais algum órgão? Algum tecido sadio?
Nessas situações, deve-se ter cuidado com as doses liberadas no pulmão e coração. Com as técnicas modernas de radioterapia, é possível estimar a dose recebida por esses órgãos. Os sistemas computadorizados de planejamento fornecem essas informações e é possível fazer o planejamento sem ultrapassar os limites de dose. Portanto, nos casos de câncer de mama, as pacientes devem verificar se o seu tratamento será realizado com tomografia computadorizada e sistemas computadorizados de planejamento. Se não for, a técnica é convencional e não recomendável.

A radioterapia trata apenas o tumor?
Não. Ela pode também tratar a drenagem linfática do tumor de forma preventiva e as margens dele. Os tecidos normais podem ser irradiados e as técnicas modernas visam a inibir ao máximo a liberação de dose nessas regiões para evitar efeitos colaterais ou sequelas.

EFEITOS COLATERAIS
O efeito colateral mais comum da radioterapia é a queimadura da pele na área irradiada, semelhante a uma queimadura solar grave. A pele fica avermelhada ou escurecida e pode ocorrer coceira, dor local e descamação. Esses efeitos tendem a melhorar ao longo de várias semanas ou até meses após o término da radioterapia.

A medida mais eficaz para reduzir ou evitar o aparecimento de radiodermite é a realização de um plano de radioterapia cuidadoso pelo médico. Para isso, há inúmeras ferramentas disponíveis atualmente que permitem ao médico estimar a dose que a pele vai receber e, a partir daí, tentar evitar o depósito de radiação desnecessária na pele. É importante frisar que, em algumas situações, como no câncer de mama, a pele necessita ser tratada por ser área de risco de recaída da doença. Nesses casos, deverá haver algum grau de reação de pele.

Quando a pele apresenta algum grau de reação à radioterapia, algumas medidas gerais podem ser adotadas:

- Manter a área irradiada limpa e seca.
- Lavar com água morna e sabão neutro (sabonetes sintéticos são preferíveis).
- Evitar irritantes da pele, como perfumes e loções à base de álcool.
- Usar roupas largas para evitar lesões de fricção.
- Evitar produtos tópicos à base de metal, como cremes com óxido de zinco ou desodorantes que contenham sais de alumínio.
- Evitar uso de amido de milho ou talco de bebê em dobras da pele.
- Evitar a exposição ao sol da área que está sendo tratada. Esse cuidado deve ser tomado por até 1 ano após o término da radioterapia.

O outro efeito colateral é a sensação de cansaço, conhecida como fadiga. É muito frequente em quem recebe radioterapia e a única forma de amenizá-la é com a prática de atividade física, respeitando as limitações de cada um. Caminhar e tentar não ficar parado podem ser medidas eficazes. Em tratamento de radioterapia para metástases ósseas pode haver aumento da dor no início do tratamento, porém há melhora progressiva e, na maioria das vezes, posterior desaparecimento das dores do local tratado.

Outros efeitos colaterais são desconforto na axila e, mais raramente, dor torácica ou problemas cardíacos (efeito raríssimo se for utilizado um equipamento moderno) e queda temporária na produção de sangue (anemia, baixos níveis de glóbulos brancos e de plaquetas).

Os efeitos podem ser minimizados, devendo a paciente alertar o radioterapeuta assim que apresentar qualquer desconforto.

Os textos deste capítulo foram adaptados dos seguintes *links*:
- <http://www.sboc.org.br>.
- <www.accamargo.org.br>.
- <http://www.oncoguia.org.br/conteudo/reacao-de-pele-da-radioterapia/8046/838/>.
- <http://www.oncoguia.org.br/conteudo/principais-duvidas-sobre-radioterapia/8224/838/>.
- <http://www.cnen.gov.br>.

40 | Medo da recidiva: nova forma de terapia melhora vida de pacientes após o tratamento

Um estudo australiano mostrou a eficiência da abordagem para controlar o medo da volta da doença, que impacta a qualidade de vida emocional e profissional de mais da metade dos pacientes que sobrevivem ao câncer.

Cerca de 50% dos pacientes que passaram por tratamento de câncer (e 70% das mulheres jovens que tiveram câncer de mama) sofrem do medo de recidiva da doença em níveis moderados a elevados. Esse quadro, que pode impactar a atividade profissional e os relacionamentos pessoais, está associado a:
- Baixa qualidade de vida.
- Angústia e ansiedade.
- Falta de planejamento do futuro.
- Recusa ou procura excessiva de avaliação médica.
- Maior uso do sistema de saúde.

Um teste clínico fase II realizado com 222 pacientes na Austrália mostrou que uma intervenção psicológica chamada Conquer Fear (Vencer o Medo, em tradução livre) produz bons resultados logo após a ação e nos 3 e 6 meses posteriores a ela.

"A diminuição do medo de recorrência da doença foi o bastante para melhorar o bem-estar emocional e psicológico", afirmou a oncologista dra. Jane Beith, da Universidade de Sufney, na Austrália, principal autora do estudo "Long Term Results of a Phase II Randomized Controlled Trial (RCT) of a Psychological Intervention (Conquer Fear) to Reduce Clinical Levels of Fear of Recurrence

(GOR) in Breast, Colorectal and Melanoma Cancer", que foi um dos destaques do ASCO-2017, o congresso anual da American Society of Clinical Oncology.

A técnica Conquer Fear foi desenvolvida pelos autores e, por enquanto, está sendo utilizada apenas em estudos, e não na prática clínica. O processo envolve terapia em cinco sessões presenciais e individuais com duração entre 60 e 90 minutos ao longo de dez semanas.

A intervenção tem cinco focos principais:
- Aceitação da incerteza quanto ao retorno ou não do câncer.
- Ensino de estratégias para controlar preocupação e ansiedade.
- Maior controle sobre o foco de atenção dos sobreviventes.
- Clareza sobre o que a pessoa deseja da vida.
- Escolha e adesão a um esquema razoável de acompanhamento clínico.

O estudo envolveu sobreviventes de câncer de mama, colorretal e melanoma, com níveis de medo considerados de médio a alto, que foram aleatoriamente encaminhados ao Conquer Fear e ao Take it Easy, que oferece técnicas de relaxamento e que funcionou como grupo de controle.

Os sobreviventes foram avaliados logo após a intervenção. Após 3 e 6 meses, o Conquer Fear mostrou-se mais eficaz do que as técnicas de relaxamento. A nova prática também foi eficaz para reduzir pensamentos recorrentes sobre câncer, ansiedade, depressão, angústia e melhorar a qualidade de vida, em termos de maior autonomia, menos dor, saúde mental, relacionamentos e autoestima.

A técnica foi aplicada por psicólogos especializados em câncer, mas, segundo os pesquisadores terapeutas, os profissionais podem ser treinados inclusive para oferecer a intervenção *on-line*, não presencial. O próximo passo da equipe é avaliar o impacto econômico do Conquer Fear

O medo é inimigo do sucesso. Grandes recompensas são resultado de riscos comparativamente elevados. Se você é governado pelo medo, nunca assumirá riscos suficientes e não alcançará o sucesso que merece.

Se eu aprendi alguma coisa nesta vida foi que as ações que mais me assustaram – como quando assumi os cargos de direção das unidades de terapia intensiva (UTI), quando meu filho foi para UTI e foi entubado e recebeu um dreno de tórax, quando passaram um cateter venoso central de inserção periférica (PICC) em mim ou quando iniciei um trabalho corporativo seguro como *freelancer* – também foram as que mais me beneficiaram.

Isso não significa que não foram difíceis no momento em que ocorreram, mas eu consegui treinar meu cérebro para superar esse medo momentâneo e empurrar meu corpo para a recompensa final.

A seguir, exponho quatro ideias que devem fazer parte do nosso pensamento e que estão sendo utilizadas nessa técnica nova.

VALORIZE A CORAGEM EM VEZ DA SEGURANÇA

Pesquisas recorrentes mostraram que a maioria das pessoas valoriza a "segurança" sobre quase todo o resto em suas vidas. As pessoas vão enfrentar empregos que odeiam, casamentos que os tornam miseráveis e hábitos que os matam (pense em "comida emocional") simplesmente para se sentirem mais seguras.

Para conquistar o medo, você deve conscientemente destronar a "segurança" como o que você mais valoriza em sua vida e substituí-la pela virtude ativa da "coragem". Você deve decidir, de uma vez por todas, que é mais importante ter coragem para fazer o que você precisa a fim de ter sucesso em vez de se apegar às coisas que fazem você se sentir seguro.

Então, tenha coragem e não pense na recidiva. E, se por acaso ela vier, enfrente-a.

DIFERENCIE ENTRE MEDO E PRUDÊNCIA

A maioria dos medos é irracional. Por exemplo, você pode ter medo de fazer um telefonema importante, porque, se ele não for bom, você terá de enfrentar o fato de que você "falhou". São esses medos irracionais que o impedem de ter mais sucesso ou de enfrentar uma situação.

Dito isso, existem outros tipos de medo que, na verdade, são simples prudência. Por exemplo, você pode ter medo de dirigir de maneira agressiva porque pode causar um acidente. Ou pode ter medo de ser preso por vender um produto que mata pessoas.

A prudência é uma coisa boa. Certifique-se de que você não está fingindo ser prudente quando na verdade está apenas tentando evitar assumir riscos comerciais razoáveis, por exemplo, ou se colocar na linha para fazer o que é necessário.

TRATE O MEDO COMO UM CHAMADO À AÇÃO

Se o seu medo está fora do seu controle (como uma desaceleração econômica), anote um plano específico das etapas exatas que você tomará para se adaptar, se e quando acontecer a recidiva. Depois de concluir essa tarefa, coloque o plano de lado e tenha a coragem de esquecê-lo. Você fez o que pôde fazer, é hora de seguir em frente.

Entretanto, se o seu medo está dentro do seu controle, ou seja, se se trata de alguma ação que você teme tomar, demore alguns minutos para se preparar e, então, faça exatamente o que te assusta. Agora! Não amanhã.

CONFRONTE O MEDO COM EXCITAÇÃO
Finalmente, sintonize o aspecto do medo que é realmente divertido. Pense na última vez que você andou em uma montanha-russa: provavelmente sentiu muito medo, mas também estava se divertindo.

Vamos encarar isso: uma vida sem medo – e sem a coragem de vencer o medo – seria bastante insípida e sem graça.

Os textos deste capítulo foram adaptados dos seguintes *links*:
- <http://www.accamargo.org.br/noticias/medo-de-recidiva-nova-forma-de-terapia-melhora-vida-de-pacientes-apos-o-tratamento/645/>.
- <https://jornaldoempreendedor.com.br/destaques/4-truques-mentais-para-dominar-seus-medos/>.

41 | O que andei fazendo durante o tratamento do câncer?

Bom, antes de mais nada, como o que não mata fortalece, a primeira coisa que andei fazendo foi me tornar um X-Men Evolution, visto que a quimioterapia mata minhas células, meu tumor e novos leucócitos nascem como verdadeiros samurais!

O câncer não é uma doença como outra qualquer, mas a diferença pode ser pequena: em alguns casos, durante o tratamento, perdemos cabelo, inchamos e ficamos debilitados por conta da quimioterapia (a mesma que nos livra do tumor, mas nos deixa caidinhos).

Evitar pensamentos negativos, ficar longe de tudo que possa nos colocar para baixo (o que inclui músicas, filmes, situações e até pessoas) é muito importante. Além disso, sorrir e dar umas belas risadas é um excelente remédio, não só contra o câncer diretamente. Estou cada dia mais convicta de que rir dos problemas faz com que eles percam um pouco da importância e de seu poder sobre nós. Quando temos a capacidade de rir em situações de grande pressão, assumimos o controle sobre elas. O que não significa dizer que, por isso, vamos colocar os problemas de lado. Não é isso, não! É enfrentar sem medo. Enfrentar com alegria. Buscar os melhores meios de resolver os problemas.

No meu caso, enfrentar é fazer meu tratamento direitinho, manter-me espiritualmente fortalecida e confiante e, claro, olhar com leveza para a vida. Abraçar e beijar as pessoas que amo e que me amam, ler livros, brincar com minha cachorra Lilica, não deixar de dizer o que penso, tudo isso também é cultivar a saúde.

Minhas leituras estão permitindo que eu desenvolva algum conhecimento científico e prático sobre o câncer e sobre um estilo de vida que me ajuda a mudar a minha vida. A nutrição, a psicologia, o bom gosto, a disposição e um pouco de vaidade e de ânimo fazem o tratamento do câncer perder várias das sete cabeças que ele aparenta ter.

Depois do diagnóstico e durante o tratamento do câncer, a minha vida continuou; e a vontade que tenho de buscar sempre o melhor também. Continuei escrevendo a minha dissertação e, contrariando a tudo e a todos, não parei com praticamente nada na minha vida. Prossegui trabalhando, com compensações de ausência nos dias de quimioterapia e dos efeitos colaterais. Escolhi viver minha vida com câncer não fazendo loucuras ou coisas que nunca havia feito antes, mas mantendo as mesmas atividades que sempre tive, principalmente as coisas que mais gosto de fazer.

Sempre digo que Deus colocou dois anjos no meu caminho: meu marido Mario (agora só o chamo de príncipe, *rsrs*) e meu filho Arthur, que me apoiaram e me apoiam o tempo todo. Minha família de origem, minha *lhenda* mãe Rita, minha irmã e alma gêmea Francine, meu cunhado Carlos Antonio ("Totonho"), meu papai Luciano e minhas sobrinhas Lívia e Marina sempre estão ao meu lado, mesmo longe, o que é de imprescindível. Posso contar ainda com uma legião de amigos vibrando por mim, como a Mariana Valente, meu eterno amigo-irmão Neviçolino e outros que me acompanharam nas sessões de quimioterapia. Encarei (e encaro) de frente cada situação.

Hoje, chamo o câncer de presente, pois me ensinou e tem me ensinado muitas coisas. Acredito que me manter ativa, fazendo as coisas que gosto, tem me ajudado a continuar vivaz. Então, o que eu ando fazendo?

- Durmo.
- Acordo.
- Trabalho.
- Levo meu filho à escola e ao inglês.
- Faço ginástica.
- Faço aula de inglês.
- Namoro meu marido *lhendo*.
- Tomo o vinho liberado pelo meu médico.
- Continuo minha vida e me trato.
- Escrevo artigos.
- Escrevo capítulos de livros.

Além de outras mil coisas...

Entenderam? O câncer pode não ser um bicho de sete cabeças, a vida continua!

Nós três em dezembro de 2016

Minha defesa de dissertação de mestrado em 20 de dezembro de 2016

42 | O que é o câncer para mim

O câncer, na minha visão, é: *C* de conquista, *A* de amor, *N* de novidade, *C* de corrida, *E* de emoção e *R* de rompimento! Explicarei a seguir cada palavra que escolhi para este acrônimo.

    Um dos dias mais emocionantes que vivi foi o da minha conquista do amor e da novidade que foi a minha corrida, além do rompimento com tabus. Sou corredora, corredora da zona norte de São Paulo, com muito orgulho. Logo após o meu diagnóstico, passei um cateter para receber as medicações e tive um trombo. Fui medicada com anticoagulante pleno, portanto não podia e nem deveria correr. Após 3 meses sem poder correr, fui liberada a fazer 8 minutos de caminhada alternados com 2 minutos de corrida, totalizando 1 hora. Dois minutinhos a cada 8 minutos apenas, gente. E que sensação, meu Deus! Lágrimas de felicidade misturadas com sorriso surgiram em minha face durante os 2 minutos em que ouvia a música "Doideira", de Bruno e Marrone. É por isso que o meu câncer de hoje é *C*onquista *A*mor *N*ovidade *C*orrida *E*moção *R*ompimento. Esse foi um momento de emoção intensa e agradecimento pela minha nova reconquista.

43 | Você sabe o que é um câncer?

O QUE SÃO GENES?
Antes de explicar o que é câncer, talvez seja bom você saber o que é gene.

Ressalto que este item foi inserido no livro porque eu sei que há muitas dúvidas a respeito de genes e mutação, principalmente em um mundo não médico. Então, com a minha nova função/profissão de médica a paciente, estou repassando para vocês. Quem me instruiu sobre a maioria das informações foi o geneticista dr. Bernardo Garicochea, durante uma consulta que fiz com ele.

O gene é um segmento de uma molécula de ácido desoxirribonucleico (DNA), responsável pelas características herdadas geneticamente. Cada gene é composto por uma sequência específica de DNA que contém um código (instruções) para produzir uma proteína que desempenha uma função especializada no corpo. Cada célula humana tem cerca de 25.000 genes.

Agora que você já sabe a definição técnica de genes ou cromossomos, vou partir para uma visão mais lúdica. Os genes são as instruções ou planos para o seu corpo. Eles determinarão tudo o que você será, desde a cor dos seus olhos e a sua altura até outras funções do seu corpo. Por exemplo, os genes dizem ao seu corpo para reparar um tecido que tenha sido lesado e ajudam o corpo de uma mulher a se preparar para um bebê que está crescendo durante a gravidez.

Gene e mutação
Algumas vezes, seus genes não funcionam como deveriam em decorrência de um erro existente em um ou mais dos genes; esse erro é chamado de mutação.

Por que você tem de saber isso? Porque todo câncer é causado por uma alteração/mutação nos genes.

O CÂNCER COMO PARTE DE UM PROCESSO NATURAL

O câncer faz parte do processo natural da vida. Na espreita, dentro de nós, os genes que ativam o câncer esperam por mutações que possam acordá-los para desenvolver a doença. Sim, todos nós temos no nosso DNA alguns genes que podem converter células normais em cancerosas, os quais são chamados de proto-oncogenes. Já vieram de nascença – e, portanto, não vêm de fora do corpo. Para o nosso alívio, nem todos os proto-oncogenes despertam.

Imagine o corpo como uma grande orquestra, equilibrada e harmônica. O câncer seria o equivalente a um dos instrumentos, digamos o violino principal, estar fora do tom. Devagar, aquele som desafinado começa a contaminar todos os outros, que o seguem. O resultado, você pode imaginar, é uma barulheira descabida – o equivalente sonoro a um tumor. É exatamente assim com o câncer, doença que se espalha de forma sorrateira. Mutante, ela começa a se dividir e multiplicar descontroladamente, muito mais do que as companheiras: uma das características principais do câncer. Se novas mutações aparecerem e uma delas desligar a capacidade natural do organismo de matar as células, por exemplo, ferrou: o câncer surgiu. Como já disse, virei um X-Men. Ficou mais fácil de entender, né?

OS DOIS TIPOS DE MUTAÇÕES

As mutações podem ser herdadas ou espontâneas. As mutações herdadas são aquelas com as quais você nasceu – um gene defeituoso que um dos seus pais passou para você.

Já as espontâneas são as que podem ocorrer em uma única célula durante o curso da sua vida.

Existem muitas maneiras pelas quais uma mutação espontânea pode ocorrer. No entanto, os cientistas ainda não sabem exatamente se essas mutações estão relacionadas ao estilo de vida (como dieta e exercício), às alterações químicas dentro do corpo ou à exposição a toxinas ambientais, como radiação e químicos – não sabem nem se essas mutações podem ser evitadas ou como estariam relacionadas a esses fatores. Há evidências, mas não são totalmente (quer dizer, 100%) esclarecidas.

Você já deve ter conhecido pessoas que nunca fumaram, não bebiam álcool, só comiam alimentos saudáveis, praticavam atividade física, protegiam-se do sol e, mesmo assim, tiveram câncer. A verdade é que ninguém está totalmente livre de ter câncer.

Contudo, não significa que os possíveis causadores ambientais de câncer devem ser ignorados. Embora não haja prevenção para muitos tumores, há evidências de que fatores ambientais podem alterar alguns genes, provocando nas pessoas um crescimento desordenado de células que invadem os tecidos e órgãos. Isso pode acelerar o processo de formação de câncer nas pessoas que já são predispostas a desenvolver a doença.

Investigação genética

Todo câncer é causado por uma alteração nos genes. Isso não significa que seja hereditário, mas, sim, que essa alteração causou uma sequência de eventos nas células de um órgão, o que acabou resultando no aparecimento de um tumor maligno. A grande pergunta é se essa alteração nos genes ocorreu ao acaso ou se foi herdada.

No entanto, é importante ter em mente que nem todo indivíduo que herda uma predisposição genética irá desenvolver o câncer.

Os principais tipos de câncer com forte influência hereditária são: mama, ovário, próstata, intestino, estômago, tireoide e melanoma (de pele).

Diante de fortes sinais de predisposição hereditária, a orientação é procurar um especialista em oncogenética, área da oncologia que trabalha com mapeamento genético familiar.

Durante uma consulta médica mais direcionada para a investigação do câncer, o oncogeneticista verifica se existe um padrão para o câncer na família a partir do histórico familiar, dos fatores individuais de cada paciente e de um cálculo matemático feito por um programa de computador específico. Esse conjunto de avaliações definirá se há necessidade de realizar testes genéticos.

Sendo assim, para avaliar se existe predisposição genética para o câncer em uma família, é crucial olhar para seus antepassados. É o que se chama de histórico familiar. A ocorrência de vários casos de câncer de um mesmo tipo pode ser um sinal. Observar também a idade em que essas doenças surgiram é outro importante indicador.

- Pessoas jovens acometidas por determinados tipos de câncer, especialmente antes dos 40 anos, é um fator de alerta para uma possível relação com hereditariedade.

- Casos de câncer em jovens sem histórico familiar, porém, podem indicar que essa pessoa foi a primeira da família a ter um gene "defeituoso", havendo chance de passar essa condição a seus descendentes diretos.

Se o resultado indicar que há risco elevado de câncer, parte-se para os exames genéticos de DNA ou genoma.

Com o resultado do teste de DNA, caso sejam encontrados erros genéticos relevantes, uma equipe multiprofissional começa a atuar para desenvolver uma estratégia de prevenção ou tratamento contra possíveis tumores de acordo com a necessidade de cada paciente. É elaborado um programa individualizado de prevenção com exames e medicamentos específicos, dependendo do tipo de predisposição que a pessoa tenha, e também são sugeridas mudanças de hábitos que ajudam a reduzir o risco.

Exames genéticos

No Brasil, já pode ser realizado um exame genético que utiliza novas tecnologias, cuja plataforma é capaz de estudar 94 genes (o método anterior só conseguia avaliar um gene por vez).

Esse exame é feito por meio da saliva ou do sangue, com base em diversos genes já associados ao câncer. Os resultados saem entre 30 e 40 dias.

Aqui no Brasil, os exames genéticos custam, em média, de R$7.000,00 a R$9.000,00. A boa notícia é que eles são cobertos pelos planos de saúde, conforme estabelece a Nota Técnica n. 876, publicada pela Agência Nacional de Saúde Suplementar (ANS) em 2013. Contudo, sabe-se que os brasileiros precisam lutar, negociar e aguentar muita burocracia para conseguirem que os convênios cubram os exames genéticos.

Nos EUA, os testes em oncogenética são muito mais baratos dos que os do Brasil (por exemplo, a pesquisa de 72 genes custa cerca de US$475) e com menor risco de erro. A única desvantagem é que os convênios brasileiros não cobrem exames genéticos realizados fora do território nacional.

É importante saber que os testes não podem ser realizados em qualquer laboratório, pois a tecnologia precisa ser muito especializada e o avaliador, *expert* no que está analisando. Um resultado de teste genético errado pode levar, por exemplo, no caso de câncer de mama, a uma mastectomia radical bilateral desnecessária. E isso, infelizmente, é muito comum no Brasil. Portanto, repito que seu médico oncogeneticista deve ser de extrema confiança, pois será ele o avaliador desse resultado.

INFORMAÇÕES SOBRE CÂNCER
- São mais de 100 tipos.
- O câncer pode desenvolver-se em 60 órgãos do corpo humano.
- 10% dos casos são hereditários, enquanto 90% são associados a fatores ambientais.

Cinco fatores de risco originam 30% das mortes de quem tem câncer:
- Obesidade.
- Falta de frutas e vegetais.
- Falta de atividade física.
- Cigarro.
- Uso de álcool.

Os tipos de câncer mais comuns são:
- 12,7%: pulmão.
- 10,9%: mama.
- 9,8%: colorretal.
- 7,8%: estômago.
- 7,1%: próstata.

A EVOLUÇÃO DO TRATAMENTO DO CÂNCER
Nos últimos anos, os tratamentos da doença vêm surtindo efeito. Nos EUA, de 1950 a 2007, as mortes por câncer diminuíram 8%. Os oncologistas brasileiros garantem a cura de até 70% dos doentes em estágio inicial. Entretanto, os ganhos não foram suficientes para anular as perdas. No Brasil, em 2010, 15% das mortes totais foram causadas por câncer (em 1980, essa taxa foi de 8%, visto que os tratamentos de outras doenças avançaram mais rapidamente).

David Agus, oncologista e autor do livro *Uma vida sem doenças*, diz que: "Uma forma é entender o câncer como um verbo. Você não 'tem câncer', você está 'cancerando'." Se for um verbo, fica fácil explicar por que a incidência do câncer cresce junto com a expectativa de vida. As células do seu corpo não param de se reproduzir, e cada divisão pode gerar alguma mutação e despertar um oncogene. Em uma pessoa idosa, o DNA já foi copiado tantas vezes que o risco de erros é muito maior. Pense em uma cópia da cópia – é sempre pior do que a primeira.

Se a doença convive com a gente, ela também dificilmente será extinta, ao contrário do que a humanidade sonhava. Por muito tempo, os cientistas se preocuparam em buscar armas e munições contra os tumores como se fossem um inimigo externo que precisa ser expulso a qualquer custo. Não entendiam que eles fazem parte de nós. "Se a doença cresce, é porque o corpo todo está doente, não apenas um órgão", diz Agus. Em outras palavras, o câncer só cresce quando seu organismo falho permite – quando aquele primeiro violino sai do tom. E é para esse lado que a oncologia começa a olhar: para dentro de você, à procura do reequilíbrio do corpo.

No começo dos anos de 1980, as ideias de William Halsted, cirurgião estadunidense, ainda influenciavam os oncologistas de todo o mundo. Halsted só viveu até o ano de 1922, quando pouco se sabia sobre o câncer, mas defendia que era preciso eliminar o maior número possível de tecidos ao redor dos tumores para não deixar nenhum fragmento para trás, o que possibilitaria o surgimento de um novo tumor. Em outras palavras, Halsted mandava caprichar na faca. Corta aqui, tira ali. Suas cirurgias radicais desfiguravam os pacientes.

Medicamentos quimioterápicos, aliás, já existiam há alguns anos. Como já comentei aqui, o primeiro deles surgiu por acaso, durante a Primeira Guerra Mundial. Pesquisadores perceberam que pessoas expostas ao gás mostarda apresentavam uma drástica redução de glóbulos brancos, porque esse gás afeta a medula óssea. Em 1946, cientistas testaram a droga em pacientes com linfomas (câncer das glândulas linfáticas). Funcionou por um tempo, mas logo apareceram as recaídas. A primeira medicação a curar de verdade o câncer apareceria só em 1960, quando dois pesquisadores conseguiram acabar com um câncer raro na placenta de uma paciente.

Qualquer medicamento de quimioterapia atinge células que se dividem rapidamente, sejam elas normais ou cancerosas. É por isso que pessoas em tratamento perdem o cabelo, por exemplo; e é também por esse motivo que as terapias causam tantos efeitos colaterais. Os primeiros pacientes tratados com cisplatina, nos anos de 1970, sentiam tanta fraqueza e náusea que vomitavam quase 12 vezes por dia. Chegavam à beira da morte. Hoje, a indústria farmacêutica já criou medicações capazes de reduzir esses efeitos. Por anos, a estratégia dos cientistas foi testar qualquer tipo de substância – plantas, químicos, remédios – para tentar destruir o câncer, como se ele fosse causado por vírus ou bactérias. Demorou para entenderem que o perigo morava tão perto.

ONCOLOGISTA *VERSUS* CONHECIMENTO DO PACIENTE

O que o oncologista diz é diferente do que o paciente escuta? Fato. Quando se trata de entender o prognóstico de sobrevida e os riscos e benefícios do tratamento próximo ao fim da vida, pacientes com câncer avançado e seus médicos não parecem falar a mesma língua.

Uma análise transversal de 236 pacientes e 38 oncologistas mostrou que 68% dos pacientes com câncer incurável tinham opinião sobre o prognóstico diferente de seu oncologista. E mais: apenas um em dez pacientes sabia que ambos não tinham o mesmo entendimento. Essa análise foi publicada *on-line* em 14 de julho de 2016 no periódico *JAMA Oncology*.

Esses achados têm implicações importantes para a tomada de decisões compartilhadas à medida que a morte se aproxima. Os estudos sugerem que a discordância de prognóstico entre paciente e oncologista é comum no câncer avançado e que isso ocorre geralmente pelo fato de o paciente não saber a opinião do seu oncologista em relação ao prognóstico.

"Discordância conhecida" pode levar à tomada de decisão compartilhada, mas "discordância desconhecida" é sugestiva de falha na comunicação. Essa alta taxa de expectativas discordantes desconhecidas destaca a necessidade de nosso sistema médico moderno entender a melhor forma de dar apoio a uma comunicação de prognóstico significativa entre pacientes e médicos em doenças graves.

Existem pelo menos duas importantes considerações:

- A comunicação do prognóstico diz respeito à duração da vida, bem como ao que esperar para o resto da vida e como as opções de tratamento médico podem influenciar essas expectativas.
- A comunicação do prognóstico é um processo dinâmico, não uma transmissão única e unilateral de informação. Informação compartilhada – ideias do paciente sobre si e do clínico sobre a ciência médica – pode ajudar a levar à contemplação significativa do que esperar e ao compartilhamento de decisões relacionadas.

Os achados dos estudos fornecem mais evidências de que médicos e pacientes com frequência têm percepções diferentes de suas conversas sobre o prognóstico do câncer, bem como um entendimento diferente sobre o resultado do tratamento.

Portanto, amigos, na dúvida, perguntem. Não tenham medo da verdade, pois isso pode atrapalhar seu tratamento.

Os textos deste capítulo foram adaptados dos seguintes *links*:
- <https://super.abril.com.br/saude/cancer-a-chave-da-vida-e-da-morte/#>.
- <http://www.oncoguia.com.br>.
- <http://www.oncoguia.org.br/conteudo/risco-genetico-e-cancer/99/6/>.
- <http://www.scielo.br/scielo.php?script=sci_arttext&pid=S0104-42302011000200010>.

44 | Prevenção do câncer

Desde tempos imemoriáveis, a melhor medicina sempre foi a preventiva. O grande alquimista Paracelso insistia: "Não se deve tratar a doença; deve-se tratar a saúde".

Podemos dizer que o melhor meio para não se apanhar uma doença consiste em se manter saudável. Ou seja, proteger o sistema imunológico de modo a bloquear qualquer germe ou vírus que tente invadir nosso organismo.

Contudo, como explicar o elevadíssimo número de pessoas que seguiram rigorosamente tais instruções, julgando estar assim protegidas contra os perigos das doenças e que, um dia, descobriram que seu organismo estava sendo minado pelo câncer?

Estamos submetidos a um mecanismo de causa e efeito que nos premia com a saúde ou corrige com a doença, de acordo com nossas ações. Pode parecer bobagem à primeira vista, mas não é. Devemos parar para repensar nosso estilo de vida. Vivemos em um mundo "doente", que nos obriga a andar em ritmo acelerado e mecânico. As exigências são muitas e vêm de todos os lados: sucesso profissional, pessoal, físico, familiar, etc.

Temos de provar tudo isso a nós mesmos? E pior, aos outros? A sociedade em que vivemos estimula que nos tornemos os nossos maiores inimigos. Exigimos demais de nós. E qual a consequência disso tudo? Aumento do cortisol e também da secreção de noradrenalina. Esses dois hormônios preparam o organismo para lesões que ele mesmo possa sofrer. Até aí, tudo bem. O pior é que, ao mesmo tempo, também agem como fertilizantes de tumores cancerígenos, latentes ou já ativos.

Então, nós podemos tentar agir de uma maneira mais anticancerígena (uau, adorei essa palavra!). Seguem algumas dicas a seguir e também, de forma mais detalhada, nos próximos capítulos:

- Alimentação: a dieta ocidental é cheia de toxinas pró-inflamatórias. Os piores venenos que ingerimos são açúcares refinados (de cana, beterraba, branco, xarope de milho, frutose, etc.), farinhas refinadas brancas (pão, massa e arroz branco) e óleos vegetais (de soja, girassol, milho e gorduras trans). Esses três produtos alimentam diretamente o câncer e não nos trazem nada de nutritivo (nada de minerais, proteínas, vitaminas ou ômega-3).
- Equilíbrio emocional: encontrar o equilíbrio emocional é a parte mais difícil, mas não impossível. E cada um tem a sua receita. Meditação? Ioga? Tai chi chuan? Trocar tarefas do nosso dia por atividades que nos dão prazer? Botar os pés na areia, fechar os olhos e respirar o mar? Religião? Não existe fórmula secreta. O que importa é manter a paz interior. Não esconder medos, vergonhas, fracassos ou sentimentos de impotência. Devemos partilhá-los com alguém. Isso traz emoções positivas, satisfação e até alegria.
- Atividade física: a prática regular de exercícios físicos melhora a imunidade, o humor e a autoestima, pois eles estimulam a produção de endorfina, um neuro-hormônio que ajuda a combater depressão, ansiedade e ganho de peso. Os exercícios físicos precisam ser regulares, durante pelo menos 30 a 40 minutos, de 3 a 5 vezes na semana, e sempre orientados por um profissional de educação física.

Um estudo do Instituto Nacional do Câncer (Inca) em parceria com o Fundo Mundial de Pesquisa Contra o Câncer (WCRF – World Cancer Research Fund) diz que evitar a obesidade por meio de exercícios e alimentação saudável pode diminuir em cerca de 20% o risco de ter câncer.

O estudo do mecanismo pelo qual os agentes mórbidos produzem as doenças e como o organismo se comporta diante deles constitui um importante capítulo da Medicina, que teve Rudolf Virchow (1821-1902) como um dos seus grandes incentivadores, chamando a atenção para as modificações celulares surgidas como causa ou efeito das doenças que o comprometem.

Para mais informações, recomendo ler os capítulos seguintes sobre alimentação e exercícios físicos.

Aí vocês devem estar se perguntando: "Por que essa louca está falando tudo isso se ela está com câncer? Será que ela não faz nada disso do que falou?". Bom, sinto muito decepcionar vocês, mas sempre agi de acordo com o exposto anteriormente. Eu sempre me alimentei de forma adequada, sempre fiz exercícios físicos e faço parte de um grupo chamado Corredores da zona norte de São Paulo (*lhendos!*). Tenho certeza que é também por tudo isso que o meu câncer é curável, sem metástases e em fase inicial.

Além disso, sei que, por tudo que vivo, vivi e continuarei vivendo, o câncer não consegue me derrubar. Já comentei com vocês que não derramei uma lágrima por ele, não é? E não é porque estou presa, louca ou em psicose. Alguns acham que estou em surto e que não aguento o tranco. Essas pessoas realmente não sabem como eu sou ou não tiveram o enorme prazer de me conhecer profundamente.

SOBRE OS DISTÚRBIOS DA ALMA

Dentre os distúrbios que acometem o ser humano, encontram-se:

- Os que são próprios do corpo, como as doenças e os males orgânicos.
- Os que afetam particularmente o psiquismo, que são os distúrbios mentais.
- Os que incidem simultaneamente no corpo e seu psiquismo, que são os distúrbios psicossomáticos.
- Os que se apresentam como distúrbios da alma e podem se manifestar pelos sintomas e sinais que se enquadram entre as doenças referidas, mas que se apresentam com características próprias, com vínculos etiológicos específicos e que necessitam de tratamento especializado.

Na verdade, o sofrimento da alma está sempre presente, tanto na dor física como na dor emocional, visto que a alma participa de todos os atos da vida e não pode se alienar nos casos que envolvem o sofrimento humano. Pode decorrer, igualmente, de doenças graves em pessoa da família, da perda de entes queridos ou de bens materiais ou, ainda, diante de problemas econômicos, sociais ou afetivos. As doenças da alma podem ser causadas por agressões físicas ou morais e caracterizam-se por afetar as pessoas na sua sensibilidade emocional, fazendo-as sofrer.

A falta de reconhecimento das doenças da alma como entidades nosológicas que acometem o ser humano decorre da pouca importância que é dada aos seus estudos, os quais ficam restritos às religiões e às instituições esotéricas, embora a alma seja um constituinte não menos importante do organismo.

Movidos pelo propósito de estimular o avanço nos variados campos da ciência, alguns autores mostram o valor do pensamento para o progresso nos diferentes setores da Medicina. Miguel Couto, insigne professor de Clínica Médica, nos dizia: "A ciência mental, com base nos princípios que presidem a prosperidade do espírito, será, no grande futuro, o alicerce da saúde humana. No pensamento residem as causas". Do mesmo parecer é dr. Joaquim Murtinho:

> O pensamento, qualquer que seja a sua natureza, é uma energia e tem seus efeitos. Transformando-se em núcleo de correntes irregulares, a mente perturbada emite linhas de força que interferirão, como tóxicos invisíveis sobre o sistema endócrino, comprometendo-lhe a normalidade das funções. Mas não são somente a hipófise, a tireoide ou as cápsulas suprarrenais as únicas vítimas da viciação. Múltiplas doenças surgem para infelicidade do indivíduo desavisado. A prática da medicina deverá encontrar novos caminhos para alcançar um paradigma condizente ao exercício profissional, fundamentado no conhecimento da alma e no conceito segundo o qual as ações médicas deverão ser realizadas sob a égide do amor fraterno, procurando ver o doente além do seu corpo físico e da sua mente, alcançando a grandeza da sua alma. É na alma que se encontram as raízes de inúmeras doenças.

Eu, particularmente, estou bem convicta da minha cura, pois tenho mais felicidade que tristeza em minha alma. Talvez eu tenha me exposto a muito cortisol, *rsrs*, mas, como já disse, o câncer é multifatorial e ainda bem que eu previni adequadamente o seu potencial em mim. Sou mais forte que ele e que seus tratamentos. Sou mais *eu*.

Os textos deste capítulo foram adaptados dos seguintes *links*:
- <http://www2.inca.gov.br/wps/wcm/connect/tiposdecancer/site/home/mama+/prevencao>.
- <http://www2.inca.gov.br/wps/wcm/connect/cancer/site/prevencao-fatores-de-risco/alimentacao>.
- <http://www.acasadoespiritismo.com.br/saude/>.
- <http://www2.nenossolar.com.br/02-patogenia-das-doencas-da-alma/>.

45 | Sobre o câncer de mama

OS GENES E O CÂNCER DE MAMA
Mais especificamente em relação ao desenvolvimento do câncer de mama, os cientistas descobriram dois genes específicos que, quando mutados, estão associados à doença. Chamam-se *BRCA1* e *BRCA2*. Todo mundo tem esses genes, mas algumas pessoas herdam um ou os dois genes já mutados, o que aumenta os riscos de uma mulher desenvolver câncer de mama e de ovário. No entanto, nem todos os cânceres de mama são advindos de mutações herdadas; esses são estimados em apenas 5 a 10% de todos os casos de câncer de mama nos EUA.

Essas mutações nos genes *BRCA* também podem ocorrer em indivíduos do sexo masculino, ou seja, não é uma exclusividade das mulheres. O fato de poderem ser portadores de genes anormais pode aumentar o risco para câncer de próstata. Homens com mutação no gene *BRCA2* também têm um risco aumentado de câncer de mama.

Quem tem mutações no *BRCA1* e *BRCA2*?
A probabilidade de você ter uma mutação nos genes *BRCA1* ou *BRCA2* é maior se uma ou mais das seguintes informações forem verdadeiras:
- Você é jovem (tem menos de 50 anos) e foi diagnosticada com câncer de mama.
- Sua mãe, irmã e/ou filha teve câncer de mama antes dos 50 anos ou câncer de ovário em qualquer idade.
- Uma mulher na sua família teve tanto câncer de mama como de ovário.

- Uma mulher na sua família teve câncer de mama nas duas mamas.
- Sua família é descendente de judeus Ashkenazi.
- Um homem na sua família teve câncer de mama.

Lembre-se, a maioria das mulheres que tem câncer de mama não tem uma mutação herdada do gene *BRCA1* ou *BRCA2*. Portanto, todas as mulheres devem ser triadas com mamografias de rotina e exames clínicos das mamas.

Posso descobrir se herdei uma mutação no gene?

Sim, você pode. Isso também foi exposto no capítulo anterior, caso queira mais detalhes. As mulheres que têm histórico familiar de câncer de mama e estão interessadas em ser testadas para um gene herdado com mutação devem procurar aconselhamento genético. Conselheiros genéticos são profissionais da saúde treinados que podem interpretar o histórico familiar de uma mulher, bem como os resultados de um exame genético. O processo inclui:

- Etapa 1: você fornece seu histórico familiar de saúde completo e o conselheiro irá explicar seu risco pessoal.
- Etapa 2: é feito um aconselhamento pré-exame para lhe ajudar a decidir se quer ou não seguir com o exame genético.
- Etapa 3: colhe-se uma amostra do seu sangue para o exame, se você optar por fazê-lo.
- Etapa 4: a amostra é enviada para teste.
- Etapa 5: o médico explica a interpretação dos resultados.

Angelina Jolie e o futuro da prevenção do câncer

A atriz estadunidense Angelina Jolie realizou uma dupla mastectomia e, dois anos depois, retirou os ovários e as trompas uterinas (de Falópio). Jolie tomou essa decisão após perder a mãe, a avó e uma tia em decorrência de câncer.

A atriz divulgou ser portadora de uma mutação no gene *BRCA1* que confere um risco de 87% de desenvolver câncer de mama e 50% de sofrer câncer de ovário. Diante do que foi divulgado, é bastante provável que Angelina Jolie tenha feito a coisa certa.

ALGUNS DADOS SOBRE O CÂNCER DE MAMA

- O câncer de mama é um dos principais tipos de câncer que mais afetam as mulheres, e, em uma porcentagem menor, os homens, o que causa milhões de vítimas a cada ano em todo o mundo. Atualmente, essa é uma das doenças que mais alertam as mulheres no mundo, pois existem diversos fatores de risco que podem desenvolver o câncer, mas a detecção precoce é a chave para tratá-lo e, inclusive, superá-lo integralmente.

- Os médicos, assim como as diferentes entidades e pessoas que buscam criar consciência sobre essa doença, recomendam realizar frequentemente o autoexame das mamas e a mamografia. Ambos são chaves para que a detecção seja realizada a tempo de se fazer um tratamento oportuno para deter o desenvolvimento do câncer.
- Na atualidade, o câncer de mama é o tipo de câncer mais predominante no mundo, em decorrência tanto de sua alta incidência como dos resultados positivos de seu tratamento. De um total de 4,4 milhões de mulheres aproximadamente, aquelas que detectaram a tempo o câncer de mama há 5 anos ainda continuam com vida. Por outro lado, o câncer de mama é o que causa mais mortes de mulheres em todo o mundo.
  – A cada ano, mais de um milhão de mulheres em todo o mundo recebe o diagnóstico de câncer de mama pela primeira vez. Essa cifra representa 10% de todos os casos de câncer diagnosticados e 23% de todos os casos de câncer diagnosticados nas mulheres.
  – A cada ano, o câncer de mama é a causa de morte de mais de 410 mil mulheres em todo o mundo, o que representa 14% das mortes por câncer nas mulheres e 1,6% das causas de mortes na população feminina.
  – Os fatores de risco principais para desenvolver câncer de mama são: ter mais de 45 anos de idade, ser mulher, ter antecedentes familiares, ter iniciado a fase menstrual antes dos 12 anos e/ou ter tido a menopausa depois dos 55 anos.
  – Somente 5 a 10% dos cânceres de mama devem-se a fatores hereditários.
  – Esse câncer também atinge os homens.
- Existem algumas coisas que muitas pessoas ainda não sabem sobre o câncer de mama; se informar também é outra maneira de prevenir a doença.

TIPOS DE CÂNCER DE MAMA

Existem vários modos de se classificar ou separar os diferentes tipos de câncer de mama. Vale dizer que não existem dois casos de câncer de mama iguais.

Classificação em relação à sua invasão

- Não invasivo ou *in situ*: apresenta células doentes que se originam dentro dos ductos ou dos lóbulos, que são estruturas da anatomia normal das mamas, mas não invadem ou infiltram estruturas próximas e nem são capazes de originar metástase. Podem ser divididos em dois subtipos: intraductal e intralobular.
- Invasivo ou infiltrante: podem, em alguns casos, invadir tecidos próximos ou até mesmo órgãos distantes (metástase).

Quais são as diferenças entre câncer invasivo e câncer não invasivo da mama?

A maior diferença está na capacidade de invadir ou infiltrar os tecidos adjacentes (próximos) ao tumor e atingir órgãos distantes do câncer. Com isso, sempre há chance de comprometimento dos linfonodos (gânglios) da região da axila e, conforme outras variáveis, risco de metástases em órgãos distantes, como fígado, ossos, pulmão e outros.

O fato de o câncer ser invasivo ou infiltrante não quer dizer, necessariamente, que haverá metástase linfonodal ou a distância, pois o tumor ainda pode ser detectado e tratado precocemente.

O tratamento do câncer invasivo é com cirurgia, mas pode incluir a quimioterapia, que visa a reduzir a chance de uma recidiva, situação em que o câncer aparece de novo em órgãos muitas vezes distantes da mama. A quimioterapia elimina células que tenham escapado do local onde o tumor se desenvolveu e que, portanto, podem dar origem a essas metástases. Também pode incluir o uso de anti-hormônios e de medicamentos biológicos inteligentes específicos para o tipo de câncer de mama positivo para o HER2.

O não invasivo é tratado com cirurgia, radioterapia, em alguns casos, e com anti-hormônios como o tamoxifeno em caráter preventivo (profilático).

A chance de cura do câncer não invasivo é maior?

O câncer não invasivo ou *in situ* apresenta, em células doentes, uma espécie de membrana, chamada basal, que "segura" essas células dentro dos ductos ou dos lóbulos. Portanto, nesses casos não há metástase.

É considerado o câncer de mama mais precoce (denominado estádio zero pela convenção do TNM – mencionada mais adiante) quando não há nenhuma área de invasão da membrana basal. Seu índice de cura chega próximo de 100%.

Como já dito, seu tratamento é eminentemente local, com cirurgia e, conforme o caso, radioterapia. Não há razão para realizar quimioterapia. Pode ser indicado um antiestrogênio em caráter preventivo para alguns pacientes, pois eles podem ter maior risco de desenvolvimento futuro de novos carcinomas *in situ* na mama oposta ou até na mesma mama, quando operada parcialmente. Com esse tipo de medicamento, há uma redução de 50 a 60% desse risco, que, na realidade, já é pequeno na maioria dos cenários.

Ressalta-se que muitas vezes podem coexistir ambos os tipos, o *in situ* e o invasivo, pois nem todas as áreas "se degeneram" ao mesmo tempo. O tratamento vai ser determinado predominantemente pelo componente invasivo, o que representa maior ou menor chance de cura.

Classificação em relação à sua origem

Uma outra forma de classificação refere-se à sua origem. Essa classificação depende da avaliação do médico patologista após a retirada parcial ou completa do tumor:

- Carcinomas ductais: o câncer origina-se nos ductos mamários.
- Carcinoma lobular: o câncer é originado nos lóbulos.
- Outros tipos, como medular, tubular, adenoide cístico, cribiforme, micro-papilífero, coloide, podem ter comportamentos clínicos muito diferentes.

Para os ductais, independentemente do tamanho, é possível definir o grau do tumor:

- GI: baixo grau de malignidade.
- GII: malignidade intermediária.
- GIII: mais agressivo.

Classificação imuno-histoquímica

Mais recentemente, com o conhecimento da biologia dos diferentes tipos de tumores, a análise imuno-histoquímica classifica os tumores em quatro grupos:

- Luminal A: tumores positivos para os receptores dos dois hormônios femininos, estrogênio e progesterona, mas não agressivos, respondendo muito bem aos anti-hormônios.
- Luminal B: são receptores hormonais positivos, mas não respondem tão bem a esses medicamentos; são tumores com maior capacidade de proliferação.

- HER2-positivo: tipo especial de tumor de mama que apresenta uma proteína hiper-expressa na célula tumoral, sendo mais agressivo. No entanto, responde bem aos medicamentos "inteligentes" anti-HER2.
- Triplo negativo: casos especiais de tumores que não dependem do HER2 e nem dos dois hormônios para se desenvolverem, podendo ter comportamento mais perigoso. Para eles, há menos opções de tratamento, embora recebam cirurgia, quimioterapia e radioterapia.

Essas diferentes características precisam ser analisadas pelo especialista, buscando individualizar cada vez mais o tratamento, que depende também de outras variáveis, como idade e presença de outras patologias concomitantes.

Eu falei sobre o câncer HER2-positivo no capítulo "E a tal quimioterapia?".

Meu médico disse que está esperando o patologista liberar o laudo da minha cirurgia. Que laudo é esse? O que faz o patologista?

O patologista é o médico responsável por analisar o material retirado da mama e da axila durante a cirurgia. Ele emite o laudo com o resumo de todo o trabalho do processo da cirurgia, que começa com o exame de congelação durante o ato cirúrgico e continua no laboratório, com a preparação de toda a peça para uma análise mais detalhada. É esse laudo que o cirurgião recebe alguns dias após a cirurgia, assinado pelo patologista. Ele libera o exame anatomopatológico e, muitas vezes, o exame de imuno-histoquímica.

No exame anatomopatológico, o patologista analisa, digamos assim, a parte visível no microscópio. São definidos: o tamanho do tumor, se há componente invasivo e qual o seu tamanho, se há componente *in situ* associado, o tipo do tumor (ou seja, se o carcinoma é ductal, lobular ou mais raro), o grau do tumor, a presença ou não de metástase no linfonodo sentinela e eventualmente em outros linfonodos retirados, as margens cirúrgicas, **além de muitas outras características**.

No exame imuno-histoquímico, dentre outras coisas, o **patologista** pesquisa: os receptores para hormônios femininos, a presença **de uma proteína** especial – chamada de HER2 ou erbB2 – e, muitas vezes, um índice de proliferação chamado Ki67.

Essas informações do patologista são fundamentais para definir, com precisão, o tratamento oncológico adjuvante ou pós-operatório.

O QUE É ESTADIAMENTO DA DOENÇA?

O estadiamento procura avaliar a extensão do câncer com o objetivo de ajudar a definir o seu prognóstico – que é a capacidade que os médicos têm de "prever" o comportamento clínico da doença, agrupando os diferentes casos em diferentes subgrupos.

Para estadiar o câncer, os médicos precisam realizar exames locais a fim de avaliar sua extensão, e também exames em outros órgãos para determinar a presença ou não de metástases a distância. O estadiamento pode ser clínico ou cirúrgico.

No estadiamento clínico, são realizados os exames físico e de imagem das mamas (mamografia, ultrassonografia e, em alguns casos, ressonância); são avaliadas as axilas clinicamente e por meio das imagens; e, ainda, são examinados os outros órgãos, também com exames físico e de imagem, como radiografia de tórax (ou tomografia) para avaliar os pulmões, ultrassonografia (ou tomografia, ou ressonância) do fígado e cintilografia óssea para investigar o esqueleto. Em casos excepcionais, o PET-*scan* pode ser usado nessa investigação.

Já no estadiamento cirúrgico, isto é, quando há retirada do tumor, o patologista fica responsável pelas informações definitivas do tamanho do tumor e da presença ou não de câncer na axila.

Internacionalmente, utiliza-se a convenção TNM, estabelecida pela União Internacional Contra o Câncer (UICC – Union for International Cancer Control), segundo a qual "T" quer dizer tumor; "N", nodal ou linfonodos e "M", metástase. O TNM é usado na quase totalidade dos carcinomas de mama.

Resumidamente, as características dos estádios TNM podem ser:
- Estádio zero: quase 100% de cura; carcinoma *in situ* puro.
- Estádio 1: 80 a 90% de chance de cura; tumores infiltrantes ou invasivos menores e mais localizados.
- Estádio 2: 60 a 80% de chance de cura; tumores infiltrantes ou invasivos de mais de 2 cm ou com comprometimento de algum gânglio axilar.
- Estádio 3: 30 a 60% de chance de cura; tumores localmente avançados, que muitas vezes precisam de tratamentos antes da cirurgia para torná-los operáveis.
- Estádio 4: cura improvável, pois a doença já acometeu outros órgãos.

Destaca-se que, com a melhoria dos tratamentos, muitos pacientes apresentam sobrevida de vários anos com excelente qualidade de vida em muitos casos.

PREVENÇÃO DO CÂNCER DE MAMA
A partir de que idade a mulher precisa se preocupar com a prevenção do câncer de mama?

A partir dos 20 anos de idade.

O exame clínico das mamas deve ser feito anualmente por profissional médico e/ou enfermeiro treinados. Toda mulher deve solicitar ao seu médico ginecologista ou ao enfermeiro o exame clínico das mamas a partir dos 20 anos.

A Sociedade Brasileira de Mastologia recomenda que a mamografia seja feita a partir dos 40 anos. Mulheres que apresentam histórico familiar de câncer de mama devem realizar mamografia a partir dos 35 anos.

Antes de 35 anos de idade, se houver indicação de exames de imagem das mamas, recomenda-se a ultrassonografia, em função de que a maior densidade das mamas nessa faixa etária não permite boa visualização na mamografia.

O Ministério da Saúde preconiza que a partir dos 50 anos seja realizada a mamografia, ferramenta de excelência que pode detectar o câncer de mama logo na fase inicial, ou seja, ainda em formação de microcalcificações.

O autoexame é muito discutido e controverso porque, quando a mulher consegue palpar, é sinal de que o nódulo já está grande.

Um ponto vital é a mulher conhecer a sua mama, saber os sinais e sintomas do câncer de mama e ficar alerta para procurar o serviço médico quando identificar qualquer alteração.

Os textos deste capítulo foram adaptados dos seguintes *links*:

- <http://sbmastologia.com.br/index.php?option=com_content&view=article&id=909:diagnostico-do-cancer-de-mama&catid=115:rastreamento-e-diagnostico&Itemid=707>.
- <http://oncotech.com.br/noticias/tudo-o-que-voce-sempre-quis-saber-sobre-cancer-de-mama/>.
- <http://sindisauderp.org.br/cancer-de-mama-perguntas-e-respostas/>.

46 | Perguntas e respostas sobre câncer e câncer de mama

Todo mundo sempre tem perguntas sobre o câncer, o que é bom, porque informação é sempre útil e pode ajudar o paciente a enfrentar o câncer, bem como auxiliar os cuidadores e as pessoas que estão em volta.

Seguem algumas perguntas e respostas corriqueiras e mitos sobre o câncer e o câncer de mama, com respostas sucintas. Algumas já foram respondidas em outros capítulos e estão em versão resumida aqui. Consulte os próximos capítulos para ter acesso a dados mais técnicos.

Todo mundo tem células cancerosas?
Todo mundo pode ter, em grau maior ou menor. Durante a vida, temos várias células cancerosas que o próprio organismo consegue combater.

Alguns hábitos aumentam as chances de ter câncer?
Fumar, comer alimentos muito gordurosos ou industrializados, ingerir bebida alcoólica e expor-se demais ao sol são fatores de risco para o câncer.

O câncer é um problema apenas genético e hereditário?
As estatísticas revelam que apenas 5 a cada 100 casos de câncer são hereditários.

É possível prevenir?
Afaste-se dos fatores de risco. Siga uma alimentação balanceada e rica em fibras, vegetais e frutas, tome a vacina contra o vírus HPV e use protetor solar todos os dias.

A fé pode ajudar no tratamento?
O importante é não desistir de viver. Não existe comprovação científica sobre o poder da fé, mas os pacientes que entendem a doença têm uma postura mais positiva em relação a ela e ao tratamento.

O paciente deve saber que tem câncer?
A família não deve esconder do doente. Mesmo que o tumor esteja em estágio avançado, a pessoa precisa saber da gravidade da doença, inclusive para enfrentar melhor o tratamento.

Medicamentos novos são mais eficientes?
São medicações aprimoradas e com maior capacidade de curar o paciente.

Câncer é tudo igual?
Não. Cada tipo de tumor tem sua evolução, seu método de tratamento e suas chances de cura. E isso varia também de acordo com o organismo de cada paciente.

Em caso de diagnóstico positivo, como a pessoa deve proceder?
Ela deve imediatamente o médico solicitante dos exames. A Lei n. 12.732, de 2012, garante a todo paciente portador de câncer o direito de iniciar seu tratamento até 60 dias após a confirmação diagnóstica, desde que esteja de posse de todos os exames. Para o câncer de mama, os exames são: mamografia, ultrassonografia, biópsia e/ou exame histológico (anatomia patológica).

Existem exames preventivos?
Os exames recomendados para as mulheres são os ginecológicos, como o Papanicolaou, a mamografia e a colonoscopia. Para os homens, o toque retal é o indicado. (Veja mais detalhes no capítulo anterior, no item correspondente à prevenção do câncer de mama.)

A partir de qual idade as mulheres devem procurar o mastologista?
Desde o início de sua vida sexual.

Qual é a periodicidade necessária para os exames de rotina?
Normalmente, o exame de rotina deve ser anual, mas pode ser feito em intervalos diferentes. O mastologista determinará o prazo ideal para cada caso.

Como é o tratamento do câncer de mama?
Os tratamentos são cirurgia, quimioterapia e radioterapia, dependendo do estadiamento da doença.

Quais são os tipos de cirurgia existentes para o câncer de mama?
Os principais tipos de cirurgia são:
- Mastectomia simples: consiste na retirada total da mama.
- Mastectomia radical: consiste na retirada total da mama junto com os linfonodos (gânglios) da axila.
- Quadrantectomia (ou setorectomia): consiste na retirada do tumor, com margem livre ao seu redor, com ou sem a retirada dos linfonodos da axila.

Outras técnicas cirúrgicas podem ser necessárias em função das especificidades de cada caso.

Quando a mama pode ser reconstruída?
A mama pode ser reconstruída no mesmo ato cirúrgico da retirada do tumor, mas também é possível aguardar o final do tratamento para isso. O tempo ideal deve ser avaliado pelo mastologista.

Todas as mulheres com câncer de mama podem fazer a cirurgia de reconstrução mamária?
Na maioria dos casos, elas podem se beneficiar da cirurgia de reconstrução mamária.

MITOS E VERDADES SOBRE CÂNCER DE MAMA
O uso de desodorante pode causar câncer de mama
Mito. O câncer de mama não está relacionado com o uso de desodorantes. Esse boato circula na internet, mas nada tem de verdadeiro. Na axila, não existem células mamárias. Não existem pesquisas ou estudos que demonstrem haver qualquer ligação entre as duas coisas. O que pode acontecer é a obstrução de algumas glândulas sudoríparas, mas isso não afeta a mama.

Sutiã causa câncer de mama
Mito. Até o momento, não existe nenhum estudo que relacione o uso do sutiã com o câncer de mama.

Ingerir água em garrafas plásticas deixadas no carro pode provocar câncer de mama
Mito. O fato de a garrafa estar ou não no automóvel não faz a menor diferença no desenvolvimento do câncer de mama.

As próteses de silicone podem provocar câncer de mama
Mito. As próteses de silicone não provocam câncer de mama.

Desenvolver um câncer é um castigo
Mito. O surgimento de qualquer tipo de câncer está relacionado a inúmeras causas. Os principais fatores de risco são maus hábitos alimentares, consumo exagerado de álcool, sedentarismo e, principalmente, tabagismo.

Um tumor pode ser causado por um trauma, por exemplo, uma pancada durante uma batida de automóvel
Mito. A batida pode formar uma massa que, em exames rotineiros, se assemelha a um tumor, mas é benigna. Outra coisa comum é que, a partir do trauma, a preocupação da pessoa aumente e, por meio do toque mais frequente ou outro exame, ela possa descobrir um nódulo que já estava presente em seu corpo.

É melhor ter vários nódulos na mama que um só
Mito. Estudos indicam que o fato de ter um ou vários nódulos não influencia na gravidade da doença. Adicionalmente, ressalta-se que nódulo nem sempre é câncer.

Se eu faço o autoexame de mamas todos os meses não preciso fazer mamografia
Mito. Normalmente, se você fizer o autoexame todos os meses e visitar o seu médico anualmente, uma mamografia por ano é suficiente. Nem o autoexame, nem o exame clínico, tampouco a mamografia são eficientes sozinhos.

A radiação emitida pela mamografia causa câncer
Relativo. A exposição a qualquer tipo de radiação envolve riscos de câncer em geral, porém a quantidade de radiação de uma mamografia é relativamente baixa. A mamografia continua sendo a melhor ferramenta para detecção do câncer de mama.

Amamentar protege a mama do câncer
Verdade. Quando o bebê mama, as células mamárias ficam produzindo leite e se multiplicam menos, o que reduz o risco de desenvolver a doença.

É prejudicial ao bebê continuar amamentando se existe suspeita de câncer de mama
Mito. Pode-se amamentar durante a realização de exames de diagnóstico para o câncer, como mamografia, radiografias, tomografia computadorizada, ressonância magnética, ultrassonografia e biópsia. As células cancerosas não passam para o leite materno.

Estou com diagnóstico de câncer de mama, não posso amamentar meu bebê
Verdade. Embora as células cancerosas não passem para o bebê pelo leite materno, os médicos aconselham às mulheres que iniciam o tratamento com radioterapia ou quimioterapia que parem de amamentar até que os elementos radioativos ou medicamentos sejam completamente eliminados do organismo da mãe. Você pode ainda amamentar se estiver recebendo tratamento radioterápico, mas a radiação irá limitar a produção de leite na mama afetada.

O câncer tem cura
Verdade. Embora a Medicina mencione que o tratamento deve ser individualizado e que cada paciente responde de maneira particular às terapias, o câncer é curável, desde que diagnosticado precocemente e acompanhado corretamente.

Os textos deste capítulo foram adaptados dos seguintes *links*:
- <https://mdemulher.abril.com.br/saude/17-perguntas-e-respostas-sobre-o-cancer/>.
- <http://www.jornalfiquesabendo.com.br/2011/06/mitos-e-verdades-sobre-o-cancer.html?m=1>.
- <www.institutooncoguia.com.br>.

47 | O câncer e a dor

Eu gostaria de falar para vocês que nem tudo são flores em um câncer de mama. Costumo, sim, falar mais sobre a parte positiva, mas agora gostaria de explicar um pouco sobre dor.

Temos de passar por alguns obstáculos até alcançarmos a vitória, ou seja, a cura e a melhora da qualidade de vida. Para isso, muitas vezes precisamos passar pela famigerada quimioterapia, que, embora seja um tratamento eficaz para muitos tipos de câncer, pode causar efeitos colaterais.

Bom, já falei que a gente perde os cabelos, pelos, etc., e que ficamos inchadas. Também expliquei que os efeitos e sua intensidade variam de pessoa para pessoa, de acordo com a dose de tratamento e com a saúde tanto psíquica como física do paciente.

Arrisco dizer que a mente é definitivamente seu guia nesse momento. Pense positivo, não espere os efeitos colaterais; drible-os, previna-os e creia que passará por isso da melhor maneira possível.

A quimioterapia ataca as células que estão crescendo ativamente, uma característica de células cancerosas, mas, como já explicado, não faz distinção entre as células normais em crescimento ativo (como as células do sangue, da boca, dos intestinos e do cabelo) e as células cancerosas. Os efeitos colaterais ocorrem quando os danos da quimioterapia atingem células normais, saudáveis e que mantêm funções do corpo e da aparência. Os médicos e os cientistas estão trabalhando continuamente para identificar novas drogas, métodos de administração (dosagem dos medicamentos), quimioterapias e combinações de tratamentos existentes que apresentem menos efeitos colaterais. Nos últimos anos, ocorreram grandes progressos na redução da dor, náuseas e vômitos e outros efeitos colaterais.

Embora os efeitos colaterais possam ser previsíveis para determinadas classes de drogas, a experiência de cada pessoa com a quimioterapia é única. Sendo assim, durante o seu tratamento, o oncologista responsável deve trabalhar da melhor maneira para prevenir ou evitar os seus efeitos colaterais.

Falando especificamente da dor, que é o meu foco neste capítulo, algumas drogas quimioterápicas podem causar: dor de cabeça, dor muscular, dor de estômago e dores nos nervos.

As dores nos nervos podem desencadear um ou mais dos seguintes sintomas nervo ou músculo-relacionados:
- Dor de dano: formigamento, ardor, queimação, fraqueza ou dormência de mãos e pés, resultando em cansaço, perda de equilíbrio e dificuldades para andar.
- Dor de tiro: na maioria das vezes, nos dedos das mãos e dos pés.

A neuropatia periférica induzida pela quimioterapia (NPIQ) começa geralmente nas mãos e nos pés, e se alastra gradualmente para braços e pernas. Podem ocorrer formigamento ou dormência, pontada ou ardência, ou, ainda, aumento da sensibilidade à temperatura. A dor pode ser tão intensa a ponto de tornar difícil executar tarefas rotineiras, como abotoar a camisa, contar moedas ou caminhar.

Cerca de 30 a 40% dos pacientes com câncer submetidos à quimioterapia experimentam algum desses sintomas. Sabe-se também que a NPIQ é um dos motivos mais comuns para o abandono do tratamento pelos pacientes com câncer.

Os medicamentos quimioterápicos associados à NPIQ são:
- Compostos de platina (cisplatina, carboplatina, oxaliplatina).
- Vincristina.
- Taxanos (docetaxel, paclitaxel).
- Epotilonas.
- Bortezomibe.
- Talidomida.
- Lenalidomida.

Para algumas pessoas, os sintomas podem ser atenuados ao reduzir a dose de quimioterapia ou suspender temporariamente a medicação, amenizando, assim, a dor. Para outros pacientes, os sintomas de danos aos nervos permanecem por meses, anos ou até indefinidamente após a quimioterapia.

Os médicos podem tratar a dor procurando sua origem e/ou alterando sua percepção, em geral com medicamentos para alívio da dor. Podem também interferir nos sinais de dor enviados para o cérebro por meio de tratamentos da coluna vertebral.

Os sintomas da NPIQ são tratados de maneira similar a outros tipos de nevralgia, ou seja, uma combinação de fisioterapia, terapias complementares (como massagem e acupuntura) e medicamentos como esteroides, antidepressivos, antiepiléticos e opioides para controlar a dor severa.

O QUE PODEMOS FAZER PARA RESOLVER ESSAS DORES

Procurar um grupo de dor e/ou um grupo de cuidados paliativos. Não sejamos preconceituosos de acreditar que paliativo é para quem não tem chances de vida. *Paliar* significa cuidar, e a terapia da dor do câncer deve ser multiprofissional. Converse com seu médico antes de iniciar o tratamento do câncer e peça orientações.

Basicamente, quatro tipos de medicamentos são utilizados para tratar a dor: anticonvulsivos (gabapentina, pregabalina, lamotrigina e ácido valproico), antidepressivos tricíclicos, inibidores seletivos da recaptação de serotonina-norepinefrina (ISRSN) e opioides.

Tratamento tópico é realizado com *patch* de lidocaína ou capsaicina.

Adicionalmente, de acordo com o grau de lesão dos nervos e de sofrimento do doente, o médico intervencionista poderá realizar bloqueios de dor ou neurotomias como um tratamento mais avançado.

Além do tratamento farmacológico prescrito por seu médico, existe o não farmacológico, que é altamente recomendado. São aconselhados acompanhamento de nutricionista e psicólogo, massagem, hipnose, acupuntura e terapias do espelho e cognitivo-comportamental.

Lembre-se de que todo e qualquer tratamento a ser adotado precisa ser pesado em prol da sua qualidade de vida.

Os textos deste capítulo foram adaptados dos seguintes *links*:
- <http://www.oncoguia.com.br/site/print.php?cat=108&id=2453&menu=3>.
- <http://www.mundosemdor.com.br/dor-neuropatica-apos-quimioterapia/>.

48 | Alimentação e câncer

Para muitas pessoas, ter ou não um câncer é uma questão de destino. Será? Um estudo publicado na edição de dezembro de 2011 do *British Journal of Cancer* apontou que 45% dos casos de câncer em homens e 40% dos casos de câncer em mulheres poderiam ser evitados com a adoção de hábitos de vida saudáveis. Dentre esses, um hábito que se destaca é a alimentação.

Em outros capítulos, falei rapidamente sobre alimentação saudável e adequada. Aqui, vou falar com mais detalhes sobre alimentação e câncer. Ressalto que, em razão das inúmeras variáveis, é essencial que você sempre consulte o seu médico para tirar qualquer dúvida. As orientações que exponho aqui são gerais, ou seja, não reproduzem nenhum programa dietético específico para cada paciente. Cada caso e cada momento requerem uma recomendação exclusiva. Além disso, você perceberá que, às vezes, as sugestões de alimentos aqui serão contraditórias, podendo confundir ainda mais você. Uma vez que a alimentação será de enorme ajuda no enfrentamento do câncer, se achar necessário, consulte um nutricionista para auxiliá-la em cada dia ou fase.

PARA PREVENIR OU COMBATER
Alguns alimentos apresentam relevância quando o assunto é combater a multiplicação de células doentes. São eles:
- Brócolis: um estudo publicado na revista *Molecular Nutrition & Food Research* já comprovou a atuação do brócolis na prevenção do câncer. Graças a diversos compostos, como o fitoquímico sulforafano, o brócolis tem a

capacidade de destruir células cancerígenas e deixar as demais intactas. Na pesquisa, homens com câncer de próstata que consumiram o vegetal apresentaram inibição de determinada enzima que também é alvo de medicamentos para tratamento da doença. Resultados similares também puderam ser vistos em mulheres com câncer de mama, em estudo divulgado na reunião anual da American Association for Cancer Research.
- Chá verde: queridinho de quem está de dieta, o chá verde ganha destaque não apenas por acelerar o metabolismo e evitar a formação de coágulos nas artérias, mas também por ser rica em antioxidantes, que atuam na prevenção do câncer. Isso é o que mostra um estudo divulgado pela Cancer Prevention Research, que acompanhou a progressão do câncer de próstata em homens que passaram a tomar cápsulas de uma substância encontrada no chá. Outra pesquisa, desta vez da Chun Shan Medical University, em Taiwan, destacou a importante atuação do chá verde contra o câncer de pulmão.
- Alho e cebola: são fontes de determinado fitoquímico envolvido na capacidade de excreção de compostos carcinogênicos. Em outras palavras, esses alimentos auxiliam na eliminação de toxinas que favorecem o desenvolvimento de doenças degenerativas como o câncer. Um estudo publicado no *International Journal of Cancer* apontou que o consumo frequente de alho e cebola contribuiu para a redução do risco de câncer de intestino, enquanto uma pesquisa divulgada pelo Epidemiology Biomarkers and Prevention relacionou o consumo desses alimentos à menor probabilidade de câncer de pâncreas.
- Tomate: é fonte de licopeno, carotenoide que confere alto grau de proteção contra a oxidação celular. O ideal é comer o tomate após o aquecimento e acompanhado de uma gordura, como o azeite, para facilitar a absorção da substância pelo organismo. Molho de tomate, portanto, é a melhor escolha para obter o nutriente. Tais benefícios foram comprovados por inúmeros estudos, dentre eles, um publicado no *British Journal of Nutrition* e conduzido por especialistas da University of Portsmouth, no Reino Unido.
- Cenoura: contém uma substância chamada carotenoide, atuante no combate a radicais livres que, quando em excesso, levam a mutações celulares capazes de originar um câncer. Tal ação se mostra eficaz principalmente na prevenção do câncer de mama, como mostra um estudo

publicado no *Journal of the National Cancer Institute* que acompanhou mais de 6 mil mulheres. Acerola, abóbora e manga são outras boas fontes de carotenoide.

- Uva: fonte de polifenóis, a casca e a semente da uva são bons aliados no combate aos efeitos dos radicais livres. Para a prevenção do câncer, entretanto, não é recomendado obter o nutriente bebendo vinho, pois o álcool pode anular os efeitos anticancerígenos do alimento. Um estudo publicado no *Cancer Prevention Research* descobriu que o resveratrol, substância presente nas uvas, aumenta a produção de uma enzima que destrói perigosos compostos orgânicos de estrogênio. Como o câncer de mama pode ser hormônio-dependente, o controle dos níveis de estrogênio é fundamental para impedir sua evolução.
- Frutas vermelhas: framboesas e amoras, por exemplo, são ricas em antocianinas, fitonutrientes que retardam o crescimento de células pré-malignas e evitam a formação de novos vasos sanguíneos que poderiam estimular o crescimento de um tumor. Estudo publicado no *Journal of Agricultural and Food Chemistry* mostrou que o consumo desses alimentos pode reduzir o risco de desenvolver câncer de boca, mama, cólon e próstata.

E QUANDO JÁ SE TEM O DIAGNÓSTICO DE CÂNCER?

É desnecessário dizer o quanto um diagnóstico de câncer afeta as pessoas e como a doença e seu tratamento afetam o corpo. Um dos meios de se cuidar é (adivinha?) por meio da alimentação.

Para se cuidar

É necessário evitar ou diminuir a ingestão de:

- Álcool, fumo e drogas ilícitas: esses devem ser evitados por todos os seres humanos.
- Chá preto e café: são ricos em cafeína, o que irrita o trato gástrico e retira o cálcio dos ossos, além de eliminarem potássio e zinco, minerais essenciais ao corpo.
- Refrigerantes: o gás contido nesse tipo de bebida causa gases estomacais e intestinais, além da desagradável sensação de inchaço abdominal. Os do tipo cola contêm conservantes e corantes tóxicos.
- Bebidas dietéticas e artificiais: contêm adoçantes artificiais, como aspartame, que pode gerar crises de ansiedade, e sacarina, que é tóxica para o

fígado. Há suspeita de que o ciclamato possa ser cancerígeno. As bebidas artificiais (como sucos em pó) contêm corantes químicos em sua composição, desaconselháveis à saúde.
- Frios, embutidos e defumados: contêm produtos químicos, corantes e conservantes comprovadamente cancerígenos.
- Alimentos enlatados e industrializados: evite o amendoim e seus derivados, além dos grãos conservados em latas. Em vez de milho enlatado e farinha de milho industrializada, prefira o milho verde fresco cozido em água ou ralado para preparar pratos doces ou salgados.
- Alimentos gordurosos e frituras: evite leite integral, queijos gordurosos, massas do tipo "podre" (que cobre empadas e tortas), gorduras e óleos aquecidos. Prefira o azeite extra virgem natural, mas não o frite. Essas proibições têm suas razões: poupar o fígado e ter melhor digestão, evitar a obesidade e promover o bem-estar geral do corpo.

Para aliviar os efeitos colaterais

A quimioterapia deixa o organismo suscetível a uma série de efeitos colaterais que podem ser aliviados por meio da boa alimentação. Algumas recomendações aqui expostas são bastante úteis para amenizar os sintomas. Dentre os efeitos colaterais associados à alimentação, podemos citar:
- Diarreia: coma alimentos pobres em gordura, como batata, arroz, cenoura, banana-prata, maçã, goiaba e peito de frango. Evite condimentos fortes e cozinhe bem os alimentos com um pouco de sal, o que ajuda a reter líquidos no organismo, evitando a desidratação. Beba pelo menos 2 litros de líquido (água, sucos, chás, refrescos) por dia. Laranjas, pêssegos, tomate, água de coco e damasco são alimentos que contêm potássio, um sal que deve ser reposto após episódios de diarreia. Evite alimentos com alto teor de fibras. Siga as instruções médicas sobre medicamentos e higiene.
- Prisão de ventre: ao contrário da diarreia, prefira os alimentos ricos em fibras, como laranja, mamão, ameixas, uva, vegetais e cereais integrais; tome muito líquido e faça exercícios leves, como caminhada.
- Perda de peso: coma ovos, carnes, massas, sorvetes sem gordura, leite e queijos (devem ser evitados os laticínios se houver episódios de diarreia), pois ajudam a manter ou aumentar o peso. Prefira sempre os que têm pouca gordura.

- Aumento de peso: diminua a ingestão de alimentos em geral e prefira frutas para os lanches e sobremesas. Diminua o sal. Tome água entre as refeições.
- Feridas na boca: além dos cuidados higiênicos já citados em outro capítulo, prefira os alimentos mais pastosos e cremosos, como sopas de legumes (batidas ou não no liquidificador) e com pouco sal, gelatinas, sorvete de frutas e bebidas geladas.
- Enjoo: alimente-se em intervalos menores (a cada 3 horas) e em pequenas quantidades. Prefira alimentos leves e sem gordura, como biscoito *cream cracker*, torradas, gelatina, chás, queijo do tipo *cottage* ou ricota e frutas de fácil digestão, como maçã, mamão e banana. Nas refeições principais, sirva-se de arroz, carnes brancas (aves), legumes cozidos, feijão, saladas temperadas com pouco sal, cheiro-verde e azeite extra virgem. Evite alimentos com cheiro forte, como café, peixes, alho e cebola.
- Vômitos: além de descanso, prefira alimentos que não sobrecarreguem o estômago (lembre-se de mastigá-los bem). Podem ser ingeridos pão branco, torradas, pão integral fresco (que deve ser mantido em geladeira para evitar o mofo), legumes, verduras, frutas e cereais.

Antes da quimioterapia
- Ingerir lanche ou refeição antes de iniciar a sessão de tratamento.
- Exercícios (caminhadas, natação, bicicleta estacionária) são vantajosos para o apetite e o bem-estar. Interrompa temporariamente se ficar fatigado ou se desenvolver febre ou infecção.

Depois da quimioterapia
- Deixe lanches já preparados; assim, caso se sinta indisposto ao final da sessão, terá algo pronto.
- Não hesite em se alimentar tarde da noite se o mal-estar só desaparecer nesse horário.
- Se ficar com baixo nível de glóbulos brancos (neutropenia), evite consumir saladas, sucos e frutas ao natural, e ovos, peixes e outros alimentos crus, pois há risco de infecção. Prefira alimentos cozidos, assados, fritos, ou industrializados.
- Controle o peso semanalmente. Caso diminua, converse com um profissional da saúde.

- Em caso de náuseas, enjoos e desarranjos intestinais:
    - Evite beber líquidos durante as refeições.
    - Evite alimentos gordurosos e frituras.
    - Não fique muitas horas sem se alimentar, pois, se estiver com o estômago por muito tempo vazio, o enjoo aumentará.
    - Chupe picolé de fruta cítrica (p. ex., limão); talvez, diminua o enjoo.
- Em caso de falta de apetite:
    - Prepare pratos visualmente atrativos, bem coloridos e de consistência que facilite a deglutição. Acrescentar alimentos pouco usuais também ajuda no estímulo para se alimentar.
    - Coma devagar e em ambiente apropriado.
    - Faça refeições mais leves, fracionadas a cada 3 horas.
- Caso tenha dificuldade para engolir ou dor na boca:
    - Dê preferência aos alimentos de fácil mastigação e deglutição (gelatina, mingau, purê, suflê, pudim). Sucos e vitaminas de frutas batidas no liquidificador são opções interessantes.
    - Faça bochechos com solução de bicarbonato de sódio a 3% após cada refeição; isso pode diminuir a acidez da boca e a dor bucal.
    - Evite alimentos muito ácidos, muito salgados e condimentos picantes.
    - Alimentos de consistência muito dura também podem atrapalhar.

DÚVIDAS COMUNS

Posso comer carne de porco durante o tratamento ou atrapalha o processo de cicatrização?

Pode comer, porque não atrapalha. Portanto, não acredite nesse mito de que, após cirurgias, a cicatrização pode ficar prejudicada se comer carne de porco, peixes e ovos. Essa recomendação nunca foi oficialmente dada pela Nutrologia. Não há nenhuma base científica sobre a relação entre o consumo da carne de porco e o processo de cicatrização. As alegações de que esse tipo de carne atrapalha o tratamento do câncer também fazem parte da cultura alimentar da população, mas não há evidências comprovadas.

O problema da carne de porco é que, se ela estiver mal passada, crua ou for de procedência duvidosa, pode transmitir a cisticercose. A carne de porco, que é a mais consumida no mundo, é rica em vitaminas do complexo B, principalmente B6 e B12. A indicação é que os pacientes prefiram carnes de porco magras, como o lombo, e que sejam assadas.

E a carne vermelha? Ela aumenta o tumor?

Não aumenta. A ingestão de carne vermelha tem sido relacionada à predisposição para o desenvolvimento de alguns tipos de câncer, principalmente de intestino. As nitrosaminas – compostos produzidos a partir de nitritos e aminas – são conhecidas como agentes carcinogênicos e estão presentes em vários gêneros alimentícios, como frutos do mar, queijos e carnes vermelhas. O que se preconiza, no geral, é o consumo moderado, sem a necessidade de retirar o alimento por completo das refeições. Durante a quimioterapia, não há restrição específica para a carne vermelha. Essa ideia de que ela aumenta o tumor é totalmente equivocada. O problema não é a carne vermelha em si, mas a quantidade ingerida. O recomendado é até 300 g por semana, o que equivale a cerca de três bifes grandes. Atenção: por semana!

A beterraba pode substituir a carne vermelha para tratar a anemia?

Não pode. Embora seja um alimento saudável, ela não tem o mesmo teor de ferro em comparação à carne vermelha.

Chá verde deve ser evitado durante a quimioterapia?

Sim. O chá verde é comumente consumido como forma de contribuir para a prevenção do câncer por ser rico em flavonoides, atuando na ação antioxidante, anti-inflamatória, antirreumática e anticâncer (protegendo o sistema de reparo do DNA). Contudo, durante o tratamento quimioterápico, ele pode prejudicar a eficácia de algumas drogas. É importante ressaltar que são necessários mais estudos sobre essa bebida em particular. Na dúvida, consulte seu oncologista sobre a ingestão da bebida.

O paciente não pode comer graviola?

A graviola deve ser evitada, pois o seu consumo durante o tratamento é tóxico para o fígado e rins. Como qualquer medicamento, as plantas não devem ser usadas indiscriminadamente, pois os princípios ativos que são benéficos para uma determinada doença podem ser danosos ou sem efeito para portadores de outras. O chá da folha da graviola tem sido popularmente divulgado sem que haja estudos científicos relevantes sobre sua utilização.

Gengibre é recomendado para pacientes em quimioterapia?

Sim. O gengibre é um aliado do paciente em tratamento quimioterápico. Ele tem ação antiemética (alivia enjoos, náuseas e vômitos) e anti-inflamatória. Estudos corroboram a indicação de que uma colher de chá de gengibre pode diminuir as náuseas associadas ao tratamento de quimioterapia, efeito presente em torno de 70% dos pacientes.

Existem efeitos colaterais que prejudicam a nutrição? O que fazer?

Alguns efeitos colaterais que dificultam a nutrição são enjoos, vômitos, perda do apetite e dificuldade para mastigar e engolir os alimentos. Uma boa opção para facilitar a mastigação e a deglutição é modificar a preparação do alimento; por exemplo, mais pastosos, em temperatura morna e sem condimentos irritantes das mucosas esofágica e gástrica.

Quais são os alimentos indicados e contraindicados?

Evite os alimentos industrializados, como enlatados e embutidos, e as frutas, verduras e legumes contaminados por agrotóxicos, preferindo as versões orgânicas. Eles possuem produtos químicos, como bisfenol A (usado na indústria dos plásticos), alguns edulcorantes, conservantes e metais tóxicos (arsênico, chumbo, mercúrio, alumínio), substâncias que vêm sendo estudadas como potenciais promotores de alguns tipos de câncer.

Quanto aos alimentos indicados, muitos estudos têm observado que vários compostos chamados de bioativos (polifenóis, flavonoides, carotenoides, glicosinolatos), encontrados em alimentos vegetais como hortaliças, legumes, verduras, frutas, cereais integrais e sementes, têm um efeito protetor contra alguns tipos de câncer (diminuindo, portanto, o risco de ter a doença).

Esses compostos bioativos estão presentes nos pigmentos que dão cor aos vegetais; por isso, quanto mais cores diferentes (laranja, verde, amarelo, roxo, vermelho) houver na alimentação diária do paciente, mais benefícios serão alcançados. Invista em saladas bem coloridas pelo menos duas vezes ao dia.

Outro fator a ser considerado é o aumento do estresse oxidativo, caracterizado pela elevação da produção de substâncias chamadas radicais livres e desencadeado no nosso organismo pelo próprio câncer e também pelos medicamentos quimioterápicos em uso. Para diminuir o impacto da elevação dessa excessiva oxidação celular, é importante que a alimentação seja rica em antioxidantes, como selênio (oleaginosas – castanhas, avelãs, amêndoas), vitamina C (laranja, limão, acerola, *gojiberry*, goiaba) e vitamina E (abacate, gérmen de trigo, azeite extra virgem).

A comida não tem sabor. Como realçar o paladar?

A quimioterapia e a radioterapia, quando realizadas na região de cabeça e pescoço, destroem as células das glândulas salivares e papilas gustativas, o que diminui a salivação e a percepção do gosto dos alimentos. Especialistas também acreditam que o próprio tumor pode aumentar a produção de moléculas chamadas interleucinas, que estão presentes em processos inflamatórios e provocam alterações no sistema nervoso central, deixando um gosto metálico na boca. Para deixar o paladar mais aguçado, procure enxaguar a boca com água ou chá de camomila antes das refeições. Se não existirem feridas na boca, balas azedas ou ácidas e alimentos ácidos também realçam o paladar, assim como manjericão, orégano, hortelã e outros temperos naturais. Para aliviar o gosto metálico, substitua os talheres de metal por aqueles de plástico.

Como é uma dieta saudável?

Decidir ter um estilo de vida mais saudável após o diagnóstico de um câncer é, muitas vezes, uma importante mudança de vida. Para a maioria das pessoas, uma dieta equilibrada contempla as seguintes recomendações:

- Bebidas: devem ser principalmente água, chá e café (sem adição de açúcar), ou bebidas dietéticas sem açúcar, como refrigerantes e sucos.
- Frutas e legumes: contêm muitas vitaminas e minerais, além de serem uma grande fonte de fibras. Tente ingerir pelo menos cinco porções de frutas e vegetais por dia. Comer de maneira variada é garantia de que receberá uma ampla gama de nutrientes.
- Alimentos ricos em amido e fibras: ingredientes que contêm bastante amido, como pão, cereais, arroz, massas, inhame e batata, são essenciais em uma dieta saudável. Eles fornecem energia e são fonte de fibras, ferro e vitaminas do complexo B. Alimentos ricos em fibras são uma opção saudável. Tente incluir uma variedade deles em sua dieta, como pão integral, arroz integral, aveia, feijões, ervilhas, lentilhas, grãos, sementes, frutas e legumes. Isso pode ajudar a reduzir o risco de câncer de intestino e o nível de colesterol no sangue.

- A proteína propicia a reparação e o crescimento das células do corpo. Vários estudos sugerem que comer excessiva quantidade de carne vermelha (boi, porco, cordeiro e vitela) e processada (salsichas, *bacon*, salame, carnes enlatadas, presunto) pode aumentar o risco de desenvolver câncer de intestino e de próstata. As pessoas que comem duas ou mais porções de carne vermelha ou processada (cerca de 160 g) por dia parecem ter o risco mais elevado de desenvolver câncer se comparadas com as que comem menos de duas porções por semana (cerca de 140 g).
- Ter um pouco de gordura na dieta ajuda o organismo a absorver as vitaminas A, D, E e K, bem como fornece ácidos graxos essenciais (que o corpo não produz). Entretanto, sabe-se que a maioria das pessoas ingere gordura em excesso. Os alimentos ricos em gordura também são ricos em energia (calorias), ou seja, se ingerir muitos alimentos desse grupo, pode ser que engorde. Existem diferentes tipos de gordura. A gordura saturada pode aumentar os níveis de colesterol no sangue e o risco de doença cardiovascular. Os alimentos ricos em gordura saturada incluem queijo, manteiga, hambúrgueres, salsichas, biscoitos, bolos, tortas, sorvetes e chocolate. Atualmente, sugere-se que os homens não ingiram mais do que 30 g, e as mulheres, mais do que 20 g de gordura saturada por dia. Tente sempre verificar o guia nutricional dos rótulos dos alimentos.
- As dietas ricas em sódio podem aumentar o risco de desenvolvimento de câncer de estômago. Diminuir o consumo de sal ajuda a baixar a pressão arterial e reduz o risco de doenças cardíacas e de derrame. A quantidade máxima recomendada de sal para adultos é de 6 g por dia (cerca de uma colher de chá). Quando pensamos sobre a quantidade de sal que comemos, costumamos pensar em quanto colocamos no preparo da comida ou ao cozinhar. Contudo, cerca de 75% do sal que consumimos vem de alimentos processados, como pão, *bacon* e lanches processados.

DICAS RÁPIDAS SOBRE NUTRIÇÃO E CÂNCER

A alimentação é um tópico muito importante em todas as fases da nossa vida, desde a infância até a velhice, quando estamos saudáveis ou doentes. Alguns tipos de tratamento para o câncer, como cirurgia, quimioterapia, radioterapia e outros, podem deixar seu corpo enfraquecido, cansado, além de causar dificuldades alimentares. Uma alimentação adequada pode ajudar a diminuir esses efeitos, contribuindo para o seu bem-estar.

Apresento aqui algumas dicas rápidas que poderão ser úteis:
- Lembre-se: embora sua alimentação deva ser o mais natural e orgânica possível, nem tudo que é "natural" é saudável. Cuidado com chás de ervas que, embora pareçam inofensivos, sempre trazem efeitos colaterais e podem conter toxinas.
- Água com gás: evite-a, pois causa desconforto abdominal.
- Faça uma dieta fracionada, comendo pequenas quantidades, lenta e frequentemente.
- Evite a ingestão de líquidos junto às refeições.
- Alimente-se em ambiente calmo e tranquilo. Evite comer em locais abafados, quentes ou com odores que possam causar náuseas.
- Mastigue bem os alimentos.
- Não realize esforços físicos após as refeições, pois a atividade pode retardar a digestão. Portanto, tenha uma atitude otimista e leve: descanse após as refeições, relaxe e busque momentos de meditação e/ou oração.
- Tire uma soneca mais à tarde, depois que já tiver feito a digestão.
- Se a náusea costuma aparecer durante a aplicação do tratamento, evite comer 1 ou 2 horas antes da quimioterapia ou radioterapia.
- Tente descobrir quando a náusea ocorre e qual sua causa.
- Introduza mudanças no seu plano alimentar. Fale com o médico ou nutricionista.

Experimente
- Mingau de aveia.
- Torradas.
- Biscoitos integrais.
- Bolachas *cream cracker*.
- Alimentos frios.
- Sucos de fruta ou frutas em pedaços.
- Água de coco.
- Gelatinas e sorvetes de fruta.
- Iogurte.
- Raspadinha de gelo.

Evite
- Alimentos quentes.
- Alimentos gordurosos.
- Frituras.
- Guloseimas e sobremesas muito doces.
- Comida muito condimentada ou apimentada.
- Alimentos com odores fortes.

CONCLUSÃO

Dicas, mitos e sugestões sempre circulam na nossa sociedade, especialmente em relação à alimentação. Não podemos ficar vulneráveis e acatar tudo o que nos é mostrado. Procure tirar as dúvidas com seu médico ou nutricionista, porque só ele saberá lhe orientar de forma correta.

Os textos deste capítulo foram adaptados dos seguintes *links*:
- <https://familia.com.br/6591/tratamento-do-cancer-6-alimentos-a-evitar-quando-voce-tem-cancer-de-mama>.
- <http://centrodeoncologia.com/noticias/informacoes-para-pacientes/alimentacao/alimentacao-o-que-fazer-quando-ocorre-enjoos-vomitos-e-outras-disfuncoes-intestinais/>.
- <https://www.vencerocancer.org.br/dicas-e-noticias/nutricao/e-permitido-comer-carne-de-porco-durante-o-tratamento/>.
- <http://www.minhavida.com.br/alimentacao/materias/17557-a-alimentacao-saudavel-do-paciente-com-cancer>.
- <https://www.vencerocancer.org.br/dicas-e-noticias/nutricao/mitos-e-verdades-da-alimentacao-do-paciente-em-quimioterapia/>.

49 | Oncofertilidade

De acordo com uma pesquisa divulgada pelo Instituto Nacional de Câncer (Inca), estima-se que, para o biênio 2016-2017, ocorrerão 600 mil casos novos de câncer no Brasil. Desses, a expectativa para 2016 era que 57.960 mulheres fossem diagnosticadas com câncer de mama.

Uma vez que formar uma família e ter filhos faz parte do sonho e é um desejo da maioria das pessoas, não podemos deixar de pensar nesse assunto de tamanha importância.

Muitas vezes, após o diagnóstico de câncer, os pacientes se veem focados nas possibilidades de cura após o tratamento e na continuidade da vida. Entretanto, mesmo com a possibilidade de cura do câncer (95% nos casos de câncer de mama), muitos casais acabam se deparando com a privação de um sonho: a criação ou o crescimento da família.

Na Medicina, há uma subespecialidade que cuida especificamente da fertilidade dos pacientes acometidos por câncer, a oncofertilidade. A área vem crescendo substancialmente desde que foi criada com o objetivo principal de reverter os danos causados pelo tratamento do câncer ao sistema reprodutivo do homem e da mulher.

Antes de tudo, cuidar da fertilidade não é prejudicar e nem retardar o tratamento do câncer, mas, sim, permitir que, uma vez curado do câncer, sua fertilidade seja restaurada e a qualidade de vida seja a melhor possível. Afinal, depois do tratamento do câncer, a vida continua.

Em função de o tratamento do câncer incluir cirurgia, radioterapia e/ou quimioterapia, a fertilidade pode ser alterada, levando a quadros de subfertilidade ou infertilidade que podem ser transitórios ou permanentes. Então, quem ainda quer ter um bebê não pode correr o risco de ficar infértil e, por isso, deve pensar nisso antes de iniciar o tratamento.

A alta dosagem da medicação quimioterápica afeta os testículos e ovários, danificando a produção, a quantidade e a qualidade de espermatozoides e óvulos. Muitas mulheres chegam a parar de ovular após o término das sessões, com casos de fertilidade comprometida em quase 90%.

O melhor momento para cuidar da fertilidade é antes de iniciar o tratamento oncológico, por meio do congelamento de espermatozoides, oócitos ou embriões. Entretanto, o tratamento deve ser individualizado, considerando a idade, o tipo de câncer e o esquema terapêutico.

Para os pacientes que já se submeteram a tratamentos para o câncer ou estão em vigência deles e desejam ter filhos, é indicada uma avaliação pelo especialista em oncofertilidade, que dará as orientações adequadas.

O tipo de tratamento oncológico prescrito (radioterapia, cirurgia e/ou quimioterapia), dose e número de ciclos, bem como a quantidade de radioterapia a ser aplicada, influenciarão na estratégia para cuidar da sua fertilidade.

Os tratamentos indicados nesses casos são:
- Congelamento de espermatozoides/óvulos.
- Congelamento de embriões.
- Congelamento de tecido testicular/ovariano.

As técnicas de reprodução assistida podem variar de acordo com o histórico médico e o estado físico de cada paciente. O congelamento de óvulos e embriões são técnicas já estabelecidas, não experimentais e que, segundo a American Society of Clinical Oncology, devem sempre ser oferecidas aos pacientes. O problema maior é a falta de informação; muitos pacientes não sabem nem da existência desses procedimentos, muito menos da possibilidade de serem submetidos a eles. Não esqueçam de conversar sobre isso com seus médicos antes de iniciar o tratamento para o câncer.

Os textos deste capítulo foram adaptados dos seguintes *links*:
- <http://www.casadenoticias.com.br/noticias/23554>.
- <http://helenacorderosa.blogspot.com.br/2013/12/o-que-e-oncofertilidade.html>.

50 | Gestação e câncer

Eu já disse que sou pediatra, né? Por isso, para mim, o assunto deste capítulo é um dos mais importantes! Afinal, envolve meus pequenos *minions*, as crianças.

Quando uma mulher jovem recebe o diagnóstico de um câncer, cedo ou tarde surgirão dúvidas em relação à gravidez. O grande dilema é que a quimioterapia e a radioterapia, principais formas de tratar o câncer, trazem riscos para a integridade do feto. Por outro lado, a falta de tratamento durante a gravidez ameaça a vida da mãe.

A radioterapia durante a gravidez aumenta o risco de defeitos ao nascimento, por isso não é recomendada para mulheres grávidas com câncer de mama. Se a radioterapia for indicada após a cirurgia conservadora da mama, deve ser adiada até o nascimento do bebê. Em contrapartida, os procedimentos como biópsia mamária, mastectomia e a retirada dos linfonodos podem ser realizados com segurança durante a gravidez.

Vários estudos mostraram que o uso de determinados medicamentos quimioterápicos durante o segundo e terceiro trimestres de gravidez não aumentam o risco de defeitos de nascimento. Em virtude da preocupação com o dano potencial ao feto, a segurança da quimioterapia durante o primeiro trimestre de gestação não foi estudada.

Tanto a hormonioterapia como a terapia-alvo podem afetar o feto e não devem ser iniciadas até a paciente dar à luz. Assim, o tamoxifeno não pode ser usado durante a gestação em razão do alto risco de malformação fetal. Caso a mulher tenha de tomar tamoxifeno por dez anos, ela não deve engravidar por todo esse período.

Muitos medicamentos quimioterápicos e de terapia hormonal podem entrar no leite materno e serem ingeridos pelo bebê, de modo que não é recomendada a amamentação durante a quimioterapia, a terapia hormonal ou a terapia-alvo.

A maior preocupação das mulheres é em relação aos tumores ginecológicos. Tumores de vulva, ovário e endométrio são raros em mulheres jovens que estão no auge da fertilidade. Já o câncer de colo do útero é o mais frequente durante a pré-gravidez e pode ser diagnosticado cedo com o exame Papanicolaou.

Caso a mulher descubra um tumor e já esteja esperando um filho, há formas de tratamento seguro. O tumor de colo do útero, dependendo de cada caso e do estadiamento da doença, pode ser tratado durante ou depois da gestação. Uma cirurgia também pode ser feita se um exame de ultrassom apontar massa suspeita ou possível câncer de ovário. Em casos de câncer de mama, após a biópsia para confirmar o diagnóstico, o tratamento cirúrgico pode ser realizado mesmo durante a gestação.

A preservação de óvulos para uma posterior fertilização *in vitro* já é uma possibilidade para muitas mulheres. É também possível optar, sob orientação médica, por utilizar medicamentos específicos antes da quimioterapia para proteger o ovário.

Apesar dessas viabilidades, ainda não há estudos que determinem qual o tempo ideal de espera necessário após o tratamento para uma gravidez mais segura. Sabe-se apenas que mulheres com tumor receptor de estrogênio positivo não podem engravidar.

Um aspecto muito importante relacionado à prevenção do câncer de mama é que, durante a gestação, a mama irá sofrer alterações naturais – ficará mais túrgida, densa, dolorida – e, muitas vezes, a mulher não percebe que pode ser um câncer se manifestando, pois o exame físico pode confundir. Portanto, para diagnosticar a doença, nesses casos, é recomendada a ultrassonografia, que não utiliza radiação ionizante. A mamografia não é contraindicada, mas um avental de chumbo deve ser sempre utilizado para proteger a barriga da gestante.

ALGUMAS PERGUNTAS IMPORTANTES
Durante o tratamento do câncer, é permitido tomar anticoncepcional?
Durante um tratamento oncológico, é recomendado evitar a gravidez com métodos de barreira mecânica, como o preservativo. O melhor método

anticoncepcional deve ser discutido com o seu médico, uma vez que alguns hormônios podem interagir com determinados quimioterápicos e acelerar o crescimento de alguns tumores.

E se a gravidez acontecer sem planejamento durante o tratamento do câncer?

Alguns quimioterápicos possuem alto risco de ocasionar malformações fetais nas primeiras semanas de gestação. Para a mãe, dependendo do tipo de câncer, pode haver necessidade de interrupção da quimioterapia, reduzindo a eficácia do tratamento, ou mesmo de interrupção da gravidez.

Ao descobrir a doença enquanto grávida, qual o primeiro passo?

Tanto o oncologista como o ginecologista/obstetra devem estar envolvidos na condução do caso com o objetivo de garantir a saúde do bebê e o sucesso do tratamento da mãe. Por isso, nessa situação, o primeiro passo é procurar esses dois médicos, que definirão qual é a melhor abordagem para a paciente.

A quimioterapia e a radioterapia podem prejudicar o desenvolvimento do bebê?

Tanto a quimioterapia como a radioterapia implicam riscos para a saúde fetal. A radioterapia é contraindicada em qualquer fase da gestação. Já a quimioterapia pode ser realizada a partir do segundo trimestre, fase em que o bebê já se encontra formado.

Existe algum tipo de câncer que impede a mulher de engravidar no futuro?

Sim. Alguns tumores que envolvem o sistema reprodutor feminino, como de útero e de ovários, quando tratados cirurgicamente, podem impedir de maneira definitiva uma gravidez futura.

Ao saber que o câncer deixará a mulher infértil, é possível garantir a gestação de um filho no futuro?

Sim, por meio de técnicas de congelamento e armazenamento dos gametas. Não esqueça de discutir com seu médico sobre isso se você ainda deseja uma gravidez futura. Falei sobre isso no capítulo sobre oncofertilidade.

Se não ficar infértil, quanto tempo depois do tratamento a mulher pode engravidar?

Não é muito bem definido na literatura um período para a gravidez após o tratamento com químio ou radioterapia, como já foi dito. Cada caso deve ser orientado individualmente, levando em conta os quimioterápicos e o tipo de tumor.

CONSIDERAÇÕES FINAIS

Enquanto a gestação é sinônimo de uma vida chegando, o câncer ainda está vinculado a uma simbologia de não vida, adoecimento e morte. Parecem coisas incompatíveis, mas isso não é verdade. Devemos construir uma plataforma de equilíbrio para conseguir uma sustentação, um suporte pessoal e emocional de si mesmo e das pessoas mais próximas. Caso contrário, isso passa a ser percebido como uma cascata de incertezas e temores crescentes.

O câncer de mama é o mais frequente, representando quase 50% dos casos, seguido pelos linfomas/leucemias agudas, em aproximadamente 27% dos casos.

Renatinha, grávida após o diagnóstico de um câncer de mama, e eu

A segurança para o complexo materno-fetal no segundo e terceiro trimestre já é conhecido. A maioria dos partos é programada por interrupção e, em grande parte, faz-se cesariana. Discuta sempre com todos os seus médicos. Avaliar a relação risco-benefício é essencial.

Os textos deste capítulo foram adaptados dos seguintes *links*:
- <http://www.inca.gov.br/rbc/n_53/v01/pdf/revisao1.pdf>.
- <https://www.vix.com/pt/bdm/bebe/planejamento/materia/gravida-com-cancer-7-fatos-sobre-a-doenca-e-a-gestacao>.

51 | Quando um câncer de mama está curado?

A cura do câncer de mama relaciona-se à detecção precoce da doença. Esse diagnóstico em fase inicial, por sua vez, depende da mamografia. A Sociedade Brasileira de Mastologia recomenda que ela seja feita anualmente a partir dos 40 anos de idade, embora no Sistema Único de Saúde (SUS) ela só seja oferecida a partir dos 50. Se a paciente tiver fator de risco, deve realizar o exame a partir dos 30 anos. Estudos mostram que o diagnóstico precoce leva a um índice de cura de até 95% e que, entre 40 e 50 anos, o ganho de diminuição de mortalidade com a mamografia é menor que entre 50 e 69 anos.

A mamografia é o principal exame para o diagnóstico do câncer de mama. É o exame mais preciso para identificar lesões de mamas o mais precocemente possível, pois é capaz de diagnosticar tumores pequenos, de até 1 mm, em um estágio bastante inicial. Já no autoexame, o caroço identificado costuma ser perceptível quando está mais desenvolvido, a não ser que seja externo, como no meu caso.

TRATAMENTO

O diagnóstico será determinado pela biópsia, exame feito pelo mastologista que consiste em retirar uma amostra das células, quando feita com agulha fina, ou uma amostra maior, de tecido, quando feita com agulha grossa. Só a partir dessa confirmação do câncer de mama que é programado o tratamento cirúrgico. A porção da mama que será retirada depende muito do estágio em que a doença foi diagnosticada.

A expressão "câncer de mama" nos leva por um caminho assustador e estigmatizante, porque vem associada ao medo da morte. Além disso, ele é temido por acometer exatamente uma parte tão valorizada do corpo da mulher. As mamas desempenham uma função significativa na sexualidade, na sensualidade, na maternidade e na identidade feminina. O câncer de mama nos atinge física, psicológica e socialmente. Talvez por isso o estigma dessa doença seja tão forte, provocando, às vezes, a fuga do diagnóstico, o que pode inadvertidamente torná-lo tardio e mais grave.

Mas, afinal, quando um câncer está curado? Esse assunto é bastante controverso.

Antes, havia a ideia do "número mágico" de 5 anos após o tratamento. Esse número muitas vezes estava relacionado com o término da hormonioterapia, que em geral durava 5 anos. Atualmente, ela dura 10 anos. É verdade que a maioria das recidivas ocorre nos 5 primeiros anos após o tratamento, mas, nos dias de hoje, entendemos que o tumor de mama pode apresentar recidivas tardias, ou seja, de 5 ou 10 anos do tratamento inicial, dependendo do tipo biológico do tumor. Logo, esse número de 5 anos já não pode ser aplicado nos dias atuais de maneira rigorosa.

A paciente precisa, sim, de um controle médico periódico por toda a vida, ao menos uma vez ao ano, após o período de 5 anos. Reforço que esse controle médico anual já é o mínimo que uma mulher após os 40 anos de idade necessita realizar com o mastologista/cirurgião oncologista (mesmo sem diagnóstico prévio de câncer), conforme recomendação da Sociedade Brasileira de Mastologia e da Sociedade Brasileira de Cirurgia Oncológica.

As pacientes não precisam viver com o fantasma da possibilidade de recidiva pela vida toda, uma vez que esse medo impedirá o pleno objetivo do tratamento médico – de que as pacientes vivam bem. O entendimento atual é que a paciente precisa se sentir curada logo após o término do tratamento cirúrgico e da quimioterapia/radioterapia, uma vez que não mais exista evidência de doença. No entanto, deve sempre manter um estreito controle médico.

O câncer de mama, assim como todos os tumores, terá sua maior chance de cura quanto mais precocemente for diagnosticado, ou seja, quanto menor for o tamanho do nódulo mamário no momento do diagnóstico, associado à ausência de metástase nos gânglios da axila e nos demais órgãos.

Outro critério cada mais vez em destaque é o subtipo do câncer de mama. Nem todos os tumores de mama são iguais. Existem tumores mais agressivos e tumores menos agressivos – o que chamamos de comportamento biológico do tumor. Para tumores de comportamento biológico menos agressivo, as chances de cura são maiores; e para aqueles de comportamento biológico mais agressivo, as chances de cura são menores.

Os principais cuidados para o tumor não voltar consistem em, primordialmente, realizar o tratamento médico correto e adequado (cirurgia, quimioterapia e/ou hormonioterapia, radioterapia, etc.) conforme a indicação médica. Ou seja, trata-se do grau de adesão do paciente ao tratamento oncológico. O paciente não deve abandonar o tratamento antes do término, deve se envolver com ele e seguir as recomendações médicas.

Os principais fatores relacionados à redução do risco de recidiva tumoral associados à realização do tratamento oncológico são:
- Controle adequado do peso, uma vez que pacientes com obesidade apresentam mais recidivas do que pacientes com peso ideal.
- Prática regular de atividade física.
- Alimentação adequada.
- Hábitos saudáveis de vida.
- Não utilização de anticoncepcional oral ou de terapia de reposição hormonal.
- Redução ou suspensão do consumo de bebida alcoólica.
- Redução ou suspensão do tabagismo.

Em resumo, todas as pacientes são tratáveis, e o tratamento dependerá da fase em que o tumor foi diagnosticado. O tratamento sempre terá o objetivo de cuidar bem do ser humano e ofertar a ele o melhor método disponível para que seja efetivamente curado, ou, para aqueles casos em que não seja possível obter a cura, que ele consiga viver com dignidade e qualidade de vida pelo maior tempo possível.

Os textos deste capítulo foram adaptados dos seguintes *links*:
- <http://www.minhavida.com.br/saude/materias/18041-cancer-de-mama-tem-cura>.
- <http://www.imdimed.com.br/sobre?start=42>.
- <http://gestaodelogisticahospitalar.blogspot.com.br/2014_10_24_archive.html>.
- <https://revistas.ufg.br/fen/article/viewArticle/851/1028>.
- <http://www.scielo.br/scielo.php?script=sci_arttext&pid=S0034-71672010000500006>.
- <http://www.uai.com.br/app/noticia/saude/2014/10/09/noticias-saude,191420/cancer-de-mama-tem-ate-95-de-chance-de-cura-se-diagnosticado-precocem.shtml>.

"Eu caminho, desequilibrada, em cima de uma linha tênue entre a lucidez e a loucura. De ter amigos eu gosto porque preciso de ajuda pra sentir, embora quem se relacione comigo saiba que é por conta própria e autorrisco. O que tenho de mais obscuro, é o que me ilumina. E a minha lucidez é que é perigosa (como dizia Clarice Lispector)". (Marla de Queiroz)

52 | Vamos falar de tratamento alternativo para o câncer de mama?

Quando o câncer é descoberto, sentimos um misto de emoções: indignação, raiva, revolta, medo, insegurança...

No entanto, um sentimento se sobrepõe aos demais: esperança. E, com ela, a vontade de sobreviver. Isso pode incentivar muitas pessoas a procurarem tratamentos não convencionais/não médicos, como os alternativos, complementares, à base de plantas ou religiosos.

Uma estimativa da American Society of Clinical Oncology (Asco) mostra que cerca de 80% dos pacientes com neoplasias recorrem, em algum momento, a tratamentos não convencionais. Entretanto, não há indícios de que esses tratamentos contribuam para a regressão ou a cura do câncer. São muitos os exemplos de pacientes que, infelizmente, postergam tratamentos eficientes para fazer cirurgia espiritual ou outro método sem comprovação científica, e, quando retornam, a doença não é mais operável, o tumor já se espalhou e a chance de cura diminuiu. O empresário Steve Jobs, fundador da Apple, foi uma dessas pessoas: postergou a cirurgia do câncer de pâncreas para aderir a um tratamento com ervas, o que agravou seu quadro.

Além de atrasarem o início do tratamento médico, o que pode significar a transformação de um tumor maligno curável em uma doença fatal, os tratamentos não comprovados cientificamente causam danos psicológicos e financeiros, visto que muitos pacientes correm risco de empobrecer no desesperado esforço pela busca da cura.

Quando você é diagnosticada com câncer, qualquer um que seja, fica sabendo de outras formas de tratamento da doença ou mesmo de alívio dos sintomas que o seu médico não mencionou. Esses métodos podem incluir vitaminas, ervas e dietas especiais ou outros métodos, como, acupuntura ou massagem.

É fácil entender porque as pacientes com câncer de mama logo pensam em métodos alternativos. Elas querem fazer de tudo para lutar contra o câncer, e a ideia de um tratamento sem efeitos colaterais parece ótima. Muitas vezes, tratamentos médicos como a quimioterapia podem ser difíceis ou não estar dando o resultado esperado. Todavia, a verdade é que a maioria das terapias alternativas e complementares não é cientificamente comprovada para uso no tratamento do câncer de mama.

Um bom exemplo é a afirmação de que o bicarbonato de sódio e a folha de graviola têm poder curativo 10 mil vezes superior ao da quimioterapia. Gente, isso é uma mentira. Pior ainda é que a administração de bicarbonato em excesso pode causar alcalose metabólica iatrogênica (aumento do pH do organismo), o que pode levar a confusão mental, enjoos, náuseas e vômitos, muitas vezes acompanhados de espasmos musculares e inchaço no rosto ou nas extremidades. O pH fisiológico é fundamental para o desenvolvimento correto das funções do organismo, incluindo imunidade, respiração celular e transporte de nutrientes.

Todo medicamento, para entrar em uso rotineiro, precisa passar por várias etapas (pré-clínica, fase I, fase II e fase III), nas quais são avaliadas a toxicidade e a eficácia, e esta é comparada com o melhor tratamento disponível. As substâncias naturais oferecidas desenfreadamente na mídia e nas redes sociais estão pulando tais etapas. Portanto, não sabemos se são tóxicas ou eficazes. Reforço, ainda, que a fitoterapia não é reconhecida pelo Conselho Federal de Medicina como especialidade médica.

Para entender um pouco melhor esse mundo, o que exatamente são as terapias complementares e alternativas? Nem todo mundo utiliza esses termos da mesma maneira, e eles são usados para se referir a diversos métodos, o que torna o entendimento um pouco confuso. O termo complementar é usado para se referir a tratamentos realizados junto com as terapias convencionais. As terapias alternativas são usadas no lugar de um tratamento médico padrão.

- Métodos complementares: a maioria dos métodos de tratamento complementares não é oferecida como cura para o câncer. São empregados principalmente para ajudar o paciente a se sentir melhor e utilizados junto com o tratamento médico padrão. Exemplos: meditação, para reduzir o estresse; acupuntura, para ajudar a aliviar a dor; chá de hortelã, para aliviar as náuseas. Alguns métodos complementares são reconhecidos e podem ajudar, enquanto outros nunca foram testados cientificamente. Alguns comprovadamente não são úteis e outros foram considerados prejudiciais.

- Tratamentos alternativos: podem ser oferecidos como cura do câncer. Entretanto, essas terapias alternativas não foram comprovadas em ensaios clínicos como seguras e eficazes. Alguns desses métodos podem constituir perigo ou têm efeitos colaterais potencialmente fatais. Na maioria dos casos, o maior perigo é você perder a chance de ter um tratamento médico padrão. Atrasos ou interrupções nos tratamentos médicos podem dar à doença mais tempo para evoluir, tornando menos provável a eficácia do tratamento padrão.

Sabe aquele ditado que diz que, quando a esmola é demais, até o santo desconfia? Então... Uma solução tão simples como essa e ninguém divulga? Impossível!

A decisão sobre como tratar ou gerenciar o câncer de mama é sempre sua, mas pense bem. Se você quiser usar um tratamento não padronizado, converse com seu médico sobre o assunto. Com boas informações e com o apoio e supervisão de seu médico, você pode usar com segurança outros métodos que poderão lhe ajudar, evitando aqueles que poderiam ser prejudiciais. No entanto, não se esqueça do tratamento comprovado. Sua chance de vida está aí.

Eu optei pelo tratamento convencional, ou seja, com embasamento científico. Não percam esse momento. Previnam-se e, se houver um diagnóstico, tratem-se o mais rápido possível e da maneira correta.

Os textos deste capítulo foram adaptados dos seguintes *links*:
- <http://portugues.medscape.com/verartigo/6501296>.
- <http://www.oncoguia.org.br/conteudo/terapias-alternativas-e-complementares-para-tratamento-do-cancer-colorretal/5281/180/>.
- <http://www.oncoguia.org.br/conteudo/terapias-alternativas-e-complementares-para-cancer-de-pancreas/8246/219/>.

53 | Campanha "*Stop the sepse*"

A campanha "Pare a Sepse, Salve Vidas" é o *slogan* do projeto "Dia Mundial da Sepse". Trata-se de um projeto mundial capitaneado pela Global Sepsis Alliance (GSA), uma organização sem fins lucrativos que conta com a colaboração de 39 grandes entidades internacionais de profissionais dedicados a melhorar a percepção e o tratamento de sepse.

O que é a sepse? Você já ouviu falar sobre essa doença?

SEPSE

Antigamente, ela era conhecida como septicemia ou infecção generalizada, mas, na verdade, trata-se de uma inflamação generalizada do próprio organismo contra uma infecção que pode estar localizada em qualquer órgão. Essa inflamação pode levar à parada de funcionamento de um ou de mais órgãos, com risco de morte quando não descoberta e tratada rapidamente. E quando digo rapidamente, é muito rápido mesmo. Sabe por quê?

Atualmente, a sepse é a principal causa de morte nas unidades de terapia intensiva (UTI). A sepse mata mais do que infarto do miocárdio e do que alguns tipos de câncer. O nosso país tem uma das mais altas taxas de mortalidade do mundo pela sepse (50%). Estima-se que 400 mil novos casos sejam diagnosticados por ano e 240 mil pessoas morrem anualmente.

Esse quadro precisa mudar e você também pode ajudar! Entender o que é a sepse já é um importante passo nessa luta que não é apenas dos profissionais de saúde, mas de todos nós.

INDIVÍDUOS COM MAIOR RISCO DE ADQUIRIR SEPSE
- Bebês prematuros.
- Crianças com menos de 1 ano.
- Idosos acima de 65 anos.
- Pacientes com câncer, aids ou que fizeram uso de quimioterapia ou outros medicamentos que afetam as defesas do organismo.
- Pacientes com doenças crônicas, como insuficiência cardíaca, insuficiência renal e diabetes.
- Usuários de álcool e drogas ilícitas.
- Pacientes hospitalizados que utilizam antibióticos, cateteres ou sondas.

Mas atenção: qualquer pessoa pode ter sepse.

DIAGNÓSTICO
Embora não existam sintomas específicos, todas as pessoas que estão passando por uma infecção e apresentam febre, aceleração do coração (taquicardia), respiração mais rápida (taquipneia), fraqueza intensa, tonturas e pelo menos um dos sinais de gravidade, como pressão baixa, diminuição da quantidade de urina, falta de ar, sonolência excessiva ou confusão mental (principalmente os idosos e crianças), devem procurar imediatamente um serviço de emergência ou o seu médico. No caso dos pacientes oncológicos, por causa da quimioterapia os sintomas e sinais de inflamação ficam mais escondidos, por isso deve-se procurar o médico a qualquer momento em caso de:
- Febre.
- Arrepios ou transpiração.
- Dor de garganta ou úlceras na boca.
- Dor abdominal.
- Diarreia.
- Feridas ao redor do ânus.
- Dor ou ardor ao urinar.
- Tosse ou dificuldade respiratória.
- Vermelhidão, inchaço ou dor, especialmente em torno de um corte, uma ferida ou do cateter.
- Corrimento anormal ou coceira vaginal.

A quimioterapia pode causar queda dos neutrófilos, a chamada neutropenia. No entanto, a neutropenia em si não causa nenhum sintoma. Os pacientes geralmente descobrem que têm neutropenia pelo exame de sangue ou quando uma infecção se desenvolve. Para pacientes com neutropenia, até uma pequena infecção pode tornar-se grave em pouco tempo. Por isso, não podemos esperar o diagnóstico chegar para procurarmos o médico.

Reconhecer a sepse não é fácil. Infelizmente, um estudo publicado pelo jornal *Folha de S.Paulo* mostrou que somente 27% dos médicos sabem reconhecer a sepse. Esse estudo avaliou 917 profissionais e concluiu que a maioria não sabe diagnosticar a doença. O Brasil, ao lado da Malásia, lidera o *ranking* de mortes pela doença, com 250 mil mortes por ano. A pesquisa foi feita em São Paulo, no ano de 2009.

TIPOS DE INFECÇÃO QUE PODEM EVOLUIR PARA SEPSE

Qualquer tipo de infecção, leve ou grave, pode evoluir para sepse. As mais comuns são pneumonia e infecções gastrointestinais e urinárias.

Por isso, quanto menor for o tempo com infecção, menor a chance de surgimento da sepse. Para tal, o tratamento rápido das infecções é uma estratégia que deve ser adotada.

TRATAMENTO

O tratamento da sepse não exige recursos sofisticados. A maioria das medidas eficazes para o tratamento da sepse pode ser realizada com o treinamento dos profissionais de saúde, utilizando recursos disponíveis na maioria das unidades de saúde.

O principal tratamento consiste em administrar antibióticos pela veia o mais rápido possível. Podem ser necessários oxigênio, líquidos na veia e medicamentos que aumentem a pressão arterial. A diálise pode ser necessária se os rins pararem de funcionar. Um aparelho de respiração artificial pode ser utilizado em caso de dificuldade respiratória grave.

PREVENÇÃO

O risco de sepse pode ser diminuído, principalmente em crianças, respeitando-se o calendário de vacinação. Higiene adequada das mãos e cuidados com o equipamento médico podem ajudar a prevenir infecções hospitalares que levam à sepse. Atenção: sepse não acontece só por causa de infecções hospitalares. Assim, bons hábitos de saúde podem ajudar. Outra dica importante é evitar a automedicação e o uso desnecessário de antibióticos.

O objetivo central dessa campanha (e deste capítulo) é aumentar a percepção da sepse tanto entre profissionais de saúde como entre o público leigo, além dos pacientes com câncer, e, assim, priorizar a sepse como uma emergência médica a fim de que todos os pacientes possam receber intervenções básicas, incluindo antibióticos e fluidos intravenosos, dentro da primeira hora.

Os textos deste capítulo foram adaptados dos seguintes *links*:
- <http://ilas.org.br/interacao/?p=155>.
- <http://hospitaldocoracao.com.br/13-de-setembro-dia-mundial-de-combate-sepse/>.

54 | Setembro Dourado e o câncer infantil

Descobrir que uma criança ou um adolescente tem câncer é algo terrível. Afinal, nenhum pai e mãe está preparado para receber tal notícia. Entretanto, graças aos avanços de pesquisas e tratamentos, a possibilidade de cura é muito maior quando a doença é descoberta logo no começo. Em outras palavras: o diagnóstico precoce do câncer infantojuvenil pode representar o início da cura. Então, fique atento aos sintomas, pois o diagnóstico precoce aumenta as chances de cura do seu filho e de você voltar a sorrir.

DÚVIDAS FREQUENTES SOBRE O TEMA
O câncer infantil é comum? Qual a sua importância?
No Brasil, ele atinge uma a cada 600 crianças e adolescentes até os 15 anos de idade. Segundo referências dos registros de base populacional, são estimados mais de 9.000 casos novos de câncer infantojuvenil, no Brasil, por ano.

Assim como em países desenvolvidos, no Brasil o câncer já representa a segunda causa de mortalidade proporcional entre crianças e adolescentes de 1 a 19 anos, para todas as regiões. Em razão de as primeiras causa serem acidentes e violência, pode-se dizer que o câncer é a primeira causa de mortes por doença após 1 ano de idade até o final da adolescência. Nos EUA, onde as crianças gozam de condições de saúde melhores que as brasileiras, o câncer é a principal causa de morte por doença em crianças e adolescentes com menos de 15 anos, com cerca de 1.600 mortes por ano.

Nos últimos 30 anos, o tratamento do câncer infantil deu um salto impressionante e, em média, nos centros especializados, entre 70 e 80% das crianças ficam curadas, ou seja, vivem mais de 5 anos (e muitas vezes bem mais do que isso) após o diagnóstico. Nas leucemias linfocíticas agudas, essa taxa era de 20%, mas atualmente chega a 86%.

Estima-se que em torno de 70% das crianças acometidas por câncer possam ser curadas quando diagnosticadas precocemente e tratadas em centros especializados. A maioria dessas crianças terá boa qualidade de vida após o tratamento adequado.

O câncer da criança é igual ao do adulto?

Nas crianças, as células cancerosas crescem e se multiplicam mais depressa que nos adultos. Câncer infantil corresponde a um grupo de várias doenças que têm em comum a proliferação descontrolada de células anormais e que pode ocorrer em qualquer local do organismo. O câncer infantil geralmente afeta as células do sistema sanguíneo e os tecidos de sustentação, enquanto o do adulto afeta as células do epitélio que recobre os diferentes órgãos (câncer de mama, câncer de pulmão).

No adulto, em muitas situações, o surgimento do câncer está associado claramente aos fatores ambientais, por exemplo, fumo e câncer de pulmão. Nos tumores da infância e adolescência, até o momento não existem evidências científicas que nos permitam observar claramente essa associação. Portanto, prevenção é um desafio para o futuro. A ênfase atual deve ser dada ao diagnóstico precoce e à orientação terapêutica de qualidade.

Quais os tipos de tumores mais frequentes na infância?

As neoplasias mais frequentes na infância são as leucemias (glóbulos brancos), tumores do sistema nervoso central e linfomas (sistema linfático).

Também acometem crianças o neuroblastoma (tumor de células do sistema nervoso periférico, frequentemente de localização abdominal), tumor de Wilms (tumor renal), retinoblastoma (tumor da retina do olho), tumor germinativo (tumor das células que vão dar origem às gônadas), osteossarcoma (tumor ósseo) e sarcomas (tumores de partes moles, sendo o rabdomiossarcoma o mais frequente).

Como se chega atualmente ao diagnóstico de câncer infantil?

No Brasil, muitos pacientes ainda são encaminhados ao centro de tratamento com doenças em estágio avançado, o que se deve a vários fatores:
- Desinformação dos pais.
- Medo do diagnóstico de câncer (podendo levar à negação dos sintomas).
- Desinformação dos médicos.
- Atrasos no diagnóstico.
- Problemas de organização da rede de serviços.
- Acesso desigual às tecnologias diagnósticas.

Algumas vezes, esse atraso no tratamento também está relacionado com as características de determinados tipos de tumores, porque a apresentação clínica deles pode não diferir muito de outras doenças, muitas delas bastante comuns na infância. Os sinais e sintomas não são necessariamente específicos, e, muitas vezes, a criança ou o jovem podem ter o seu estado geral de saúde ainda em razoáveis condições no início da doença. Por esse motivo, é de importância crucial o conhecimento médico sobre a possibilidade da doença.

Há fatores de risco para o câncer infantil?

Muitos cânceres pediátricos ocorrem em crianças bem pequenas e os pais se questionam por que isso acontece. Alguns casos são resultado da predisposição genética, mas, ao contrário do que ocorre com os adultos, o câncer infantil não está associado a fatores como dieta, falta de exercícios físicos e, muito menos, ao uso de cigarro e álcool. A causa da maioria dos casos de câncer pediátrico ainda é desconhecida.

Como reconhecer os principais sintomas?

O câncer infantil costuma ser difícil de reconhecer quando em seu estágio inicial, pois sua manifestação clínica se confunde com grande parte das doenças comuns da infância, como explicado. Além das consultas regulares ao pediatra, os pais devem estar atentos para o aparecimento de sinais e sintomas que não desaparecem, como:
- Surgimento de nódulos ou caroços.
- Palidez e falta de energia inexplicáveis.
- Aparecimento de hematomas sem motivo.

- Sangramentos frequentes (por nariz, ânus, vias urinárias).
- Dor localizada persistente.
- Coxeadura (mancar) sem razão aparente.
- Febres sem explicação.
- Aumento de volume abdominal.
- Dor abdominal prolongada.
- Dores de cabeça frequentes, muitas vezes acompanhada por vômitos.
- Mudanças nos olhos ou na visão.
- Perda de peso rápida e excessiva.
- Virilização em meninas (aparecimento de características masculinas, como pelos mais exacerbados, provocadas pela produção excessiva de andrógenos) ou puberdade precoce.

DIAGNÓSTICO

Resumindo, os sintomas que levam a desconfiar da possibilidade de câncer infantil são:
- Palidez, dor óssea e hematomas ou sangramentos pelo corpo.
- Caroços ou inchaços, especialmente se forem indolores.
- Perda de peso inexplicada, febre e sudorese noturna.
- Tosse persistente ou falta de ar.
- Alterações oculares: embranquecimento da pupila, estrabismo recente, perda visual, hematomas ou inchaço ao redor dos olhos.
- Dores de cabeça, sobretudo se forem incomuns e contínuas, além de acompanhadas de vômitos pela manhã ou com piora ao longo do dia.
- Dores nos membros e inchaços sem qualquer sinal de infecção ou trauma.

É muito importante estar atento a algumas formas de apresentação dos tumores da infância.

Nas leucemias, pela invasão da medula óssea por células anormais, a criança torna-se suscetível a infecções, pode ficar pálida, ter sangramentos e sentir dores ósseas.

No retinoblastoma, um sinal importante de manifestação é o chamado "reflexo do olho do gato", que é o embranquecimento da pupila quando exposta à luz. Pode se apresentar também por meio de fotofobia ou estrabismo. Geralmente acomete crianças antes dos três anos de idade. Hoje, a pesquisa desse reflexo pode ser feita desde a fase de recém-nascido.

Algumas vezes, os pais notam um aumento do volume ou uma massa no abdome, podendo tratar-se de um tumor de Wilms ou neuroblastoma.

Tumores sólidos podem se manifestar pela formação de massa, podendo ser visíveis ou não, e causar dor nos membros, sintoma, por exemplo, frequente no osteossarcoma (tumor no osso em crescimento), mais comum em adolescentes.

Tumor de sistema nervoso central tem como sintomas dor de cabeça, vômitos, alterações motoras, alterações de comportamento e paralisia de nervos.

É importante que os pais estejam alertas para o fato de que a criança não esteja inventando sintomas, e que, ao sinal de alguma anormalidade, levem seus filhos ao pediatra para avaliação. É igualmente relevante saber que, na maioria das vezes, esses sintomas estão relacionados a doenças comuns na infância. Entretanto, isso não deve ser motivo para que a visita ao médico seja descartada.

TRATAMENTO

O tratamento do câncer começa com o diagnóstico correto, em que há necessidade da participação de um laboratório confiável e do estudo de imagens. Pela sua complexidade, o tratamento deve ser efetuado em centro especializado. O trabalho coordenado de vários especialistas também é fator determinante para o êxito do tratamento (oncologistas pediatras, cirurgiões-pediatras, radioterapeutas, patologistas, radiologistas), assim como o de outros membros da equipe médica (enfermeiros, assistentes sociais, psicólogos, nutricionistas, farmacêuticos).

O câncer infantil pode ser tratado com cirurgia, radioterapia e quimioterapia ou pela combinação de duas ou mais dessas terapias. Apesar das exceções, costuma responder bem à quimioterapia, porque tem crescimento rápido. Reitero que é importante que o tratamento seja feito em centros especializados, porque tanto a criança com câncer como sua família apresentam necessidades especiais.

As taxas de sobrevida de 5 anos após o diagnóstico variam de acordo com o tipo de câncer da criança, mas, no total, estão em torno de 80%. Os pacientes com leucemias linfocíticas têm índices próximos de 80%. Portadores de tumor de Wilms e linfoma de Hodgkin têm chance de cura entre 80 e 90%, e os linfomas não Hodgkin também apresentam prognóstico favorável, mesmo em doenças avançadas. Os portadores de neuroblastoma avançado e leucemia mieloide têm chances bem mais escassas. Os tumores de sistema nervoso central são múltiplos, e o prognóstico depende muito do tipo e estádio do tumor. Os sarcomas também têm apresentações variadas e diversos subtipos, com prognósticos bastante favoráveis para alguns deles, dependendo do subtipo e do grau de extensão.

O organismo de uma criança também tende a lidar melhor com a quimioterapia do que o organismo de um adulto. Crianças são anjos!

O uso de tratamentos mais intensivos permite aos médicos uma melhor oportunidade de tratar a doença de modo eficaz, mas também pode levar a mais efeitos colaterais de curto e longo prazo. Os médicos fazem o possível para equilibrar a necessidade do tratamento intensivo com a redução, tanto quanto possível, dos efeitos colaterais.

Entretanto, certos tratamentos, como quimioterapia e radioterapia, podem causar efeitos colaterais a longo prazo, de modo que as crianças podem precisar de uma atenção especial para o resto da vida. Por isso é tão importante um centro especializado. A grande vantagem desses centros é possuírem equipes de profissionais que conhecem as necessidades específicas das crianças e adolescentes com câncer.

Algumas crianças podem ter uma chance maior de desenvolver um tipo específico de câncer em função de alterações em certos genes herdados de um dos pais. Elas devem ter acompanhamento médico regular, incluindo a realização de exames especiais para detectar sinais precoces da doença.

É importante que a família participe ativamente do tratamento da criança, dando segurança e confiança.

TIPOS MAIS COMUNS

Os tipos de câncer mais comuns na infância e adolescência são:
- Leucemia linfocítica (ou linfoide) aguda (LLA): LLA é o câncer mais comum na infância e representa 30% do total de casos.
- Tumor de Wilms: pode afetar um rim ou ambos e é mais comum entre crianças na faixa dos 2 a 3 anos de idade. Representa 5 a 10% dos tumores infantis.
- Neuroblastoma: é o tumor sólido extracraniano (isto é, fora do cérebro) mais comum nas crianças, geralmente diagnosticado durante os dois primeiros anos de vida. Ele pode aparecer em qualquer parte do corpo, mas é mais comum nas suprarrenais e no mediastino.
- Retinoblastoma: é um câncer que tem origem nas células que formam parte da retina, cujo sinal mais comum é o brilho ocular chamado de "reflexo do olho de gato". Existem duas formas da doença, a hereditária e a esporádica. Costuma aparecer em crianças entre 2 e 3 anos de idade.

- Rabdomiossarcoma: é o câncer de partes moles mais comum em crianças. O tumor ocorre nas mesmas células embrionárias que dão origem à musculatura estriada esquelética ou voluntária, ou seja, músculos que se prendem aos ossos ou a outros músculos.
- Tumores do sistema nervoso central (encéfalo e medula espinhal): são os tumores malignos sólidos mais comuns em crianças, ficando atrás apenas de leucemias e linfomas. Adultos tendem a ter câncer em diferentes partes do cérebro, geralmente nos hemisférios cerebrais. Tumores da medula espinhal são menos comuns que os de encéfalo tanto em adultos como nas crianças.
- Tumores ósseos primários: são raros. O mais comum é que o câncer dos ossos seja resultado de outro tumor que se espalhou e atingiu o osso. Apesar de raros, são o sexto em incidência em crianças, sendo mais frequentes na adolescência. Os mais comuns são o osteossarcoma e o sarcoma de Ewing.
- Linfoma de Hodgkin: anteriormente chamado de doença de Hodgkin, é um câncer do sistema linfático (que inclui gânglios, timo e outros órgãos do sistema de defesa do organismo). O linfoma de Hodgkin pode atingir crianças e adultos, mas é mais comum em dois grupos, jovens adultos (dos 15 aos 40 anos, geralmente dos 25 aos 30 anos) e pessoas acima dos 55 anos. É raro antes dos 5 anos de idade, mas entre 10 e 15% dos casos ocorrem em adolescentes e crianças com menos de 16 anos.
- Linfomas não Hodgkin: também têm origem no sistema linfático e são mais frequentes que os linfomas de Hodgkin nas crianças, sendo o terceiro câncer mais comum entre crianças.

Mais no final deste livro, nos capítulos dedicados aos depoimentos, a minha querida Deborah Fachini resolveu nos ajudar dando seu depoimento sobre o que passou com o seu filho Rafa, demonstrando como é importante o diagnóstico precoce e o tratamento imediato.

Os textos deste capítulo foram adaptados dos seguintes *links*:
- <http://www.setembrodourado.org.br/>.
- < http://www.inca.gov.br/wps/wcm/connect/tiposdecancer/site/home/infantil>.
- < http://www.accamargo.org.br/tudo-sobre-o-cancer/infantil/16/>.
- < http://www.nacci.org.br/novosite/cancerinfantil.html>.

55 | Bem-vindo, Outubro Rosa!

> *"Porque eu gosto é de rosas e rosas e rosas*
> *Acompanhadas de um bilhete me deixam nervosa*
> *Toda mulher gosta de rosas e rosas e rosas*
> *Muitas vezes são vermelhas, mas sempre são rosas*
> *Você pode me ver do jeito que quiser*
> *Eu não vou fazer esforço pra te contrariar*
> *De tantas mil maneiras que eu posso ser*
> *Estou certa que uma delas vai te agradar"*
> *(Rosas, Ana Carolina)*

Outubro Rosa é o nome da campanha internacional de sensibilização da população para o câncer de mama. O nome remete à cor do laço rosa que simboliza, mundialmente, a luta contra o câncer de mama e estimula a participação da população, de empresas e de entidades.

HISTÓRIA DO OUTUBRO ROSA

Nos EUA, vários estados faziam ações isoladas referentes ao câncer de mama e/ou à mamografia, sempre no mês de outubro. Posteriormente, o congresso estadunidense estabeleceu que outubro seria o mês nacional (estadunidense) de prevenção do câncer de mama.

Na década de 1990, a Fundação Susan G. Komen for the Cure®, que já usava a cor rosa em suas campanhas, junto com Alexandra Penney, editora-chefe da revista *Self*, lançou o laço cor-de-rosa como símbolo do combate e prevenção contra o câncer de mama. A partir daí, diversos eventos, contando com a ajuda de grandes empresas de cosméticos, promoveram a disseminação do laço cor-de-rosa. Os laços eram sempre atrelados à causa da prevenção do câncer de mama, sendo distribuídos em corridas, divulgados em movimentos, colados em locais públicos, etc.

A iniciativa Outubro Rosa (*Pink October*) propriamente dita foi fundada em 1997, quando as cidades estadunidenses de Yuba e Lodi concretizaram e fomentaram movimentos designados especificamente à prevenção do câncer de mama. As ações irradiaram país afora, sempre com o intuito de conscientizar sobre a prevenção do câncer de mama por meio do diagnóstico precoce. A fim de sensibilizar a população, os laços cor-de-rosa foram amplamente utilizados, o que permitiu a fixação da cor rosa e do mês de outubro como símbolos da prevenção contra o câncer de mama.

Já sobre o ato de iluminar de cor-de-rosa monumentos, prédios públicos, pontes, teatros, etc., que certamente surgiu posteriormente, não há dados oficiais disponíveis que explicitem onde, como e quando ocorreu pela primeira vez. O mais extraordinário é que foi uma maneira prática para que o Outubro Rosa se expandisse vertiginosamente na população, e que, principalmente, pôde ser replicada em qualquer lugar, bastando apenas adequar a a cor da iluminação já existente.

Desde então, a iluminação cor-de-rosa configura-se em uma leitura visual compreendida em qualquer lugar no mundo, por isso ela é tão bonita, elegante e feminina. Hoje, o Outubro Rosa abrange o mundo inteiro, motivando e unindo diversos povos em torno de tão nobre causa.

OUTUBRO ROSA NO BRASIL

A primeira exteriorização do Outubro Rosa no Brasil aconteceu em 2 de outubro de 2002, com a iluminação cor-de-rosa do monumento Mausoléu do Soldado Constitucionalista (mais conhecido como Obelisco do Ibirapuera), situado na cidade de São Paulo (SP). Nesse mesmo dia, foram comemorados os 70 anos do Encerramento da Revolução, e, por isso, um grupo de mulheres simpatizantes com a causa do câncer de mama, com o apoio de empresas, aproveitou para iluminar o monumento e alertar a população para o câncer de mama, como já ocorria em outros países.

Muito rapidamente, essa iniciativa espalhou-se pelo país, incentivando ações semelhantes e inovadoras em diversas cidades para propagar o Outubro Rosa e seu alerta à população sobre a importância do diagnóstico precoce e da prevenção do câncer de mama.

E, nós, pacientes com câncer de mama, como gostamos muito de cor-de-rosa, faremos o Outubro Rosa estender-se de janeiro a dezembro, e não esqueceremos nem por um dia do ano a importância da prevenção e do diagnóstico precoce. Vamos transformar nosso tratamento em rosas também, só que retirando seus espinhos lentamente.

Fotos tiradas para a campanha Outubro Rosa do Hospital LeForte, em 2016

56 | Novembro Azul e o câncer de próstata

Em 2016, cerca de 61 mil brasileiros receberam o diagnóstico de câncer de próstata, sendo a segunda causa de morte por câncer entre homens, ficando atrás apenas do câncer de pulmão. Nos EUA, as estatísticas indicam que 1 a cada 6 homens vai ter câncer de próstata, mas apenas 1 em cada 34 morrerá por causa da doença. A taxa de mortalidade da doença está em queda, em parte porque o diagnóstico precoce está aumentando.

Cerca de 6 em cada 10 casos são identificados em homens com mais de 65 anos de idade, sendo raro antes dos 40 anos. A média de idade no momento do diagnóstico é de cerca de 66 anos.

A próstata, também chamada de glândula prostática, é uma glândula do tamanho de uma noz que só os homens têm. Fica logo abaixo da bexiga e na frente do reto. Através da próstata, passam a uretra (canal que transporta urina) e os vasos deferentes (que transportam os espermatozoides produzidos nos testículos). A próstata contém pequeninas glândulas especializadas em produzir o líquido prostático, que tem a função de proteger e nutrir os espermatozoides. Como bônus informativo, explico de forma bem sucinta o processo da produção do esperma para entenderem melhor a função da próstata, apesar de a maioria dos homens poder viver sem ela. O sêmen (esperma) é formado, em ordem cronológica, por espermatozoides (produzidos nos testículos); líquido seminal (produzido na vesícula seminal), responsável por 50 a 70% do volume total do sêmen; e líquido prostático (produzido na próstata), responsável por 10 a 30% do volume total e por dar o aspecto leitoso ao sêmen ejaculado. Espermatozoides e líquido seminal chegam à próstata (última "parada" antes da ejaculação) através dos vasos deferentes. Quando o homem ejacula, a próstata se contrai, empurrando o esperma pela uretra em direção ao pênis. A função do líquido prostático é proteger os espermatozoides, prolongando sua vida e tornando-os mais fortes, o que aumenta a chance de um deles chegar ao óvulo. *Ufa!*

Hormônios masculinos permitem o desenvolvimento da próstata no feto, e ela vai crescendo à medida que um menino se torna adulto. Em homens mais velhos, frequentemente a parte da glândula em torno da uretra cresce continuamente, causando a hiperplasia prostática benigna (HPB), que causa dificuldades na hora de urinar.

Embora a próstata seja constituída por vários tipos de células, a maioria dos cânceres de próstata tem origem nas células das glândulas que produzem o líquido seminal. São chamados de adenocarcinomas.

Em grande parte das vezes, o câncer de próstata tem desenvolvimento lento e alguns estudos mostram que cerca de 80% dos homens de 80 anos de idade que morreram por outros motivos tinham câncer de próstata e nem eles nem seus médicos desconfiavam. Em alguns casos, porém, ele cresce e se espalha depressa.

SINAIS E SINTOMAS

Em seus estágios iniciais, o câncer de próstata não costuma apresentar sintomas. Dificuldade para urinar pode ser sintoma de câncer, mas também de hiperplasia benigna. É recomendável consultar um urologista se o paciente apresentar os seguintes sintomas:

- Urinar pouco de cada vez.
- Urinar com frequência, especialmente durante a noite, obrigando-o a se levantar várias vezes para ir ao banheiro.
- Dificuldade para urinar.
- Dor ou sensação de ardor ao urinar.
- Presença de sangue na urina ou no sêmen.
- Ejaculação dolorosa.

Se a doença se disseminou, o homem pode apresentar sintomas como dor nas costas, quadris, coxas, ombros ou outros ossos.

DIAGNÓSTICO

O câncer de próstata pode ser diagnosticado precocemente pela combinação de dois exames: de sangue, que avalia os níveis de antígeno prostático específico (PSA – do inglês *prostate-specific antigen*), e de toque retal. Como a próstata fica logo na frente do reto, o exame permite que o médico sinta se há nódulos ou tecidos endurecidos, indicativos da existência de câncer, provavelmente em estágio inicial.

A recomendação padrão é que homens saudáveis façam exames anuais de PSA e toque retal a partir dos 50 anos de idade. Homens com risco maior (com parentes que tiveram câncer de próstata jovens) devem começar os exames mais cedo, aos 45 anos.

Exame de PSA

O PSA é uma substância produzida normalmente pela próstata, com grande parte presente no sêmen e uma pequena quantidade no sangue.

Níveis de PSA abaixo de 4 ng/mL (nanogramas por mililitro) são considerados normais; entre 4 e 10 ng/mL, há uma chance em quatro de sofrer de câncer de próstata; acima de 10 ng/mL, as chances de ter câncer vão subindo à medida em que aumentam os níveis de PSA. No entanto, é bom saber que há homens com PSA abaixo de 4 ng/mL que têm câncer de próstata.

Outros fatores também podem desencadear aumento nos níveis de PSA, como ter HPB ou infecção na próstata, tomar certos medicamentos e envelhecimento. Homens com PSA elevado precisam fazer outros exames para constatar se realmente têm câncer.

O PSA também é útil após o diagnóstico de câncer de próstata, para determinar o tipo de tratamento. Níveis muito altos podem indicar que o câncer já se espalhou e algumas formas de tratamento não são eficazes nesses casos, havendo alternativas melhores. O teste de PSA também pode ser usado para verificar se o tratamento está funcionando ou se o câncer voltou. Nos casos avançados da doença, a maneira como os valores do PSA se alteram pode ser mais importante do que os índices propriamente ditos.

Exame de toque retal

É realizado na tentativa de identificar áreas irregulares ou endurecidas na próstata. É justamente na área da glândula que pode ser alcançada pelo reto que começa a maioria dos cânceres de próstata. O exame é rápido e não dói, embora cause um certo desconforto.

Outros exames para diagnóstico
TRIMprob
TRIMprob (sonda de ressonância do tecido interferômetro) é um exame não invasivo que auxilia no diagnóstico do câncer de próstata. É realizado em consultório urológico e dura apenas 10 minutos. O paciente permanece em pé e o equipamento é posicionado entre suas pernas. Ao emitir ondas eletromagnéticas, o TRIMprob é capaz de identificar uma alteração na próstata e ajuda na indicação de biópsia.

Recomendado para pacientes com suspeita de câncer de próstata que já se submeteram aos exames de toque retal e de sangue (PSA), o principal benefício desse método é diminuir o número de homens com indicação para a realização da biópsia, exame que, por ser invasivo, pode trazer riscos ao paciente.

O equipamento é um complemento valioso para o diagnóstico tradicional, mas não substitui a avaliação clínica e o exame de toque retal. Também pode ser indicado para pacientes que trataram de câncer anal e que não podem se submeter ao exame de toque retal.

Biópsia
A biópsia é o único procedimento capaz de confirmar a presença de um câncer. O principal método utilizado nos casos de próstata é a *core* biópsia ou punção por agulha grossa. Em boa parte das vezes, o exame é feito com auxílio de uma ultrassonografia transretal, que ajuda a guiar o médico na inserção de uma agulha pela parede do reto até a próstata, removendo uma pequena amostra de tecido. Alguns especialistas preferem realizar a biópsia através da pele entre o reto e o escroto. O procedimento é rápido (dura cerca de 15 minutos). Como o câncer pode estar em apenas uma pequena área da próstata, a biópsia pode remover apenas tecido saudável, o que os especialistas chamam de "falso negativo". Por isso, se o médico tem fortes suspeitas de um tumor, o exame pode ser repetido.

Cintilografia óssea
Esse exame é feito quando há suspeita de que o câncer atingiu os ossos. Uma pequena quantidade de um composto radioativo (geralmente difosfonato de tecnécio) é injetada no paciente e essa substância se acumula em áreas dos ossos com anormalidades, que podem ser causadas por metástase, artrite ou outras doenças dos ossos.

Tomografia computadorizada

São múltiplas imagens de raios X geradas enquanto a máquina gira em torno do paciente, combinadas por computador para produzir uma imagem detalhada de uma parte do organismo. Geralmente, depois que as primeiras imagens são feitas, um contraste radioativo é injetado no paciente para definir melhor as estruturas do corpo. Em seguida, nova série de tomadas é feita. O exame pode revelar se o câncer de próstata se espalhou para os gânglios linfáticos da pelve. O exame é mais demorado que a radiografia convencional, e o paciente tem de ficar imóvel numa mesa por cerca de meia hora ou mais. Algumas pessoas ficam um pouco aflitas por causa da sensação de confinamento dentro do equipamento.

Ressonância magnética

A ressonância magnética usa ondas de rádio e ímãs fortes em vez de raios X. A energia das ondas de rádio é absorvida e depois liberada num padrão dado pelo tipo de tecido do corpo e certas doenças. Um computador analisa os dados e os transforma em imagens detalhadas. No caso de câncer de próstata, ele ajuda a ver se a doença atingiu as vesículas seminais e a bexiga. O exame dura cerca de uma hora e o paciente fica deitado dentro de um tubo, o que é incômodo para quem sofre de claustrofobia. Além disso, a máquina faz um ruído que irrita algumas pessoas.

Radioimunocintilografia (ProstaScint)

Semelhante à cintilografia óssea, a radioimunocintilografia usa pequenas quantidades de material radioativo para ver se o câncer não está mais restrito à próstata, com a vantagem de que esse exame identifica se a doença atingiu gânglios linfáticos e outros órgãos. Também pode diferenciar o câncer de outros problemas.

Biópsia de gânglio linfático

O exame é feito para checar se o câncer atingiu os gânglios linfáticos. Se isso ocorreu, a cirurgia pode não ser a melhor opção de tratamento e o médico vai procurar uma alternativa. Há vários tipos de biópsia:

- Biópsia cirúrgica: o médico pode remover os gânglios linfáticos através de uma pequena incisão, durante a cirurgia para retirada da próstata. Os nódulos são analisados ao microscópio ainda durante a cirurgia, e o resultado do exame ajuda o médico a decidir se é necessário remover mais tecido ou não.

- Laparoscopia: pequenas incisões são feitas no abdome, através das quais uma microcâmera e equipamentos especiais são inseridos. O médico pode observar os nódulos linfáticos e removê-los. A vantagem é que a recuperação é rápida (1 ou 2 dias) e o paciente não fica com cicatrizes. O método pode ser usado quando médico e paciente optam por radioterapia em vez de cirurgia.
- Biópsia por aspiração com agulha fina (BAAF): o médico também pode obter amostra do tecido dos gânglios linfáticos usando uma agulha fina e tomografia para guiá-lo. Esse método não é muito utilizado em câncer de próstata.

TRATAMENTO

O melhor tratamento para cada caso depende de uma série de fatores, como idade e estado geral de saúde, além dos sentimentos do paciente em relação aos efeitos colaterais de cada terapia, o estadiamento da doença e a chance de cada tratamento de curar o câncer. Pacientes com câncer de próstata podem ter de escolher entre uma série de diferentes tratamentos, cada uma com riscos, efeitos colaterais e consequências diversas para a sua vida. É preciso ter calma, assimilar bem as informações do médico e tirar dúvidas para ter mais segurança quanto às escolhas terapêuticas.

Cirurgia, radioterapia e terapia hormonal são as opções mais comuns. A quimioterapia pode ser usada em alguns casos e, em outros, médico e paciente podem optar por apenas acompanhar a evolução da doença, sem nenhuma forma ativa de tratamento.

O especialista vai acompanhar a doença por meio do teste de PSA e do toque retal, sem recomendar cirurgia ou radioterapia, especialmente se o câncer não causa sintomas, tem crescimento lento e está restrito a uma área da próstata. Se o crescimento do tumor se acelerar, médico e paciente discutem a forma de tratamento. Essa não é opção para homens jovens, com boa saúde e câncer de crescimento rápido.

Ultrassom robótico – Ablatherm® HIFU

Ablatherm® HIFU (ou termoablação) é um equipamento robótico que usa ultrassom focalizado de alta intensidade no tratamento desses tumores. A tecnologia trabalha com ondas de ultrassom concentradas apenas nas partes da próstata atingidas por tumores e, dessa forma, causa poucos efeitos colaterais em comparação aos tratamentos padrão, como cirurgia e radioterapia.

Dentre os benefícios da tecnologia, estão: evitar cirurgias e eventuais sangramentos advindos desse procedimento, pois trata o paciente de forma minimamente invasiva, destruir as células do câncer de maneira focalizada e permitir a repetição do tratamento se for necessário, com menos efeitos colaterais. A máquina é a única que permite tratar só uma ou algumas partes da próstata e ainda preservar os nervos, oferecendo, assim, a oportunidade de agir sobre a doença com eficácia e com menor impacto na qualidade de vida do paciente.

Laparoscopia
As vantagens da laparoscopia são menor sangramento, menos dor, menos tempo de hospitalização e recuperação mais rápida. Em alguns centros médicos estadunidenses, robôs-cirurgiões são usados no procedimento, acelerando ainda mais a recuperação.

Ressecção transuretral da próstata
É utilizada para aliviar sintomas, como dificuldade para urinar, em homens que não podem fazer outros tipos de cirurgia ou até mesmo nos que sofrem de hiperplasia benigna. Não remove todo o câncer.

Prostatectomia radical
É a remoção cirúrgica de parte ou de toda a próstata. Os riscos são os mesmos das grandes cirurgias e dependem, em grande parte, do estado geral de saúde do paciente, sua idade e da experiência do cirurgião. Os riscos incluem aparecimento de coágulos nas pernas, hemorragias, infecções e até infartos.

Os principais efeitos colaterais da prostatectomia radical são a incontinência urinária (perda do controle da bexiga) e impotência, que também podem surgir como consequência de outros tratamentos.

O controle da bexiga volta para muitos homens depois de semanas ou meses da cirurgia, mas os médicos não têm como prever se e quando isso acontecerá. Os riscos de incontinência são menores quando a cirurgia é realizada em grandes centros, com médicos especializados na remoção da próstata.

Casos de incontinência devem ser relatados ao médico, que vai sugerir meios de ajudar o paciente, como exercícios que fortalecem a bexiga, administrar medicamentos ou mesmo indicar cirurgia.

Cirurgia, radioterapia ou outros tratamentos podem afetar os nervos que controlam a ereção. Em um período de 3 meses a 1 ano após a cirurgia, é provável que o paciente não consiga ter uma ereção sem ajuda de medicamentos ou outro tipo de terapia. Depois disso, alguns vão ter vida sexual normal e outros continuarão a ter problemas. O risco de impotência depende da idade e do tipo de cirurgia. Quanto mais jovem o paciente, maiores as chances de recuperar a capacidade de ter ereção. Em qualquer caso, será um orgasmo "seco", já que o organismo não produz sêmen sem a próstata. O paciente deve conversar com seu médico sobre impotência, já que existem remédios, equipamentos e implantes que podem ajudá-lo em sua vida sexual.

A prostatectomia radical secciona os canais entre os testículos (onde são produzidos os espermatozoides) e a uretra, o que significa que o paciente se torna incapaz de ter filhos. Essa restrição não costuma ser um problema para quem tem câncer de próstata, visto que atinge homens de mais idade. Pacientes mais jovens, porém, devem discutir a possibilidade de recorrer a uma clínica de fertilidade para armazenar esperma antes da cirurgia.

Radioterapia

Os raios de alta energia utilizados matam as células cancerosas ou fazem o tumor encolher. Pode ser externa ou interna (braquiterapia). Na interna, o material radiativo é colocado diretamente no tumor ou perto dele. Ela é usada, às vezes, no câncer de próstata que não atingiu outros órgãos ou se espalhou apenas para tecidos próximos. Parece funcionar tão bem quanto a cirurgia em certos casos. Se a doença estiver em estágio mais avançado, pode ser empregada para encolher o tumor e aliviar a dor.

Criocirurgia ou crioablação

É a introdução de sondas que produzem temperaturas muito baixas e congelam as células cancerosas. As sondas são posicionadas a partir de incisões entre o ânus e o escroto, e gases frios criam pequenas bolas de gelo que provocam o congelamento dos tecidos doentes. A criocirurgia é uma opção para os casos em que o câncer ainda está restrito à próstata em pacientes que não são candidatos à cirurgia ou à radioterapia. Um cateter também é colocado para que, quando a próstata inche, a urina não fique retida na bexiga. O cateter é retirado depois de alguns dias e o paciente sente um certo desconforto na região em que as sondas foram introduzidas.

Hormonioterapia ou privação androgênica

O objetivo é baixar os níveis de hormônios masculinos (andrógenos) como a testosterona, já que eles estimulam o crescimento das células cancerosas. A hormonioterapia não substitui os tratamentos destinados a curar o câncer; apenas encolhe o tumor ou reduz seu ritmo de crescimento. Acredita-se também que ela alivie alguns sintomas da doença.

Pode ser usada antes da cirurgia ou da radioterapia, quando a finalidade é encolher o tumor; nos casos em que cirurgia e radioterapia não são boas opções para o paciente; quando o câncer se espalha; ou quando volta após um primeiro tratamento. Como quase todos os cânceres de próstata se tornam resistentes a essa terapia, os médicos podem interrompê-la temporariamente e retomá-la posteriormente.

Há vários métodos usados na hormonioterapia, dentre eles:

- Orquiectomia ou castração cirúrgica: é a remoção dos testículos, principal fonte de hormônios masculinos. O procedimento é simples, mas é permanente e provoca a perda definitiva do desejo sexual; por isso, muitos pacientes tem enorme dificuldade em aceitá-la. Além disso, ela tem vários efeitos colaterais sérios, dentre eles, ondas de calor, crescimento das mamas, osteoporose, fraqueza, perda de massa muscular, anemia, cansaço, baixos níveis de colesterol bom, depressão e aumento de peso. No entanto, vários desses efeitos têm tratamento.
- Terapia com análogo de LHRH ou castração química: são drogas injetáveis, administradas mensalmente ou a cada três meses, que reduzem os níveis de hormônios. Essas drogas são chamadas análogos ou agonistas do receptor do hormônio liberador do hormônio luteinizante. Muitos homens preferem essa terapia à alternativa cirúrgica. Os efeitos colaterais, porém, são os mesmos.
- Antiandrogênicos: são drogas que bloqueiam a capacidade do corpo de usar androgênicos. Mesmo depois da remoção dos testículos ou durante o tratamento com LHRH, as glândulas ou suprarrenais continuam a produzir uma pequena quantidade de androgênios. Antiandrogênicos podem ser utilizados em combinação com a orquiectomia ou os análogos de LHRH para bloquear os hormônios masculinos. Dentre seus efeitos colaterais estão diarreia, náuseas, problemas no fígado e cansaço. Também parecem causar menos problemas para a vida sexual do paciente.

Quimioterapia

É o tratamento com uma ou mais drogas injetáveis ou administradas por via oral, que caem na corrente sanguínea e atingem o corpo todo, destruindo as células cancerosas. Até pouco tempo atrás, a quimioterapia não funcionava bem em pacientes com câncer de próstata, mas novas drogas têm se mostrado eficazes para aliviar os sintomas de doentes em estágio avançado. A quimioterapia é usada, às vezes, quando o câncer não está mais restrito à próstata e a hormonioterapia não dá resultados. A químio não cura o câncer de próstata, mas reduz a dor e o ritmo de crescimento do tumor, bem como pode prolongar a vida do paciente. Ela destrói células cancerosas, mas também mata células sadias, o que produz certos efeitos colaterais, dentre eles, náusea, vômitos, perda de apetite, queda de cabelos e lesões na boca. Além disso, o paciente fica sujeito a maior risco de infecções (por queda na quantidade de glóbulos brancos), de sangramentos e hematomas (por diminuição no número de plaquetas) e cansaço (por falta de glóbulos vermelhos).

TRATAMENTO DA DOR E OUTROS SINTOMAS

Ter qualidade de vida durante e depois do tratamento também são metas importantes. A equipe médica deve ser informada de dores e outros sintomas que incomodem o doente. A radioterapia e drogas radiofarmacêuticas também podem ser utilizadas para tratar a dor provocada pelo câncer que atingiu os ossos. São substâncias com elementos radiativos que, quando injetadas, se acumulam nas partes dos ossos com células cancerosas. Esse procedimento é eficaz em 80% dos pacientes com câncer que atingiu os ossos, para alívio dos sintomas.

Outro grupo de drogas que pode ajudar esses pacientes é o dos bifosfonatos, que aliviam a dor, podem retardar o crescimento das células cancerosas e fortalecer os ossos de pacientes submetidos à hormonioterapia. Alguns pacientes, porém, sofrem efeitos colaterais graves, como morte de parte do osso da mandíbula, provocando infecções e perda de dentes. Por isso, médicos recomendam um *check-up* dentário completo antes de iniciar esse tipo de terapia.

Os corticosteroides e outros analgésicos também podem aliviar as dores nos ossos.

ESTADIAMENTO DA DOENÇA

Saber em que estágio está o câncer é fundamental para o planejamento do tratamento, para que o paciente e seu médico possam discutir alternativas terapêuticas e para que a equipe cuidadora tenha uma perspectiva mais definida das possibilidades de recuperação.

O estadiamento do câncer de próstata tem como base o quanto as células da amostra se assemelham às células normais. Aquelas muito diferentes das normais podem indicar um câncer agressivo, que cresce depressa.

O sistema mais usado para estadiamento do câncer de próstata é chamado de escala de Gleason. Amostras de duas áreas da próstata são analisadas e cada amostra é graduada de 1 a 5; os resultados produzem o grau de Gleason, que vai de 2 a 10. Quanto menor o valor, mais as células das amostras se assemelham a células normais da próstata. Quanto maior o valor, mais provável que o câncer cresça rapidamente. Em alguns casos, as células não parecem cancerosas, mas também não parecem normais, o que significa que novas biópsias devem ser feitas posteriormente. Baseando-se nos resultados do toque retal, do PSA e da escala de Gleason, o médico fará o estadiamento do câncer de próstata, podendo, ainda, pedir novos exames, dependendo da presença de outros sintomas.

Na prática, existem dois sistemas de estadiamento do câncer de próstata. O estadiamento clínico é a estimativa da extensão da doença, dada pelo exame físico, exames de laboratório e outros. Após a cirurgia e, portanto, da análise do tecido removido, o estadiamento pode mudar. Essa análise determina o estágio patológico da doença. Os estádios da doença são indicados por algarismos romanos, que vão de zero a quatro; quanto maior o número, mais grave a fase da doença.

- Estádio I: tumor ainda confinado à próstata, sem comprometimento dos nódulos linfáticos e outros órgãos. Tumor encontrado durante ressecção transuretral. Baixo grau de Gleason. Menos de 5% do tecido da biópsia contém câncer.
- Estádio II: tumor ainda confinado à próstata, sem comprometimento dos nódulos linfáticos e outros órgãos, e há uma das seguintes condições:
    - Tumor encontrado durante ressecção transuretral; tem grau de Gleason ≥ 5; ou mais de 5% do tecido de biópsia contém câncer. Ou PSA alto, não palpável ao toque retal nem visto por ultrassom transretal; diagnosticado por biópsia por agulha.
    - Tumor palpável ao toque retal ou visto por ultrassom transretal.
- Estádio III: o tumor se espalhou e pode ter atingido as vesículas seminais, mas não alcançou os gânglios linfáticos ou outros órgãos.
- Estádio IV: uma ou mais das seguintes condições estão presentes:

- O câncer se espalhou para tecidos próximos à próstata (que não as vesículas seminais), como os músculos que controlam a urina, o reto ou a parede da pelve.
- O câncer atingiu os gânglios linfáticos.
- O câncer se espalhou para partes mais distantes do corpo.

Meu *coach*, Marcelo Avelar, participou da corrida promovida pela campanha contra o câncer de próstata do A.C. Camargo Cancer Center e chegou em primeiro lugar

Este capítulo é dedicado ao meu querido *coach* Marcelo Avelar, ao seu pai, que venceu um câncer de próstata em 2016, bem como a todos os homens guerreiros.

DEPOIMENTO DE MARCELO AVELAR

"Novembro Azul! Embora haja várias provas que eu gostaria de correr – inclusive eu havia me programado para outra –, resolvi 'vestir azul' e, mais do que correr 5 km, abraçar a luta da campanha Pela Saúde do Homem, correndo e levando mais de 180 alunos para a competição de corrida do A.C. Camargo Cancer Center. A corrida me permite ser uma pessoa realizada. Maratonas e provas sempre existirão, mas não é todo dia que se tem a oportunidade de alertar os homens a manterem os exames em dia, largar o preconceito e se cuidar!

Homem, larga mão de ser bobo! Quão mais precoce forem os diagnósticos, maiores as chances de tratamento. E nós temos o dever de espalhar essa informação por aí e incentivar tais cuidados.

Ajude a salvar vidas, diagnóstico precoce é amor ao próximo!"

Os textos deste capítulo foram adaptados do *link*: <http://www.accamargo.org.br/tudo-sobre--o-cancer/prostata/32/>.

57 | Homenagem: chega de *mimimi*

A partir daqui, teremos homenagens, depoimentos e agradecimentos aos grupos que criei.

Quero fazer uma homenagem póstuma a uma pessoa que lutou contra o câncer e nos deixou uma lição de vida. A farmacêutica Savanna Duarte, de 34 anos, que morreu de câncer no dia 7 de julho de 2016, deixou escrita esta reflexão que comoveu muitas pessoas em todas as mídias sociais:

1. Ser amada é a melhor coisa da vida.
2. Enfermeiros são heróis.
3. Amizade verdadeira levanta até defunto.
4. Animais de estimação sabem consolar.
5. Aqueles de quem menos se espera são os que mais ajudam.
6. É realmente possível viver sem comida por 7 dias.
7. Idade e maturidade são coisas diferentes.
8. Rir é o melhor remédio.
9. Fazer piada da desgraça ajuda a processá-la.
10. Sua família estará contigo até quando ninguém mais estiver.
11. Filmes e desenhos animados são um bom passatempo para esquecer as dificuldades.
12. Morrer não é tão assustador quanto parece.
13. Cobrar-se menos te deixa mais feliz.
14. Estabelecer limites para as pessoas à sua volta é importante.
15. A saúde é o mais importante de tudo.

16. Comer é um prazer divino.
17. Algumas pessoas estranhas serão mais gentis do que as que você conhece faz tempo.
18. É possível tornar-se uma pessoa melhor depois do câncer.
19. Tudo está onde deveria estar, mesmo que não consiga ver isso agora.
20. O câncer traz novas amizades muito especiais.
21. Você vai amadurecer uns 10 anos em poucos meses.
22. Uma hora, as agulhas param de doer ao furarem a pele.
23. Câncer não é a doença mais triste que existe.
24. Suas conquistas serão inúmeras.
25. Todo mundo vai saber seu nome.
26. Vai se tornar cliente VIP dos lugares que frequenta.
27. Vai receber pequenos agrados e sorrisos.
28. Vai poder dizer muitas vezes: "por experiência própria, acho que..."
29. Vai economizar horrores com salão, depilação e manicure.
30. Vai ser mimada e constantemente agradada.
31. Vai ser capaz de amar mais intensamente.
32. Vai olhar a natureza, o céu e os pássaros como nunca viu antes.
33. Vai se tornar mais sensível para perceber as necessidades verdadeiras do mundo.
34. O amor conserta tudo.
35. A dor não é eterna.

Agora, sou euzinha escrevendo. Será que você tem motivos pra agradecer hoje? Bom, acredito que com certeza há algum. Vamos dividir então esses agradecimentos entre quem tem câncer e quem não tem.

QUEM TEM CÂNCER
- Obrigada por eu ter uma chance.
- Obrigada por reduzir a chance de ter infarto, pois meu coração está bem forte depois dessa.
- Obrigada pelo meu câncer inicial e curável.
- Obrigada por não ser uma doença pior.
- Obrigada por existir a quimioterapia "malévola" (que, no fundo, é do bem).
- Obrigada pelos novos antieméticos (contra vômitos) bem mais potentes.

- Obrigada pelo fato de pessoas se sensibilizarem com quem tem câncer e doarem os cabelos.
- Obrigada por existirem centros de oncologia.
- Obrigada aos oncologistas – médicos que tratam o câncer e vivem realmente o que há de pior e melhor.
- Obrigada por fazer com que eu veja a vida de outra maneira.
- Obrigada pelo meu fundo de garantia precoce.
- Obrigada, obrigada, obrigada...

QUEM NÃO TEM CÂNCER
- Obrigada por eu *não* ter câncer, isso já basta.

Ou melhor, obrigada por, a cada dia, a Medicina evoluir mais e mais.

58 | Grupo de WhatsApp: Só Nós Três

Sabem aquelas amigas bem emojis mesmo? Então, elas existem de verdade (*rsrs*) e estão no grupo de WhatsApp chamado Só Nós Três. Os membros são Fabrina Thomé Poldi, Alessandra Felix e eu.

Deixo aqui um conselho para vocês: todo mundo precisa ter um grupo igual ao Só Nós Três. Sabe o que é lavar a alma? É o que a gente faz no grupo. Sabe o que é ter ajuda para vencer os obstáculos? Esse grupo ajuda, e muito. Bom, a gente zoa uma com a outra também, mas sem nenhuma maldade, só de brincadeira, para sorrir e dar boas risadas.

A história da nossa amizade é incrível (mas aqui, bem resumida para vocês). Fizemos faculdade juntas e nos formamos em 1998. Passamos muitos anos afastadas uma da outra, visto que a força do destino vinha sempre nos vencendo. De repente, nos reencontramos e nunca mais nos separaremos. Fim (*rsrs*).

Meninas do grupo Só Nós Três, este capítulo do livro é só para dizer que amo vocês e que esse grupo acalma e me faz sorrir diariamente a cada minuto. Sem o Só Nós Três, eu não vivo mais.

A Fabrina escreveu:

> "Colegas, eu tenho 20? Amigos, eu tenho 6? Que eu vejo sempre, só 4. Que eu posso contar, só 3! kkkkkkk. #adooooroooooo #sónóstrês."

E aqui outras frases que valorizam a amizade como a que eu tenho com as meninas do Só Nós Três:

"A amizade verdadeira é aquela que vem do coração, mais do que isso, da alma, e isso não é uma coisa que simplesmente se conquista, ela é demorada, como uma obra de qualquer artista, muitos me chamaram de amiga, mas poucos ficaram comigo, com os falsos muito tempo eu passei, mas por sorte não me apeguei, já me fizeram sorrir, como tanto chorar, mas os meus verdadeiros amigos irmãos, eu irei eternizar."

"— Se o seu amigo pulasse de um penhasco, você pularia atrás dele?
— Não.
— Por quê?
— Porque eu estaria lá embaixo para segurá-lo."

59 | Grupo de WhatsApp: Só Mulheres

Vou contar para vocês sobre um grupo de malucas que eu também já tinha antes do câncer e que agora vem me apoiando dia a dia. Um grupo de WhatsApp chamado Só Mulheres. Pensem nesse nome e imaginem o que tem no grupo.

Esse grupo entrou em minha vida por causa do meu marido. Gente, esse homem vale ouro. Mas é meu, ok?

Tudo começou há anos em uma festa do filho da Luciana Stancev. O "Luquinha" estudava na mesma sala do meu filho Tuti (e até hoje eles são melhores amigos). Nessa festa, havia umas amigas de infância do meu marido, Simone Rainho, Vânia Rainho e Kelly Vidal. Essas maravilhosas e loucas se tornaram muito mais minhas amigas do que eram do meu marido. Isso porque eu e elas amamos samba (e meu marido não), e eu sou bem mais legal do que ele (meu marido). Ninguém é perfeito, só eu mesma. *rsrs*.

Bom, a partir daí entrei para esse grupo de WhatsApp; e vieram Jessica, tia Vera, Bethania, Cléo, Lody, dentre outras *lhendas*. Tenho que dizer que nós não nos separamos por um dia sequer.

Por que resolvi contar isso? Primeiro, porque foi por causa desse grupo que eu fiz um diagnóstico de câncer de tireoide em uma delas, a Simone Rainho. No meio de uma festa, durante o jantar, eu perguntei para ela: "Si, você não acha que sua tireoide é muito grande?". Nossa, a gente tinha se conhecido há menos de um mês, e ela, como resposta imediata, me mandou "pra aquele lugar". Até entendo, afinal, estávamos em uma festa. Mas médico é assim, sem noção mesmo. Enfim, o diagnóstico foi feito, a Simone foi tratada e hoje ela está curada.

Portanto, a única coisa que eu não me canso de falar é: previnam-se. Anualmente, o seu médico precisa avaliar sua tireoide. Lembre-o disso! E procure seu médico se você sentir cansaço, perceber que está engordando muito, sentir a pele mais seca, estiver com a voz mais rouca do que o normal, tiver tosse constante que não é decorrente de gripe, palpar nódulo no pescoço, tiver dificuldade para engolir, sentir dor na parte da frente do pescoço, etc. O câncer de tireoide é o quarto mais comum entre as mulheres no Brasil, e seu diagnóstico aumentou dez vezes na última década. A rotina de exames de função da tireoide e de ultrassonografia tem propiciado a descoberta da doença cada vez mais cedo, quando os nódulos ainda não apresentam sintomas. Isso faz da doença uma das menos letais, com taxa de sobrevida chegando a 97%.

Pois bem, o outro motivo de eu estar contando isso aqui é a amizade e o companheirismo que esse grupo me proporcionou. A amizade já existia, mas o carinho e o apoio delas foram extenuamente confirmados quando eu fiquei doente. Elas estranharam um pouco, porque eu sou a médica do grupo – e agora, quem vai cuidar de mim?

Sabe, quando eu estava passando pelo diagnóstico e pelo tratamento do meu câncer, ficava imaginando como seria triste se tivesse de enfrentar sozinha uma fase tão chata, com tanta coisa acontecendo com meu corpo, ficando em casa metade do meu tempo, com sono e mole... Tenho certeza de que seria muito mais difícil de atravessar tantos momentos. Ter companhia, seja presencial ou virtual, é uma emoção que cura, uma vibração que revigora nossa alma! Cada carinho recebido é uma dose a mais de saúde que recolho em meu ser!

Eu posso afirmar que existe uma arma letal contra o câncer – aliás, não só o câncer, mas qualquer tipo de doença, mesmo as doenças invisíveis como a depressão. Quando se recebe doses diárias de carinho, amizade e fé, nenhuma doença se aloja!

Então, gostaria de fazer um pedido para as pessoas que têm um amigo, um parente, um vizinho doente: não neguem um sorriso, um cumprimento! Se forem seus conhecidos, por favor, perguntem como estão naquele dia ou telefonem! Se for seu amigo virtual, não custa deixar um *post* carinhoso. Vocês não têm noção o quanto esses pequenos gestos agem no coração de quem tanto precisa! Faço isso todos os dias, mesmo estando doente. Por isso acredito que estou tão bem. Não há desculpas para não procurar um amigo numa situação difícil – ainda mais hoje em dia, com tantas formas de comunicação a nosso favor.

Vejam agora algumas fotos do que acontece em nosso grupo Só Mulheres e em nossos encontros. Não se assustem!

60 | Grupo de WhatsApp: Amigas do Peito

"Ninguém cruza nosso caminho por uma eventualidade e nós não entramos na vida de alguém sem nenhuma razão." (Chico Xavier)

Você acredita nisso? Eu acredito que tudo acontece por algum motivo. Definitivamente, nada é por acaso. Por isso, nunca permita que os acontecimentos passem a ser meras coincidências!

Todas as pessoas que conhecemos têm um papel em nossas vidas, seja grande, seja pequeno. Algumas podem até nos machucar, nos trair ou nos fazer chorar, mas as situações vividas nos tornam mais fortes. Outras pessoas, por outro lado, nos dão lições, nos fazem tomar consciência dos nossos objetivos e metas, dos nossos erros e acertos, nos ajudam a crescer e nos tornam mais fortes. Há pessoas que simplesmente nos inspiram, nos amam, enfim, nos fazem felizes.

Por isso, a seguir, vou compartilhar com vocês histórias de amigas que me inspiram todos os dias. Elas são verdadeiras guerreiras, *cats*, super-heroínas que o câncer de mama trouxe para perto de mim. E como foi o Carlos, meu cabeleireiro da Hair Look, que me adicionou ao grupo de WhatsApp do qual elas são membros – chamado Amigas do Peito –, fiz uma menção a ele no final do capítulo.

Então, vamos lá, força na peruca! Vejam, a seguir, depoimentos de quatro amigas minhas que fazem parte desse grupo maravilhoso.

FLÁVIA FLORES

Esse depoimento é da *cat* mais *lhenda* que já conheci: a Flávia Flores. Vejam que maravilhosa.

"Olá, muito prazer! Sou Flávia Flores, idealizadora do projeto 'Quimioterapia e Beleza'. Sempre estive ligada ao mundo da moda e da beleza. Formada em Administração, estudei também Moda, Letras/Inglês e Aviação Comercial. Trabalhei em grandes empresas, em diversas áreas do mercado de moda nacional e internacional, como modelo, produtora, figurinista, representante e gerente comercial, gerente de *marketing*, no desenvolvimento de produtos, entre outros.

Em outubro de 2012, após o diagnóstico de câncer de mama, criei o site Quimioterapia e Beleza, parte de um projeto inédito que acabou se tornando referência para mulheres que enfrentam o diagnóstico e o tratamento de diversos tipos de câncer, com informações sobre beleza, autoestima e bem-estar. Em 2013, lancei meu livro *Quimioterapia e beleza*, que se tornou *best-seller* no Brasil. Em 2014, o lancei em Portugal. Em dezembro de 2015, formamos o Instituto Quimioterapia e Beleza, uma instituição composta por diretoria voluntária e profissionais cuja visão é fazer mais feliz e significativa a vida de todas as pessoas que passam pelo câncer.

Fundei o Banco de Lenços Flávia Flores, unidade de ação do Instituto Quimioterapia e Beleza, em que recebo doações de lenços que, depois de tratados, são encaminhados com muito carinho a todas as mulheres que solicitam pelo nosso *site*.

Sou embaixadora e madrinha de outros projetos muito especiais: De Bem com Você – A Beleza Contra o Câncer (da ABIHPEC – Associação Brasileira da Indústria de Higiene Pessoal e Cosméticos) e McDia Feliz (da Casa Ronald McDonald).

Sou também colunista da versão brasileira do *Jornal Huffington Post – Brasil Post*."

RENATA VITTORATO

A Renatinha é uma Amiga do Peito maravilhosa, fofa e *lhenda*. Neste livro, tem um capítulo, mais adiante, exclusivamente dela, com um depoimento sobre oncofertilidade – vale a pena consultá-lo.

"Renata Vittorato, 40 anos, diagnóstico de câncer de mama (triplo negativo) aos 36 anos. Hoje, curada e vivendo o sonho da maternidade. Só venci o câncer por acreditar em Deus, nos médicos e, acima de tudo, em mim mesma. Não acreditei que ia morrer e fiz de tudo para escolher sempre o melhor. Atualmente, a cura é possível, ainda mais se descobrir no começo. Estou indo viver, e você?"

CRIS

A Cris é uma guerreira que se ofereceu para nos ajudar imediatamente nos projetos. Muito obrigada, Cris!

"Sou a Cris, do Be Pink. Trabalho em várias cidades de São Paulo, especialmente do interior, e de Minas Gerais, num projeto de conscientização e busca da superação em mulheres com câncer!

Fecho programas com prefeituras de cidades para organizar a campanha do Outubro Rosa e também coordeno as campanhas do lenço com a Renata Vittorato e das perucas com a Beth Lo. No ano passado, entregamos 3.000 *kits* de lenços e maquiagens e fizemos 62 palestras e terapia de grupo. Também somos parceiras da 'Se Toque', da Monica Serra, nas escolas públicas.

Meu livro *Você me viu por aí?* fala sobre a busca da identidade depois do câncer e tem ajudado muitas mulheres a se encontrarem!"

BETH LO

A Elizabeth Lomaski (Beth Lo) foi quem me apresentou ao lhendo projeto "Rapunzel Solidária", do qual ela é fundadora e idealizadora.

"O projeto 'Rapuzel Solidária' foi lançado em março de 2013, quando fui submetida à mastectomia bilateral preventiva com reconstrução das duas mamas na mesma cirurgia. Até essa data, eu fazia todos os exames preventivos regularmente, principalmente por causa dos casos de câncer em minha família. Os exames nunca haviam apontado câncer, porém, como sempre tive problemas de inflamações, cistos e outros, além de a minha irmã estar em tratamento contra a doença, resolvi fazer a prevenção mais radical (assim como a Angelina Jolie). O que era para ser prevenção acabou sendo a cura, pois fui diagnosticada com câncer nas duas mamas; e ainda bem que tomei a atitude de fazer a mastectomia. Em outubro de 2013, fiz outra cirurgia para retirada do útero e dos ovários. Também foi uma cirurgia preventiva, e, desta vez, o resultado foi excelente: não tinha câncer! Sem saber como agradecer por tanta bênção, eu decidi ajudar pacientes com câncer por meio de uma campanha de doação de cabelos. Esse pequeno gesto do meu projeto vem ajudando muitas pessoas com câncer e demonstrando minha eterna gratidão! Hoje (2017), faço tratamento com tamoxifeno (que durará 5 anos), para prevenir que a doença volte."

CARLOS CIRQUEIRA

Bom, o querido Carlos Cirqueira, do salão Hair Look, conseguiu uma proeza: reunir todas do grupo Amigas do Peito. Carlos é um ser iluminado por natureza, e ainda nos devolve a alegria mesmo quando ficamos carecas por causa da quimioterapia. É maravilhoso! Também já passou por poucas e boas e tem uma sensibilidade única em seu olhar. Vejam o que ele consegue fazer com a gente!

61 | *Halloween* das amigas do peito

Por que eu coloquei um capítulo sobre *halloween* neste livro? Porque foi um evento emblemático para mim! Nós, do grupo Amigas do Peito, decidimos realizar uma festa a fantasia no dia 31 de outubro de 2016. Eu, o Carlos, da Hair Look, a Camila Maluf e muitas outras amigas do peito comemoramos juntas essa data especial, na companhia também de nossos familiares e amigos. Foi o encontro do ano de 2016. E eu explico o motivo contando sucintamente a sua história e algumas curiosidades dessa data.

O *halloween* existe há mais de 3 mil anos e, desde sempre, é celebrado no dia 31 de outubro. A data não mudou, mas, com certeza, muitas crenças mudaram. Também é possível afirmar que são dúbias e vagas as informações sobre sua origem e seu percurso até o modelo atual.

A origem da comemoração do *halloween* remete ao festival pagão chamado *Samhain*, que correspondia ao ano-novo dos celtas e druidas, povos que viveram nas regiões correspondentes hoje à Grã-Bretanha, à Irlanda e à França. Em pesquisas feitas, são citados diversos motivos para se festejar o *Samhain*: ano-novo, fim do verão, fim da colheita, queima do joio, homenagem ao rei dos mortos, fim de um ciclo e início de outro, entre outros.

O antigo dogma pregava que, nessa data, as barreiras entre a esfera astral e a esfera mundana se rompiam para dar aos seres humanos a oportunidade de escolherem entre o bem e o mal, ou seja, para manifestarem o caminho que querem seguir, o objetivo que querem atingir e como percorrerão a jornada.

De qualquer maneira, ele era – e ainda é – carregado de uma forte energia e representa o afastamento das coisas ruins e a renovação.

A palavra *halloween* surgiu da abreviação da expressão, em inglês, *all hallows' eve*, que significa "véspera de todos os santos". Visto que o feriado religioso do Dia de Todos os Santos (*All Saints' Day*) é no dia 1º de novembro, o mundo todo comemora o *halloween* no dia anterior, 31 de outubro, vinculando-o também ao *Samhain*.

Os rituais e hábitos da festa foram tomando as formas atuais desde meados de 1500. Por volta de 1845, período conhecido na Irlanda como a Grande Fome, quase um milhão de pessoas imigraram para a América do Norte levando suas tradições, inclusive o *Samhain*. Dos EUA, alastrou-se para o mundo todo. No Brasil, é chamado de Dia das Bruxas.

Apesar de ser uma celebração de 3 mil anos atrás, na Bíblia o *halloween* não é mencionado explicitamente. Alguns estudiosos referem que existem algumas passagens ali escritas que reprimem qualquer contato com mortos, espíritos do mal, demônios, etc., denotando que essa festa pagã (portanto, não cristã) não deve ser adotada pelos cristãos. Inclusive, nos EUA o *halloween* é citado como a maior festa não cristã do país.

Os símbolos do *halloween* atual foram moldados com o passar do tempo, mas trazem à tona a versão celta. A abóbora oca, com olhos, nariz e boca esculpidos e velas acesas dentro, representa uma pessoa e sua fertilidade e sabedoria. No Reino Unido, na data em questão, as pessoas passavam nas casas pedindo comida em troca de orações para os mortos e carregavam uma vela acessa e um nabo esculpido, que retratavam uma alma presa no purgatório.

As fogueiras, para os celtas, eram usadas para queima do joio no fim da colheita e representavam a expulsão de espíritos do mal. As bruxas passaram a ser populares nas celebrações do *halloween* por personificarem as heresias e os demônios (histórias incríveis as das bruxas). A vassoura representa a limpeza de tudo aquilo que é negativo; o morcego, uma alusão à capacidade de enxergar o interior da pessoa, e não só o exterior; e a maçã representa a vida.

Sem dúvida, as crendices sofreram transformações e adaptações ao longo do tempo e, hoje, os novos princípios estão um pouco menos rígidos (pelo menos para a maioria de nós), portanto, não devem ser temidos. Não tenha medo do desconhecido e comemore o *halloween* como desejar.

O grupo Amigas do Peito aproveitou a energia especial dessa data para, além de entrar na brincadeira e fazer festa, despertar as emblemáticas renovação e vibração trazidas por ela. Todas fantasiadas (ou quase todas), inspiramo-nos nos celtas e nos conectamos com as energias das deusas mitológicas, mentalizando que elas trouxessem boas influências para nós, amigas do peito, e para nossas famílias e amigos.

Feliz *Samhain* a todos!

62 | Grupo de WhatsApp: Walking Dead

Já chamei pessoas próximas de amigos e descobri que não eram... Por outro lado, há pessoas que eu nunca precisei chamar de nada e sempre foram e serão especiais para mim. Essa venturosa segunda situação aconteceu com os meus queridos amigos do grupo de WhatsApp chamado Walking Dead durante o ano que durou o meu tratamento do câncer. Vou relatar como ele surgiu.

Em janeiro de 2017, depois de acabar as sessões de quimioterapia mais pesadas e de ter feito cirurgia em 30 novembro de 2016, minha irmã alugou uma casa em Guarapari (ES) por 15 dias para passarmos férias com nossa família. Meu médico havia recomendado uma pausa no tratamento, antes de iniciar a radioterapia, o que foi muito bom em diversos sentidos. Como eu sabia que alguns amigos de faculdade normalmente vão para lá com seus respectivos cônjuges, eu montei um grupo de WhatsApp para que marcássemos um encontro. No dia 14 de janeiro, para comemorar o aniversário do meu pai, fizemos um churrasco na casa e – que maravilha! – todos compareceram. E, depois disso, nunca mais nos separamos!

Fazem parte do grupo: Fabrina (Fay) e Jeferson (Lagarto), Jober e Nadia (Novinha), Renata e Rodrigo, Cleita (Cleitão), Libório e Bio (euzinha).

Essa turma reentrou em minha vida e não pode sair mais. Trocamos mensagens diariamente e, se não nos falamos, marcamos encontros, sentimos falta espiritual e física um do outro. Quase diariamente, discutimos maneiras de nos reencontrar. Durante todo o processo do meu câncer, eles sentiram minhas dores, minhas picadas de agulhas, estiveram presentes nas minhas radioterapias e sabiam dos meus resultados de exames (desconfio até de que sabiam dos resultados antes mesmo de mim! *rsrs.*).

Sabe, é radiante quando somos amados de verdade, pois sentimos que o outro sente a nossa dor. Incontestavelmente, é assim que funciona nesse grupo, é como a minha família. As mulheres, então, são histéricas. Elas gritam escrevendo, dá para entender? *kkkkk*. Elas brigam demais comigo. E foi vivenciando isso que eu percebi uma grande realidade: somente nesses momentos difíceis é que a vida nos mostra quem são os verdadeiros amigos...

Apesar dessa cumplicidade séria de que falei até agora, o nosso grupo é também bastante divertido, porque a gente quer a felicidade um do outro. Eu já contei várias piadas piadas sem graça apenas para ver um amigo feliz.

Pesquisando textos sobre amizade para postar no meu *blog*, deparei-me com o escritor tcheco Milan Kundera, que escreveu, em seu livro *A identidade*, que a amizade é indispensável para o bom funcionamento da memória e para a integridade do próprio eu. O autor chama os amigos de testemunhas do passado e diz que eles são nosso espelho, que por meio deles podemos nos olhar. E vai além: afirma que toda amizade é uma aliança contra a adversidade, aliança sem a qual o ser humano ficaria desarmado contra seus inimigos.

Pensando bem, é muito verdade! Então, decidi reproduzir as lindas palavras que refletem a amizade entre os membros desse meu grupo *lhendo*.

Com esse grupo, descobri muitas coisas sobre amizade. Que "o verdadeiro amigo é aquele que sabe tudo a seu respeito e, mesmo assim, ainda gosta de você, e que a amizade é um conforto indescritível de nos sentirmos seguros com uma pessoa, sem ser preciso pesar o que se pensa, nem medir o que se diz" (George Eliot). Que "apenas os amigos verdadeiros farão advertências, por que quem ama de verdade critica e se preocupa, tal modo que sempre te apontarão os obstáculos, as limitações e o abismo no final do caminho, enquanto o falso amigo se regozijará de ver-te tropeçando e caindo no precipício" (Augusto Branco).

Esse grupo tem andado comigo no "silêncio da dor", como diz Martha Medeiros, jornalista e poetisa gaúcha. "Um amigo não racha apenas a gasolina: racha lembranças, crises de choro, experiências. Racha a culpa, racha segredos. Um amigo não empresta apenas a prancha. Empresta o verbo, empresta o ombro, empresta o tempo, empresta o calor e a jaqueta. Um amigo não recomenda apenas um disco. Recomenda cautela, recomenda um emprego, recomenda um país. Um amigo não dá carona apenas pra festa. Te leva pro mundo dele, e topa conhecer o teu. (...) Anda em silêncio na dor, entra contigo em campo, sai do fracasso ao teu lado. Um amigo não segura a barra, apenas. Segura a mão, a ausência, segura uma confissão, segura o tranco (...)" (Martha Medeiros).

Termino este capítulo com uma frase de Madre Teresa de Calcutá: "As palavras de amizade e conforto podem ser curtas e sucintas, mas o seu eco é infindável".

A turma toda

Eu, Renata e Fabrina (Fay)

Renata, Fabrina (Fay) e Jeferson

Jober, Renata, Nadia e eu: após a minha última sessão de quimioterapia branca

63 | A história da filha que se tornou mais que uma mãe

DEPOIMENTO DE VERONICA BERTOLUCCI STOCOVICK
"Enquanto esperávamos pelo diagnóstico, eu me mantinha muito tranquila e confiante de que não seria um câncer. Afinal, nem mesmo o nome a gente consegue falar no começo, durante ou até mesmo hoje. Depositamos todas as nossas energias na esperança de que não teríamos que passar pelo tão temido câncer. Pensávamos que não poderia ser, porque não merecíamos. Mas, então, recebemos o diagnóstico de que minha mãe passaria a tratar um linfoma no pescoço. Uma bolinha pequenina no lado esquerdo do pescoço da minha mãe era mesmo um câncer. Bastante assustadora, a notícia veio de repente, mas no fundo eu já me preparava para encarar com naturalidade e força, estando pronta para o pior. Inevitavelmente imaginava a pior e mais sofrida imagem da minha mãe doente e nas diferentes situações em que ela possivelmente precisaria de mim. Acredite, eu participei de cenas imaginárias que eu não desejaria que nem mesmo o meu pior inimigo vivesse. Meu mundo caiu! Senti medo de perder minha mãe, imaginei o sofrimento, as dores e privações, pensei em como seria a perdê-la, enfim, eu fui muito mais longe do que de fato vivemos, ainda que não conseguisse enumerar todas as dificuldades. Foi duro? Sim, foi extremamente!

Optamos pela família contar o diagnóstico em vez dos médicos, mas eu não consegui, foi o meu pai quem teve essa coragem. O meu 'contar' foi só um sincero e forte abraço na minha mãe com os olhos cheios de lágrimas, dizendo que ficaria tudo bem. E foi a partir daquele momento que eu me reergui, ganhei uma força que nem mesmo eu conhecia, passei a agir com muita naturalidade e calma, acreditando sempre que tudo se resolveria, que passaria e que para qualquer problema encontraríamos a solução.

Durante todo um ano e meio de tratamento, entre quimioterapias e um transplante autólogo de medula, eu estive por perto, sempre presente. Acompanhei cada consulta, todos os dias dela no hospital e em qualquer outra ocasião que, no fundo, eu sabia que ela precisaria de um apoio, da minha proteção ou mesmo de um puxão de orelha. Tentei fazer de tudo para que ela se mantivesse crente na cura, sem dar importância às opiniões alheias, que muitas vezes só a preocupavam ou a deixavam mais ansiosa e com medo. Procurei incentivar para que ela não deixasse de se olhar e se gostar, já que ela sempre foi muito vaidosa. Mas sempre reforçando que tinha que ser por ela e para ela, que o que os outros pensariam não era nem um pouco importante. Se aparecesse uma oportunidade para ela se distrair e se divertir, desde que fosse seguro, eu incentivava até convencê-la. Sim, eu assumi o papel de 'mãe' da minha mãe! Eu sempre fui muito apegada à minha avó, mãe da minha mãe, por isso acho que acabei fazendo em nome dela, e como se estivesse sendo feito por ela, tudo o que fiz pela minha mãe. Ainda que, sem dúvida, tanto eu quanto a minha mãe nunca tenhamos deixado de acreditar que a minha avó nos acompanhou e abençoou durante todo esse longo processo, mesmo que em outros planos.

Por sinal, a fé, a paz de espírito e a força em algo muito maior fez não só que eu, mas minha mãe e também nossa família, passássemos a crer no poder da oração. Nos tornou mais fortalecidos para encarar com calma e perseverança. Houve momentos em que as lágrimas caíram, que eu particularmente precisei de colo, assim como a minha mãe, com certeza, mas o que mais nos ajudou foi saber que sempre encontraríamos na fé um lugar para nos restabelecer e nos acalmar.

Por mais que o linfoma tenha sido intenso e tomado nossos pensamentos e nossa rotina diária, jamais permitimos que ele ocupasse mais espaço na nossa casa do que o necessário, do que os momentos de cuidado, do que os nossos instantes de lazer em família. Aliás, o câncer sem dúvida afasta pessoas supérfluas, mas atrai, com toda a força, aquelas outras que realmente nos querem bem e que se preocupam conosco. Nos aproximamos de pessoas que a vida corrida vai afastando, parentes muito queridos e amigos.

Enfim, a verdade é que o temido câncer foi desmistificado, pelo menos para mim. Passei a acreditar que ele não é mais forte do que nós, do que a nossa vontade de viver, do que a nossa disciplina para vencê-lo. Nós podemos com fé, confiança e otimismo 'suportar para superar', essa é a grande lição que fica desse período na minha vida e da minha família, que por tantas vezes a minha mãe repetiu. E reconheço humildemente que o meu suporte à minha mãe foi fundamental e inesquecível. Sem dúvida, como eu mesma já disse a ela, ainda não há ninguém melhor do que eu que pudesse suprir o meu papel. Fez toda a diferença, tanto para mim, quanto para ela!"

Veronica Bertolucci Stocovick
29 anos, filha de Edna Maria Bertolucci

64 | A experiência da minha pupila, de médica a paciente II

É pessoal, já falei. Se tem uma coisa que aprendi nessa jornada De Médica a Paciente é que o câncer vai se infiltrando e não escolhe nada nem ninguém. Ele não faz distinção entre gênero, etnia, idade e profissão. Então, um belo dia, estou eu na Hair Look e o Carlos me diz que uma aluna minha da Santa Casa esteve lá pois estava com câncer de mama. Ah, não! Minhas pupilas, não. Eu passei por isso, passo por tudo, mas meus alunos, meus residentes? Perguntei quem era e ele me disse: "Tatiana, ela falou que fez UTI com você". Meu Deus, como isso foi difícil para mim. Meus residentes de Medicina são como filhos para mim. E nenhuma mãe tem coração para aguentar ver seus filhos passando por isso.

Já comentei que temos um grupo de WhatsApp, né? Aí, de repente, lá estava ela. Tive que unir forças e incentivá-la. Acho que pude sentir um pouco a dor da minha mãe. A minha Tati, tão alegre e sorridente, da residência médica. Ela é tão menina! Conversamos no mundo virtual sobre como enfrentar essa doença e eu tive que dar forças para ela. Logo nos encontramos pessoalmente na salinha da Hair Look, carecas, fazendo a manutenção de nossas próteses capilares. Agora, temos um vínculo muito maior, o De Médica a Paciente. E ela fez questão de dar um depoimento emocionante, reproduzido aqui neste capítulo.

A Tati é a minha pupila, De Médica a Paciente – parte II. Entretanto, fiquei tranquila ao saber que ela está sendo tratada pelo dr. Flavio, oncologista que também foi meu aluno da Santa Casa de São Paulo (acho que estou ficando velha, *rsrs.*) e agora é médico do hospital A.C. Camargo Cancer Center, onde trabalho e confio plenamente.

DEPOIMENTO DE TATIANA

"Olá, meu nome é Tatiana, tenho 41 anos. Sou médica, pediatra e intensivista pediátrica. Trabalhei por 3 anos na UTI pediátrica do A.C. Camargo Cancer Center, onde, por ironia do destino, recebi o diagnóstico de câncer de mama em janeiro de 2017. Meus exames eram todos normais em agosto de 2016, mas, em dezembro desse mesmo ano, palpei um nódulo na mama direita, e, desde então, no fundo do meu coração, já sabia do diagnóstico, mas sempre com a esperança de estar errada.

Quando abri o resultado da biópsia, o chão se abriu junto! Não estava sozinha, como não fiquei nem um minuto desde então; meu marido, meu irmão e minha cunhada estavam lá, secando as minhas lágrimas. Chorei, chorei muito, mas sempre tive muita fé e acreditei em Deus. Então, depois de minutos, lembrei-me das minhas crianças da UTI oncológica, aquelas que sempre me ensinaram! Ensinaram a ter coragem e acreditar que no final tudo dará certo, de um modo muito simples, assim como elas são.

Então, ergui a cabeça, sequei as lágrimas e encarei a luta com toda a coragem do mundo, afinal tenho um filho maravilhoso, meu maior amor, minha maior razão de viver, e por ele enfrentaria tudo sempre com um sorriso no rosto, pois ele estaria me esperando de braços abertos. E assim foi a cada inda e vinda do hospital. Sabia também que não poderia cair, pois mais uma vez eu que teria que passar segurança em relação ao tratamento para meus pais. Novamente, lembrei-me das minhas crianças e fiz exatamente como elas: encorajei meus pais! Claro que não foi e não está sendo fácil, mas a cada dia fortaleço-me mais e tenho certeza de que venci!

Primeiro a cirurgia, depois as quimioterapias vermelhas e agora, já no final, as brancas (que de brancas e brandas não têm nada). Cada fase com suas dificuldades, mas todas vencidas! Uma a uma... Como médica, sabia tudo o que enfrentaria, mas, como paciente, não sabia de nada! Não é nem um pouco fácil estar do outro lado; foi mais um aprendizado. Aprendi com tudo isso a saber esperar, pois nada mais seria no meu tempo. Não poderia mais adiantar nada, carimbar nada, resolver nada! Tive de aprender a esperar! Esperar, esperar... esperar! Cada coisa no seu tempo. Tive de aprender a delegar coisas, a abrir mão dos meus pacientes, mesmo que por um tempo... A deixar meus plantões de UTI que tanto amo e dividir os cuidados com meu filho. Portanto, digo que só aprendi com a doença e hoje tenho certeza de que evoluí como ser humano. Também descobri que as minhas crianças da UTI oncológica são muito mais heroínas do que eu já achava que elas eram.

A cada ida e vinda do A.C. Camargo Cancer Center via o hospital diferente de como o via como médica, e, quando pensava em reclamar de algo, olhava para o lado e percebia que minha história era do tamanho de um alfinete perto de tantas outras. Na verdade, só tenho a agradecer, pois tive um diagnóstico precoce e tenho a oportunidade de estar me tratando num dos melhores centros oncológicos do país, com médicos 'ímpares', os quais admiro muito e a quem serei grata por toda vida. Tenho meus pais, irmãos, filho, esposo, cunhadas, avó, tias, primos e amigos sempre ao meu lado, apoiando-me e nunca me deixando sozinha. Descobri com isso que minha família me ama muito mais que eu imaginava e o quanto sou importante para eles. Hoje tenho a certeza de que sem eles não teria sido nada fácil, talvez nem seria possível! Mas, com eles, os espinhos caíram e a flor renasceu! Mais fortalecida e pronta para aproveitar a vida da melhor maneira possível, afinal ela é muito curta. Hoje realmente posso dizer que tudo passa, basta sabermos esperar!"

Minha pupila Tati, de prótese capilar

Tati e seu filho

Tati e sua mãe

Tati e seu pai

65 | A experiência da minha amiga Silvana Zugaib

Neste capítulo, vocês irão conhecer a história de mais um dos presentes que o câncer me trouxe. Quanta coisa boa, não é, gente? Dá para pensarmos positivo. Vejam que história fantástica.

DEPOIMENTO DE SILVANA ZUGAIB

"Sou Silvana Valverde Stiliano Zugaib, nascida há 53 anos na cidade de Mogi das Cruzes, conhecida antigamente como interior de São Paulo, porém hoje integrada à região metropolitana.

Sempre gostei de brincar, inclusive na rua, com meu irmão Claudio, seis anos mais novo que eu, e com os vizinhos.

Quando criança, eu era muito medrosa, fato que podia ser comprovado pelos meus pais Iracellis e Mário. Quando eles levantavam de madrugada, por algum motivo, constatavam que eu, em minha cama, estava de mãos dadas com meu irmão, que dormia na cama ao lado. Vez ou outra pedia para me deitar no quarto deles, mesmo que fosse sobre um cobertor no chão, só para sentir a proteção de estarem próximos. Ir ao quintal à noite era um ato um tanto quanto difícil. Se precisasse, iria, mas sempre desconfiada, sem nunca ter tido um episódio que alimentasse esse receio. Gostava de ir para cama antes dos meus pais ou meu irmão para não perceber que eles já estavam dormindo e eu, ainda acordada.

Quando ingressei no antigo primário e, em seguida, passei para o ginásio, começaram as necessidades dos trabalhos escolares e, com isso, de reuniões na casa de alguns colegas que moravam em outro bairro. Minha mãe era minha companhia, pois não ia sozinha, mesmo sendo uma época que se podia caminhar tranquilamente, sem relatos de situações de perigo como vemos nos dias de hoje.

O tempo foi passando e quando cursei os 3 anos de curso técnico em nutrição (sempre gostei de tudo que envolvesse ciências) já não precisava que minha mãe me acompanhasse, tanto para as aulas na escola, como para assuntos que envolvessem os estudos. Aos 19 anos, em 1983, entrei para a Universidade de Mogi das Cruzes para cursar Ciências Biológicas/Biologia, formando-me em 1986. Nesse período fiz muitos cursos e estágios fora da cidade.

Logo que me formei, assumi uma vaga de técnica de laboratório no setor de bacteriologia do Instituto Adolfo Lutz, em São Paulo, por meio de um concurso público realizado no ano anterior à formatura. Lá permaneci por 3 anos, podendo participar do desenvolvimento da parte prática da tese de doutorado de um pesquisador da instituição, levando a ser citada na então Revista da Santa Casa de Misericórdia de São Paulo.

Por querer crescer dentro da profissão, resolvi aceitar uma vaga que surgiu por outro concurso prestado. Tornei-me biologista em um laboratório do governo do estado de São Paulo. Foram novos desafios técnicos, desde a implantação de exames até o gerenciamento de pessoas do setor e a interação com profissionais de outras unidades para elucidar diagnósticos bacteriológicos. Para continuar crescendo, a escolha feita foi partir para entidades particulares, como Laboratório Elkis e Furlanetto, Laboratório Trasmontano, Hospital Albert Einstein, Laboratório Santa Lúcia e Laborário Sancet (esse já quando resolvi deixar de trabalhar na capital e voltar à terra natal). Em paralelo ao trabalho na bancada dos laboratórios, lecionava ciências e biologia para o ensino fundamental e médio de escolas públicas na cidade vizinha, Suzano.

Quando deixei a bancada dos laboratórios, dediquei-me à docência em escolas particulares: Colégio São Marcos, na minha cidade, e coordenação e docência de curso técnico em análises clínicas na Escola Cetés, novamente em Suzano, iniciando aqui a certeza de que o falar com as pessoas era algo que me fazia bem, pois, além do conteúdo a ser ministrado, poderia inspirá-los em suas escolhas vocacionais. A possibilidade de ouvir e dar um norte aos seus pensamentos e ações era algo gratificante e isso sempre esteve muito presente nas aulas.

Na época que trabalhava no Hospital Albert Einstein, em 1995, após ter passado por alguns relacionamentos sem sucesso, conheci Eduardo quando tinha 30 anos de idade; depois de 3 anos de namoro e noivado nos casamos, ele 9 anos mais novo.

Ações sociais sempre estiveram presente em minha vida e, por isso, fui convidada a assumir uma ação de responsabilidade social da Rádio Metropolitana, em Mogi das Cruzes.

Nessa época, já estava com a empresa de treinamento e desenvolvimento humano em atividade. Em 2014, resolvi dedicar-me 100% à empresa, ministrando palestras comportamentais por todo o Brasil.

Não tive filhos biológicos e todas as atividades profissionais, cursos e viagens com marido e familiares completavam minha vida. Mas em determinado momento, avaliando e definindo meu legado, pude perceber que no quebra-cabeça da minha vida estava faltando uma peça: um filho.

Foi então que, em 2011, com 48 anos, resolvi entrar no cadastro nacional de adoção. Como queria um bebê, a espera seria de 3 a 5 anos. Completando 3 anos, fui chamada e ela chegou, com 1 mês e meio de idade; eu, com 51 anos. Assim, toda aquela projeção de vida feita anteriormente agora estava completa com sua chegada e a definição realmente do meu legado.

Mudanças acontecem durante toda nossa vida. Algumas nós buscamos, digo que nós abraçamos, e outras nos abraçam, caem no nosso colo sem estarmos esperando. Uma dessas mudanças, carregada de manifestações adversas, me abraçou. Em 2016, com 52 anos, descobri que estava com câncer de mama, dois tumores invasivos. Após a biópsia, foi determinado o início das quimioterapias vermelha e branca, para depois ser submetida à cirurgia. Naquele momento, meu chão sumiu e meu coração se apertou. 'Como assim? Maria Vitória está apenas com 1 ano e meio... não pude ensinar e aprender quase nada.' Esses foram meus primeiros pensamentos.

Percebemos nossa vida e a projetamos com pé e olhar no futuro. Porém, as decisões devem ser tomadas no agora, no presente. Eu deveria reagir diante daquela situação, não poderia ficar com pensamentos questionadores como 'Por quê?'. Esse tipo de pergunta me faria olhar para trás, procurando um culpado para aquela nova situação que se configurava à minha frente. Ao sair do consultório do mastologista, decidi que iria perguntar 'Pra quê?', buscando significado e propósito para o câncer na minha vida naquele momento.

Com o início do tratamento, os efeitos colaterais começaram a se manifestar, e a ficha realmente caiu sobre estar doente quando teve início a queda dos cabelos, fase em que não conseguia me dedicar como gostaria ao meu trabalho e à minha filha, então com 1 ano e meio, que levantava os bracinhos e pedia colo.

Relatei em vídeo uma conversa que tive com meu oncologista sobre poder pintar meu cabelo tendo começado havia 1 semana a quimioterapia vermelha, pois estava com raízes brancas, situação extremamente desagradável para a maioria das mulheres; foi quando ele disse que meu cabelo iria cair na semana seguinte. Como me posicionei firme e decidida a enfrentar de frente a doença, a repercussão desse vídeo fez muitas pessoas procurarem por mim para me dizer o quanto foi importante, em um determinado momento de suas vidas, assistir ao meu relato.

Isso me motivou a criar uma página no Facebook, a CA *talks* – Falando sobre câncer, onde compartilho histórias de pessoas que passaram ou ainda passam pela doença e o que as fez ter forças para superar.

E o medo... Todas as vezes em que eu sentia medo – porque ele vem mesmo em nossa mente – e vinham as lágrimas, a indisposição e a fraqueza, olhava para Maria Vitória e começava a entender por que a doença havia chegado naquele momento. Se tivesse se manifestado dois anos antes, muito provavelmente quando fosse chamada, eu não aceitaria adotá-la. E ela estando em casa comigo, naqueles momentos difíceis, dava-me força para acreditar e superar.

Agora, na fase pós-quimioterapia, cirurgia (mastectomia da mama direita) e imunoterapia, busco aproveitar a vida, abraçando tudo de bom e de novo que ela me proporciona, agradecendo sempre e sabendo que não temos controle do que irá nos acontecer, tanto de bom como de ruim. Temos, sim, o controle de como vamos reagir, nosso posicionamento e enfrentamento diante das mudanças. Digo que devemos abraçar, olhar de frente o problema, de preferência de cima para baixo. Assim o vemos menor e sempre de maneira positiva.

Hoje, paro e lembro dos meus medos de infância, que, comparados ao medo de estar passando por um câncer, não eram nada, mas percebo que sempre podemos crescer e aprender com eles.

É vida que segue, sempre com um agradecimento por dia."

Silvana com seus pais. Lindos!

Silvana com a Maria Vitória

Silvana, Maria Vitória e Eduardo

66 | *And the Oscar goes to...?* Depoimento de uma adolescente

Vou compartilhar com vocês esse depoimento que veio pelo campo "Conte sua história" do meu *blog*! Sou uma pessoa muito sortuda por conhecer essa maravilhosa e poder chamá-la de MMM (mãe, médica e mulher maravilhosa). A Rebecca fará medicina um dia e nosso *blog* será MMM, não é demais?

DEPOIMENTO DE REBECCA

"Meu nome é Rebecca, tenho 15 anos (quase 16) [em 2016]; com 13 anos fui diagnosticada com linfoma de Hodgkin, com 70% da medula comprometida. Fiz tratamento no A.C. Camargo Cancer Center, um hospital maravilhoso, com profissionais maravilhosos e, acima de tudo, pessoas maravilhosas.

Recebi todo o apoio que poderia ter dos médicos, da família e dos amigos, só que o mais importante era o meu apoio a mim mesma. Terminei meu tratamento no dia 2 de dezembro de 2014, e vida que segue.

No dia 10 de julho fui diagnosticada com síndrome nefrótica (síndrome no rim que faz soltar proteína, o que pode e provavelmente vai causar inchaço de 5, 10, 20, 30 kg, dependendo da situação). Infelizmente, a primeira médica com que passei talvez precisasse de um pouquinho mais de experiência ou de sorte para que os remédios que ela prescreveu dessem certo com o meu corpo naquele momento. Fui inchando, inchando, e quando fiz um exame meu potássio estava alto, o que pode causar arritmias ou problema para o coração. Sempre falo que as coisas não acontecem por acaso, e acho que eu tive a síndrome nefrótica em crise naquele dia para conhecer uma pessoinha chamada

Fabíola, ou melhor, dra. Fabíola, a *the best*, um ser humano iluminado, que me passou uma confiança extrema e foi tão rápida que, quando vi, já estava na unidade de terapia intensiva (UTI) desse outro hospital, com um dos melhores nefropediatras que existem no Brasil.

Dra. Fabíola acompanhou-me nos 20 dias em que fiquei lá, as noites de plantão dela era as melhores, pelo simples fato de ela ficar conversando (ou melhor, gargalhando bem alto comigo) até as 3 horas da madrugada. Essa pessoa tão linda em todos os sentidos (porque pensa em uma mulher mara, é ela) tornou-se uma das minhas maiores amigas e, naqueles dias, uma das maiores incentivadoras ali na UTI. Fui melhorando, desinchando e, com o tempo necessário em casa tratando direitinho, a crise da síndrome nefrótica se foi.

A dra. Fabíola me ensinou muito: que você pode ser chefe de várias UTI; trabalhar em vários hospitais; ser amiga, esposa e mãe, tudo ao mesmo tempo, e continuar de unha pintada e maquiagem feita; e que dá ainda para fazer exercícios, e tomar um vinho à noite. Ensinou-me que há vários tipos de pessoas fortes e ela era uma delas, felizmente (bota feliz nisso). Meu doutor lindo, Neviçolino, é um dos melhores amigos dela, e sempre consegui mandar beijos e perguntar dela.

O tempo passou e o meu linfoma reincidiu em alguns gânglios. Lá fui eu para a quimioterapia novamente, quatro ciclos e pronto, exames ótimos. Meu mais novo aniversário era dia 13 de maio de 2016, pois é um renascimento o dia que você venceu mais um obstáculo na sua vida. E a receita é: felicidade, positividade, muito bom humor, fé na ciência e em Deus, principalmente, e um pouquinho de paciência para o bolo ficar pronto, pois só depende de nós aceitarmos e encararmos as coisas que acontecem em nossas vidas e transformá-las em algo que, quando nos lembramos do momento triste nos deixará felizes com aquela lição que aprendemos...

Um mês se passou e, quando vi, alguém muito especial criou um *blog*. Recebi a notícia de que aquela pessoa que me ensinou tanto vai passar por alguns obstáculos, mas nada que ofusque o brilho dela. Começo a ler o *post* e vejo que essa pessoa vai me dar uma outra lição de vida, que dá para ser tudo isso e mais um pouco. Sou seguidora desse *blog* desde o primeiro segundo, porque sou seguidora da pessoa maravilhosa que você é já há algum tempinho. Dei tanta risada com o *post* de frases para não se falar para um paciente com câncer! Identifiquei-me tanto com a resposta: é exatamente assim que se passa na nossa cabeça.

O final dessa história eu conto daqui a um tempo, e eu tenho a sensação que vai incluir eu e você comendo leite Moça, aquele doce rosa que comemos na UTI (só que agora vai ser em outro lugar que tenha lojas de roupa, nada de hospital) e depois vamos ter que fazer muita caminhada, pois eu sei que você é uma pessoa para cima, positiva e iluminada, sei que você vai lutar, lutar e ganhar. Isso não a impede de dar umas respiradas às vezes e ficar um pouco chateada, pois garanto que logo depois você volta com mais força e mais sede de vencer, pois nada é maior do que você e nunca será. Estou aqui vibrando e mandando todas as energias possíveis, achando você cada dia mais *lhenda* e forte. Obrigada por todas as vezes que você me ajudou. Mesmo não sabendo, aqueles dias foram os piores e mesmo assim você me fez rir. Mais que uma médica, você é uma pessoa maravilhosa. Se um dia estiver meio chateada com alguma coisa, não só nessa fase, mas em qualquer outro dia na sua vida, saiba que estou aqui para fazer o mesmo que você fez um dia por mim!

De: sua paciente *the best*."

Rebecca "MMM"
15 anos

Eu não poderia deixar de colocar esse depoimento no livro. Aliás, quero aproveitar para informar que a Rebecca está ótima, fez o transplante de medula e está superbem.

67 | Depoimento de uma futura "de paciente a médica"

À Tais, desejo vida e mais vida. Será uma médica exemplar, uma linda De Paciente a Médica.

DEPOIMENTO DE TAIS

"Meu nome é Tais e tenho 21 anos. Aos 19, enquanto estava no terceiro ano da faculdade de Medicina, palpei uma 'bolinha' na região acima das minhas clavículas. Pensei: 'Um linfonodo supraclavicular.' Até mesmo quem ainda está na metade do curso já sabe que isso em geral não significa coisa boa. E foi assim que em menos de um mês eu já havia feito uma cirurgia para biópsia do linfonodo, coleta de óvulos pra congelamento, outra cirurgia para colocação do *port-a-cath* e iniciava as sessões de quimioterapia. É incrível como minhas prioridades mudaram da noite para o dia. Em um dia, eu estava pensando em qual vestido eu iria usar para sair no final de semana, no outro eu só desejava não pegar nenhuma infecção para não adiar as sessões de quimioterapia. Foi no momento do diagnóstico que surgiu o meu maior medo: teria de largar a faculdade? Eu não queria!

A Medicina é como uma paixão, algo que me motiva a viver. O médico permitiu que eu continuasse, mas acho que no fundo, bem no fundo, não acreditava que eu conseguiria terminar o semestre. Eu tinha certeza que eu iria conseguir manter a faculdade e assim foi. Durante todo o período, só faltava à aula nos dias das sessões de quimioterapia; no dia seguinte, apesar da enorme ressaca de quimioterapia (e quem já fez sabe do que eu estou falando) estava eu em pé cedinho, feliz por conseguir manter a minha rotina. Seis meses depois chegou o momento de realizar o tão esperado *pet scan*, que iria definir se eu já estava curada ou quais seriam os próximos passos. Eu já havia comemorado o final das 12 quimioterapias, estava com a esperança de voltar à minha vida normal, quando veio o balde de água fria: ainda não estava curada, o câncer não tinha sumido completamente.

    Confesso que saber isso foi muito pior do que ter o diagnóstico pela primeira vez, porque agora eu sabia como seria doloroso o processo... Foi ainda pior do que da primeira vez: teria de fazer um transplante de medula. Em pouco tempo, fiz uma nova cirurgia no tórax para confirmar se era o mesmo tipo de tumor e voltei para a quimioterapia, uma bem mais pesada do que a anterior. Dessa vez minha imunidade diminuiria muito, sendo até mesmo perigoso para mim em alguns momentos continuar a faculdade, pois o contato com pessoas doentes poderia me prejudicar. Mas, novamente, eu implorei ao médico que não me fizesse parar com aquilo que eu tanto amo. E ele, já conhecendo a minha teimosia e persistência, cedeu. Com todos os cuidados, é claro. Fui muito apoiada pelos meus amigos de faculdade, que sempre me passavam o que tinha que estudar, e pelos meus professores, que inclusive levavam pessoalmente a prova para mim no hospital durante o período que eu estava internada. Depois de alguns ciclos de quimioterapia, internei-me para fazer o transplante de medula autólogo, que foi o maior desafio já enfrentado por mim. Dias e dias sem comer, praticamente sem conseguir nem beber água. Tarefas simples como escovar os dentes ou tomar banho já eram cansativas. Imagine, uma jovem de 20 anos se cansar só de levantar da cama para ir ao banheiro?! Era uma tortura para minha mãe vivenciar isso. Mas ela é a mulher mais forte e mais guerreira que eu conheço, foi meus braços e minhas pernas quando eu precisei e esteve do meu lado a cada segundo do tratamento. Passados os dias de internamento do transplante, era hora de voltar para casa. Acho que, depois de ficar um mês isolada, apenas com minha mãe e sem poder receber visitas, nunca valorizei tanto a rua, poder ver outras pessoas, até mesmo o engarrafamento me parecia algo maravilhoso, *rsrs*.

    E foi assim que aos poucos recuperei o peso (perdi 7 kg durante o internamento), fortalecendo minha imunidade e retomando a vida normal. Hoje, tenho muito orgulho de tudo o que eu passei e da maneira como enfrentei. Fico feliz de te ter conseguido realizar o meu maior desejo, que era de não precisar parar a faculdade e de estar 100% curada. No dia 31 de julho de 2017, fez 1 ano desde o transplante de medula, uma data muito importante para mim e que eu pretendo comemorar pelo resto da minha vida. Só tenho a agradecer a Deus, à minha família e aos meus amigos que sempre estiveram ao meu lado. E, é claro, obrigada, medula, pelo meu primeiro ano de vida com muita saúde!"

Dia da "pega" da medula

Comemoração de 1 ano do meu transplante de medula

68 | Depoimento sobre câncer infantil

A minha querida Deborah Fachini resolveu nos ajudar dando seu depoimento sobre o que passou com o nosso lindo Rafa. Vejam só como é importante perceber a precocidade do diagnóstico e o tratamento imediato.

DEPOIMENTO DE DEBORAH
"Olá! Sou Deborah, mãe do Affonso Rafael (mais conhecido como Rafa). Em abril de 2014, Rafa teve uma crise de laringite e ficou hospitalizado.

Foi quando a médica do pronto-socorro sugeriu fazer alguns exames pois estava com muitas petéquias. Logo o hemograma saiu e as plaquetas estavam baixas, o que apenas a laringite não justificava!

Descobrimos que a criança com síndrome de Down pode ter uma falsa leucemia. Mas, no caso do Rafa, era realmente uma leucemia, do tipo mieloide aguda (LMA) de fato.

Logo fomos transferidos e acompanhados no A.C. Camargo Cancer Center. Rafa iniciou a quimioterapia e em novembro terminou o tratamento!

Hoje está curado e faz apenas acompanhamento ambulatorial a cada três meses."

Deborah, mãe do Rafa

Rafa após a cura

Rafa e Deborah após a cura

69 | Depoimento sobre a cura do câncer

Compartilho com vocês o depoimento de uma grande e maravilhosa amiga do peito que o câncer me deu de presente por meio do Carlos e da Hair Look, a *lhenda* Delmara. Ela escreveu a meu pedido, quando fiz uma postagem sobre a cura do câncer no meu *blog*.

DEPOIMENTO DE DELMARA

"Querida Fabíola, você me fez um pedido para eu escrever sobre o câncer em minha vida. Minha história começou em 2 de maio de 1968, data do meu nascimento. Meu nome é Delmara de Oliveira Sacramento Bastos. Sou baiana, moro em Salvador, esposa de Ivan, mãe de Rodrigo, de 10 anos de idade, filha caçula de D. Sérgia e irmã de Rita, Ricardo, Helena e Neuma.

Meu marido Ivan e eu nos conhecemos na Faculdade de Direito, nos formamos juntos e lá começou a nossa incrível história de amor, em 1991. Nos casamos em 20 de dezembro de 1996. Ele é advogado e eu me tornei funcionária pública estadual após concurso público junto ao Tribunal de Justiça da Bahia, onde exerço minha profissão como Assessora Jurídica.

Minha maternidade não aconteceu facilmente. Não veio por acaso. Aliás, nada na minha vida veio por acaso ou caiu do céu, tudo foi conquistado e batalhado. Nossa gestação durou 11 anos! Isso mesmo... 11 anos. Após quatro gestações malsucedidas, duas gestações ectópicas, peritonite, gravidez gemelar, curetagens, várias cirurgias, além de cinco anos de tratamento de fertilização em São Paulo, Deus nos abençoou com a chegada de Rodrigo em 17 de abril de 2007.

345

Sou apaixonada por esportes e viagens. É o nosso vício, meu e de Ivan. Há muitos anos o esporte faz parte da minha vida. Desde criança, incentivada por minha mãe, sempre fiz atividade física e continuo fazendo. Sou corredora, nadadora, ciclista, triatleta, já completei umas 30 meias maratonas pelo Brasil e no exterior, três maratonas, várias provas de triatlon, algumas travessias aquáticas em mar aberto, além de um meio Ironman (natação, ciclismo e corrida). Alimentação é outro item na minha vida que eu sempre observei. Faço acompanhamento com nutricionista desde o ano de 2008. Tenho hábitos alimentares super saudáveis. Não como frituras nem gordura, não bebo refrigerante, carne apenas uma vez por semana, bebida alcoólica só socialmente, nunca fumei nem fui usuária de drogas.

Diria que minha vida estava 'perfeita', 'no lugar', ou 'nos trilhos'. O ano de 2016 prometia... Tínhamos passado o *réveillon* no Havaí, lugar incrível. Lá sonhamos e planejamos todo o nosso ano de 2016, que englobava seis viagens. Pensem em uma pessoa extremamente organizada, planejada e certinha, sou eu!

Conforme o costume, fiz meu *check-up* médico em abril de 2016 e minha saúde estava maravilhosa como sempre.

Viajamos para comemorar meu aniversário de 48 anos em maio de 2016, só nós três (Ivan, Digo e eu), passamos dias incríveis em família no Hotel Fasano Boa Vista, em São Paulo. Corri, pedalei, joguei tênis, bebi e comi de tudo. Viagem perfeita.

A próxima viagem seria para os EUA, em 21 de junho de 2016, início das férias escolares de Digo. Tínhamos inscrito-o para fazer um *summer camp*. Em razão da viagem, resolvi tomar junto com Digo a vacina H1N1, em 23 de maio de 2016. A partir desse dia, senti algo estranho. Fiquei dois dias super indisposta, deitada, com dores pelo corpo inteiro, não consegui ir para o trabalho. Liguei para várias pessoas perguntando sobre os sintomas, porém ninguém sentiu nada, inclusive meu filho. Voltei aos poucos para minha rotina, trabalho e atividade física (corrida, bicicleta e musculação). Na sequência, veio o feriado de Corpus Christi e ficamos em Salvador, porém comecei a sentir dores na lombar. De repente, acordei no dia 30 de maio de 2016 com uma dor na virilha esquerda com um leve reflexo nas costas. Era uma dor bem significativa, sensação de um caranguejo abrindo e fechando as presas dentro da minha virilha esquerda. Primeira providência: automediquei-me com Dorflex®, Luftal® e Tandrilax®. Continuei fazendo atividade física, mesmo com dor e fadiga avassaladora.

Em 2 de junho (quinta-feira), aniversário de Ivan, não conseguimos sair para jantar, pois, quando ele chegou em casa, eu estava deitada, fadigada, com sono, dormindo no sofá com a tal dor... Ele disse: 'Descanse, amanhã sairemos para comemorar.' No dia seguinte, fui para o trabalho e, chegando lá, disse a todos que estava com uma dor insuportável na virilha esquerda. Liguei para meu médico ginecologista/obstetra, dr. Luiz Machado, narrando o que estava sentindo. Na minha cabeça eu estava com algum cisto no ovário esquerdo. Ele disse: 'Venha aqui agora!' Mas não fui... Marquei para segunda-feira de manhã, dia 6 de junho de 2016. À noite, saímos para jantar com mais um casal para comemorar o aniversário de Ivan. Noite especial e maravilhosa. Bebemos e demos muita risada. Quando chegamos em casa, não consegui dormir com a tal dor... O fim de semana foi terrível porque eu estava sem energia. Ivan quis me levar para emergência, mas não aceitei; disse que resolveria segunda com dr. Luiz, meu médico há 25 anos.

Era 6 de junho de 2016, segunda-feira, dia em que minha vida mudou para sempre. Fui dirigindo para minha consulta médica com o dr. Luiz Machado, cujo consultório fica no Hospital Aliança. De lá não saí mais... Fui diagnosticada com linfoma não Hodgkin, de células B, *triple hit*, agressivo, com infiltração na medula óssea. Era necessário um transplante de medula óssea (TMO). Um pesadelo, um choque, um susto!

Delmara, Rodrigo e Ivan

Delmara e Rodrigo

O que passa na sua cabeça ao receber esse diagnóstico? Pois é, na minha só veio um pensamento: Rodrigo, Rodrigo, Rodrigo, Rodrigo...

Chorei, respirei e pensei: não tenho o poder de apagar nada e fazer o tempo voltar. Não posso morrer agora... Levei onze anos para ter um filho e agora quero vê-lo crescer e se tornar um homem de bem e feliz! Estava com medo, mas resolvi enfrentar... Não me revoltei nem fiz perguntas a Deus. Simplesmente aceitei!

Daquele dia em diante, minha vida virou um quebra-cabeça que demandaria tempo para encaixar as peças no seu devido lugar. Mãos à obra! Em 48 horas fiz todos os procedimentos e exames necessários, inclusive PET-*scan* para fechar o relatório médico e definir o protocolo da quimioterapia. Logo na sequência fiz uma quimioterapia de estabilização na veia do braço mesmo, para não perder tempo.

Fiquei internada dos dias 6 a 14 de junho de 2016, enquanto Rodrigo estava em nossa casa com minha mãe, sem saber ainda a verdade. Ele me visitou no hospital no dia dos namorados, 12 de junho de 2016, e, junto com Ivan, entregaram-me um brinco de estrela muito bonito, com um cartão ainda mais lindo. A emoção foi enorme, mas me mantive firme e disse pra ele que logo estaria em casa. De fato, tive alta no dia 14 de junho, com previsão de retorno no dia 23 para início do primeiro dos seis ciclos de quimioterapia. Em casa, conversei com Digo sem usar as palavras câncer e linfoma. Disse que estava com uma doença no sangue, que tomaria um remédio maravilhoso que me curaria, mas meu cabelo iria cair... Enfim, expliquei da forma mais lúdica que eu pude e, no final, ele perguntou: 'Você vai ficar doente, doente, doente até morrer?'. Engoli seco, segurei o choro e respondi: 'Não. Mamãe ficará boa!'. Conversamos também com ele sobre o cancelamento da viagem e do *summer camp*... Ele compreendeu e aceitou sem reclamar de nada. Buscamos um programa alternativo para ele se divertir ao lado dos primos.

Em 23 de junho, internei-me novamente para colocação do *port-a-cath* e início do primeiro ciclo de quimioterapia (seis dias de infusão contínua). Eu acordava e dormia com a quimioterapia por seis dias. Seriam seis ciclos a cada 21 dias e, em seguida, o TMO. No mesmo dia, Ivan e Ricardo, meu irmão, que mora em São Paulo, foram para a consulta com o dr. Nelson Hamerschlak, onco-hematologista do Hospital Albert Einstein, levando todos os meus exames.

Meu primeiro ciclo de quimioterapia em Salvador foi horrível, doloroso e traumatizante. Tive trombose venosa cerebral com perda dos movimentos do membro superior esquerdo (braço e mão), ensejando minha ida para a unidade de terapia intensiva (UTI). Pensei que iria morrer. Novo susto, novo choque... Decidi fazer meu tratamento em São Paulo com o dr. Nelson Hamerschlak, no Hospital Albert Einstein. A decisão mais acertada de minha vida! Fomos para lá no dia 16 de julho de 2016 e ficamos hospedados na casa do meu irmão Ricardo. Ao longo dos sete meses do meu tratamento, Rodrigo e Ivan permaneceram em Salvador. Eles iam a cada 15 dias para São Paulo, além dos feriados. Foi a pior parte do meu tratamento, ficar longe do meu filho e de Ivan. Mas não tive escolha. Fui em busca da minha cura.

Meu cabelo começou a cair após 15 dias da primeira quimioterapia, tufos de cabelo espalhados pela casa inteira. Resolvi acabar logo com a situação cortando curto, tipo chanel; em seguida, raspei. No dia em que raspei o cabelo, Rodrigo me viu careca, sem querer; estava no banho e ele entrou no banheiro sem bater. Ficou assustado e chorou. Contratei minha prótese capilar na Hair Look, empresa em São Paulo onde conheci Fabíola, a autora deste livro. Assim que coloquei a prótese, em julho de 2016, meu filho ficou super feliz e disse: 'Pronto, minha mãe está de volta'! As crianças sempre nos surpreendem e nos ensinam.

Comecei meu segundo ciclo de quimioterapia em 18 de julho de 2016, mais uma semana internada, desta vez no Hospital Albert Einstein. Foram 6 dias de infusão contínua, sem parar, dia e noite. Dormia e acordava com a quimioterapia. O dr. Nelson confirmou o protocolo: 6 ciclos de quimioterapia;

Delmara com dr. Nelson (e seu bigode)

Delmara na Hair Look, quando raspou a cabeça

4 quimioterapias intratecais por prevenção, mesmo o linfoma não tendo atingido meu sistema nervoso central; e, por fim, o TMO autólogo (ou seja, usando minhas células). Se eu começar a falar do dr. Nelson, não irei parar. Ser humano iluminado. Quando o vi pela primeira vez, não resisti e perguntei: 'Por que o senhor usa esse bigode?'. Ele se acabou de rir e disse que iria me contar a história... E me contou! Outro episódio engraçado: eu tinha de fazer controle de diurese (urina), mas estava com preguiça de levantar toda hora para ir ao banheiro, então peguei a jarra e comecei a fazer xixi do lado da cama com a bunda virada para porta do quarto. Advinhem quem chegou? Claro, dr. Nelson... Demos tanta risada! Ele sempre dizia: 'Essa baiana veio abalar o Einstein!'. E o pior é que era verdade. Eu malhava no corredor do hospital. Fazia exercícios de musculação no quarto. Pedia pipoca para engolir o corticosteroide. Cada dia eu usava uma roupa diferente e bonitinha, não usava aquela roupa do hospital, não. E ainda me maquiava. Conseguia me divertir mesmo com o mal-estar inerente a toda quimioterapia.

No Einstein, tudo aconteceu completamente diferente do que eu havia passado em Salvador. O hospital virou minha casa, sentia-me superbem e à vontade lá, no sexto andar, específico para hematologia. Decorava meu quarto com fotos, cartas, orações, desenhos que pintava, balões, etc. Ia para o Einstein cheia de energia e sorriso. Senti que lá estava minha cura! Só tenho elogios a fazer ao hospital, à equipe maravilhosa de enfermeiras, ao meu médico incrível, dr. Nelson, e a toda a sua equipe. A gratidão será eterna.

A cada ciclo, uma vitória. Meu tratamento estava indo muito bem, meu organismo estava suportando tudo, sem complicações. A trombose estava indo embora, mas eu tomei duas injeções de Clexane® por dia na barriga durante oito meses. Em casa, eu mesma aplicava as injeções (coisas que o CA me ensinou). Aplicava também as injeções de Granulokine®. Após o terceiro ciclo, fiz novo PET-*scan*, tudo limpo! Gente, foi incrível esse dia: que felicidade! Estava curada, porém o dr. Nelson me avisou: 'Seguiremos o protocolo e aumentarei ainda mais sua QT! Não vamos brincar, não'. E eu sempre dizia para ele: 'Faça tudo que tem que ser feito, mesmo que eu sofra. Não importa'. E ele afirmava: 'Del, tem dia e hora para acabar'.

Em agosto, minha sogra adoeceu e, após 40 dias internada em Salvador, faleceu no dia 3 de outubro de 2016. Mais um choque para Ivan e Rodrigo. Eu estava longe de Ivan, em São Paulo. Pela primeira vez, não pude apoiá-lo como gostaria e como ele merecia. Tinha uma missão: minha cura! Não podia perder meu foco. Foram dias bem difíceis.

    Prosseguimos com o quarto, quinto e sexto ciclos, até a chegada dos procedimentos para o TMO. Nova etapa do tratamento. Hoje, olhando para trás, me pergunto como consegui. Primeiro passo: mobilização para que minha medula produzisse células, muitas células. Para isso, tomava duas injeções de Granulokine® por dia, uma de manhã e outra à noite. Fiz inúmeros exames de sangue e imagem, inclusive outro PET-*scan*. Dia 23 de outubro de 2016, domingo, fiz a coleta das minhas células, pela via periférica (veia do braço), no banco de sangue do Einstein, aberto exclusivamente para a minha coleta. Após cinco horas deitada na mesma posição, sem poder me mexer, conseguimos, com êxito, concluir a coleta das minhas tão sonhadas células. A presença de Ivan, Digo, meu irmão e minha cunhada foi fundamental nesse dia. Em 31 de outubro de 2016, internei-me para o TMO. Mais uma semana de quimioterapia contínua, totalmente diferente dos ciclos anteriores, bem mais forte e com outras drogas. Essa quimioterapia foi terrível. Tive a síndrome mão-pé; traduzindo, acordei parecendo um elefante, com pés, mãos e rosto inchadíssimos. Depois, os pés e as mãos descamaram, foi simplesmente horrível. Em 8 de novembro de 2016 foi feita a infusão das minhas células, início do bolão do pega da minha medula. Cartaz pronto preso na porta do meu quarto. Nos seis dias seguintes não consegui sequer me levantar da cama, mal abria o olho. Não dormia, não comia, não tomava banho. Tive mucosite no esôfago. Estava na fase do confinamento e apenas uma pessoa podia ficar comigo no quarto. Eis que no dia 17 de novembro de 2016 eu renasci, minha medula pegou! Que emoção, que felicidade, que bênção de Deus! Fui melhorando a cada dia até que recebi alta médica no dia 22 de novembro de 2016. Fizemos uma *big* festa no meu quarto. Indescritível! Após a alta, ainda permaneci mais um mês em São Paulo. O dr. Nelson havia me dito que no Natal eu estaria de volta a minha casa e a promessa foi cumprida. De volta e curada! Tivemos um Natal incrível, recheado de amor, talvez o mais especial de todos.

    Meses após o transplante, minha vida está voltando ao normal. Embora ainda esteja de licença médica, estou me sentindo super bem, inclusive praticando atividade física, corrida e musculação. Em breve voltarei para o trabalho.

    Foi um período de muita luta, amizade verdadeira, coragem, fé e amor. Durante todo o meu tratamento, minhas amigas fizeram revezamento e, a cada ciclo, três amigas iam para São Paulo cuidar de mim no hospital, além das minhas irmãs e minha mãe. Além disso, elas criaram um grupo no WhatsApp chamado Power Del. A cada internamento meu, elas se reuniam para orar. Fizeram uma corrente de oração incrível. Após a minha volta para Salvador, fiz o encontro de todas as integrantes do grupo na minha casa para a oração final de agradecimento e encerramento do grupo. Foi uma noite especial, cheia de emoção.

Hoje eu vejo que minha vida está muito melhor, o câncer me trouxe muitas coisas boas, além de pessoas maravilhosas.

Nós planejamos, sonhamos e fazemos escolhas, porém só Deus escreve nossa história."

Esse é o fim do depoimento da *lhenda* Delmara. Mas não do nosso livro nem das nossas vidas.

Delmara, Digo e Ivan no Ibirapuera na fase do tratamento

Delmara, Digo e Ivan após o transplante

70 | Depoimento sobre oncofertilidade

Essa minha amiga do peito pôde guardar os embriões quando recebeu o diagnóstico de câncer. Confira a seguir o depoimento de Renata Vitorato.

"Meu nome é Renata, 40 anos, casada e há quase dez anos tentava ser mãe. Meu marido e eu fizemos tratamento para engravidar. Nessa primeira fase, estava tudo certo comigo, ele que precisava de uma ajuda. Fizemos algumas fertilizações *in vitro* (FIV) sem sucesso e íamos dar um tempo, um descanso, quando descobri um nódulo no seio já palpável durante o banho. Estranho, pois para fazer as fertilizações realizei todos os exames, principalmente nas mamas, menos de 6 meses antes (isso aos 36 anos), então achei que pudesse ter relação com os hormônios. Fui viajar por um longo período, aquele negócio não sumia e começou a doer. Quando retornei, fui ver minha ginecologista e ela já me orientou a confirmar pela ultrassonografia se deveria solicitar uma biópsia. Dito e feito. Já marquei a biópsia saindo do exame de ultrassom. Alguns dias depois veio o diagnóstico e com ele perdi meu chão. Estava sem informação nenhuma, não sabia o que ia acontecer, ser mãe estava mais distante do que nunca.

Eu sempre vi nos filmes coisas tristes, pessoas morrendo, nunca ouvi uma história com final feliz. Ia correr contra o tempo e tudo para acabar logo e me curar. Saí das consultas com a certeza de que morrer de câncer eu não ia, então tinha que ficar saudável para ser mãe quando acabasse o longo tratamento.

E não foi fácil desde o começo. Tive a chance de congelar os embriões e, logo em seguida, fiz a mega cirurgia nas mamas. Não tive tempo para me recuperar e começou um bombardeio de hormônios. Com pouco tempo, conseguimos dois embriões, e agarrei-me neles até o fim do tratamento. Não usei medicação para proteger os ovários dos quimioterápicos e podia prejudicar as próximas tentativas de coleta de óvulos.

Meus médicos tiveram de analisar meu caso, pois eu queria saber se poderia começar a tentar engravidar. Quando? Como? Tive um tumor carcinoma invasivo ductal triplo negativo, um tipo agressivo que pode voltar logo após o fim do tratamento. Tive de esperar 2 anos e 6 meses depois do diagnóstico, e não 5 anos, que era até melhor para ajudar a não voltar a doença. Não esperei mesmo. Como só tínhamos dois embriões, resolvemos tentar a hormonioterapia. Foram quase nove meses sem sucesso. Até comecei a parar de produzir óvulos e não menstruar mais. Minha médica já falava em plano B, C... Médico no exterior, adoção...

Meu marido foi incrível em todas as fases e foi ele quem não me deixou desistir, quem disse que iríamos até o final. Fui viajar e comecei a tomar um precursor de hormônio para voltar a menstruar. Depois de três meses, meu ciclo voltou, fiz exame para saber da ovulação e fui à consulta. A médica só tinha notícias boas: meu corpo estava pronto para receber aqueles dois embriões congelados há três anos. Dos dois, um vingou e é um menino chamado Danilo Gabriel, o milagrinho da nossas vidas, que, como a mãe, venceu todas as adversidades."

All we need is love, Renatinha! A vida é *lhenda*!

Renata e seu marido, na gestação de Danilo Gabriel

Danilo Gabriel

71 | Depoimentos sobre como os homens se comportam

Neste capítulo, por meio dos depoimentos de duas pessoas, vou relatar dois casos sobre como os homens podem ser frios e agir de formas cruéis com mulheres carentes.

CASO 1
Neste caso que vou reproduzir agora, ela não quis se identificar, pois não poderia revelar as pessoas envolvidas. Segue o relato.

"Tive um diagnóstico de câncer de útero aos 40 anos de idade. Tenho uma filha linda e sou casada há mais de 10 anos com um marido que amo e que me ama também. Nunca havia tido problemas em meu casamento, a não ser os do dia a dia. Vivemos muito felizes. Mas ter um diagnóstico de câncer não é fácil. Atrapalha nosso cotidiano. Apesar disso, meu marido continuou sendo exemplar.

Quando estava na metade do meu tratamento, o qual envolveu quimioterapia, cirurgia e radioterapia, tive uma decepção muito grande com ele. Foi uma traição. Essa decepção me abalou de tal maneira que nos afastou demais. E pela primeira vez na vida questionei nossa relação.

Nessa época, por acaso, reencontrei um colega de turma do jardim de infância. Não nos víamos há anos. Ele também estava casado e tinha duas filhas e um filho pequeno. Mas, infelizmente, seu casamento não ia bem. Começamos a conversar e virei sua conselheira. Eram conversas tão boas e diárias. E, de repente, eu passei a ficar mal-acostumada com nosso contato de todos os dias! Na verdade, como ele encantadoramente me disse na época, comecei a ficar bem-acostumada.

Conversa vai, conversa vem, e dia a dia eu me afastava mais e mais do meu marido, consciente e inconscientemente.

Quase dois meses se passaram e, sinceramente, acredito que já me encontrava apaixonada. Pelo quê? Pela história que se criou. Pelo amigo que reencontrei, pela atenção que ele me deu em um momento de carência profunda, do ponto de vista físico e emocional. Nossas conversas foram para um nível que sugeria que eu devia viver com mais emoção, pois eu era uma mulher intensa e emotiva. E, inocentemente, eu me declarei e pedi que ele fosse sincero, pois esse meu lado emocional estava bloqueado e eu não queria sofrer. Já havia sofrido demais. Ouvi o mesmo, que ele já tinha sentido muito sofrimento também.

E, finalmente, encontramos-nos após quase dois meses de conversa. Foi perfeito. Conversamos pessoalmente por cerca de 4 horas e praticamente parecia que nossas vidas seriam, a partir daquele momento, só flores. Enfrentaríamos tudo e todos e ficaríamos juntos. Ou será que eu sou louca e entendi tudo errado? Ficamos juntos.

Jamais pensei que alguém seria capaz de me fazer sofrer em um momento como aquele. Ainda mais alguém que parecia que eu conhecia. Ir para casa depois foi muito difícil, pois o peso na consciência era terrível. Nunca havia traído meu marido. Estava muito confusa. Entretanto, ainda mais apaixonada.

No outro dia, começamos bem e íamos nos ver novamente. De repente, tudo começou a se atropelar, as coisas foram ficando confusas e ele não me atendia, e eu esperando no restaurante, esperando, esperando, angústia, nervoso, um horror... Desencontro. Pronto, nossa primeira briga e a primeira decepção. Tudo o que ficou combinado foi desfeito. Ele foi embora. E eu teria que esperar mais uns dias para revê-lo. Foi horrível. Dias torturantes. Agressões verbais. Insegurança.

E, no meio de tudo isso, eu em tratamento de um câncer, casada, e ele também casado.

Meses se passaram e nos reencontramos. Mais uma vez, foi maravilhoso o momento em que estávamos juntos, mas depois...

Decepção. Escutei poucas vezes 'eu te amo', mas não sou louca. Escutei e li. E disse, porque o amei. Eu amei como não amava há muito tempo.

Ouvi coisas horríveis dele após a segunda vez que ficamos juntos. Pensei que não fosse resistir. Juro que sofri mais do que com meu tratamento contra o câncer. Eu tinha até medo de sofrer tanto e meu câncer voltar. Porque tinha horas em que a tristeza era insana. Eu me perguntava como eu podia lutar pela minha vida contra um câncer e me deixar sofrer assim.

Ao mesmo tempo, tinha de tocar a minha vida sem ninguém perceber o que estava acontecendo e sorrir diariamente.

Ao longo dos meses, ele marcou comigo umas duas ou três vezes e não apareceu. Eu fiquei esperando. Às vezes, ficava na rua e não ia para casa, dirigindo para lá e para cá, esperando que ele viesse.

Mesmo assim, ainda me encontrei com ele uma terceira vez. Ele disse que me amava e foi outra noite maravilhosa. E, pela manhã, mais uma vez ele não me amava. Ele ama a família, ele ama a esposa. Meu Deus, o que eu estava fazendo da minha vida?

Nesse dia acabou. Acabou meu amor próprio! Voltei para minha vida, voltei para minha família, após quase 6 meses de um estado de loucura, pensando quase 24 horas em outro alguém.

Estou contando essa minha história para que as pessoas saibam o quão vulnerável a gente fica durante e após um tratamento de câncer e que existem pessoas que têm coragem de, mesmo nesse momento, se relacionar com você independentemente da dor que possam causar.

Até pouco tempo, eu queria saber se ele era louco, se realmente esqueceu tudo que me disse, se seu amor era real e como alguém podia ser capaz de fazer o que ele fez! Entretanto, um dia, por ironia do destino, acabei descobrindo que, em um de nossos encontros, ele havia, antes de sairmos sozinhos, tido a coragem de, pelas minhas costas, dar em cima de uma das minhas amigas, que por acaso não sabia de nada. Dias depois ela acabou me contando. Que carga pesada foi mais esse golpe. Nessa hora, minha ficha caiu definitivamente e vi-o de verdade. Mas, por incrível que pareça, nesse momento já sem tanta dor. Foi aí que tudo acabou. O homem não é capaz de perceber que algumas mulheres não sabem trair sem ser por amor. E muito menos perceber o quanto a traição é difícil e dolorosa para elas.

Acho até que a gente é capaz de amar duas pessoas ao mesmo tempo. Porque não deixei de amar meu marido. Estava afastada dele pela decepção. E isso foi um dos passos iniciais para um dos piores momentos e maiores dores da minha vida.

Hoje, digo que o esqueci, que não o amo e não o quero mais. Sei que eu me apaixonei pela pessoa que ele criou e eu mantive. Que eu precisei manter por um tempo. Quando consegui deixar que essa imagem idealizada morresse, pude me afastar dele. E, se arrependimento matasse, eu estaria morta, e não teria sido pelo câncer, que graças a Deus e à medicina está curado.

Meu marido soube em parte da minha história e foi capaz de me perdoar. E esse é o meu relato..."

Duro demais, não é? Homens do mundo, não façam isso com uma mulher em tratamento. Aliás, não façam isso com mulher nenhuma. Sejam o apoio, o esteio de quem precisa. Não sejam uma espada a mais no pescoço de quem já está lutando uma esgrima.

CASO 2

Este depoimento é da Fran, uma querida do grupo Amigas do Peito. Ela conta que, quando descobriu o câncer de mama, recebeu apoio do marido e que o carinho foi muito importante, pois praticamente salvou sua vida logo no início. Pena que foi só no início. Segue o relato.

"Quando fui buscar meu exame da biópsia no laboratório estava muito ansiosa para saber, é lógico. Abri o envelope logo que entrei no carro e, lá na folha de papel, estava escrito: carcinoma invasivo. Nem conseguia mais dirigir. Mandei uma mensagem para meu marido dizendo assim: 'Olha, nem vou voltar para casa porque estou com câncer... Vou dar um fim na minha vida por aqui mesmo'.

Fiquei pensando em jogar o carro num penhasco, sei lá... Eu não queria passar pelo sofrimento dessa doença e nem dar trabalho, sabe? Mas meu marido respondeu assim: 'Volta pra casa que tem jeito, sim!'.

Deu-me apoio no pior dia da minha vida e mostrou-se forte sem sinal de que estava comovido.

Conforme o tempo foi passando (pois, como todos sabem, o tratamento de câncer é muito longo), ele foi ficando diferente. Tira sarro das minhas reações da quimioterapia... Diz que é frescura e, quando fico deitada, fala que tenho vidão, porque quer que eu o ajude no comércio que temos.

Além disso, como marido, quase nem me toca mais... Parece que tenho uma doença contagiosa, e você sabe que na verdade não queremos só sexo, precisamos de um abraço, um beijo, um conforto.

Os amigos, então, todos falsos. Sobraram só uns dois ou três para apoiar...

Na minha família, o cenário era: minha mãe falecida de câncer, minha irmã estava com câncer também (coitada), meu pai era idoso e precisava de cuidados especiais e meus outros três irmãos nunca perguntaram de mim.

Tinha uma pessoa com quem eu conversava todo dia, uma amizade linda, sabe? Agora, ela disse que não tem mais tempo para conversar comigo.

Fabíola, você diz que enfrentar o câncer com sua família te dando apoio foi fácil, né? Mas e quando não recebe apoio, quando todos te abandonam? E aí?

Muitas mulheres, assim como eu, sentem-se abandonadas... Tanto na parte de amizades como de relacionamentos."

Eu, Fabíola, só tenho a dizer que o tratamento do câncer é extenso e não é fácil. Ao longo do livro, vocês puderam ver que ficamos gordas, feias e com vários efeitos colaterais. Sem contar o nosso emocional.

Para responder à pergunta da Fran, eu digo: "Olha, minha querida e amada Fran, não tenho palavras para te dizer o quanto admiro sua força e sua garra. E preciso dizer que estou aqui hoje e sempre ao seu lado. Não tenho como responder, de fato, essa sua pergunta, porque para mim isso é inexplicável; porém, amiga, se o câncer te afastou de muitos, nós nos unimos pela doença".

72 | Depoimentos valiosos de amigas que o câncer me deu

Neste capítulo, vou citar mais algumas histórias emocionantes de amigas que o câncer me fez encontrar.

FLÁVIA BIAGIONI

"Era manhã de Finados em 2015 quando os primeiros sinais apareceram. Como de costume, saí para correr 5 km no condomínio onde passo os feriados, no litoral de São Paulo, e senti que tinha alguma coisa estranha. Sempre faço todo o percurso sem precisar ir ao banheiro, mas não era isso que estava acontecendo. Achei que estivesse com uma cistite. Retornando do feriado, procurei meu médico, que me solicitou exames de sangue e urina, não detectando nenhuma infecção. A partir daí, começou minha saga com os médicos e exames para investigar a causa da diurese tão frequente.

Diagnóstico
Depois de algumas ultrassonografias, foi detectada uma grande massa cística no meu ovário esquerdo, que pressionava minha bexiga. A solução seria remoção cirúrgica. Comecei a fazer todos os exames pré-operatórios e tudo levava a crer que se tratava de um cisto de ovário, uma vez que não tenho casos na família de câncer de ovário ou de útero.

Mas, para que pudéssemos realizar a cirurgia por videolaparoscopia, tinha de fazer uma ultrassonografia transvaginal 4D. Foi durante esse exame que tive a pior notícia da minha vida. Isso porque a palavra câncer é associada a uma sentença de morte. Pelo menos, para mim, era. Tive, naquele momento, um total descontrole, fiquei sem chão por uns 15 minutos... Não sabia que atitude tomar nem para onde ir. Imagine, eu, com 44 anos de idade, dentista, sem histórico familiar, uma filha de 13 e um filho de 10 anos, com uma vontade louca de viver... Não podia acabar assim.

Passado o choque inicial, o negócio era arregaçar as mangas e procurar por onde começar. Foi tudo muito rápido. Esse exame da descoberta foi no dia 18 de novembro de 2015; três dias depois, eu já estava sendo operada. Eu tinha pressa, estava com uma bomba-relógio dentro de mim e queria resolver o quanto antes.

Tratamento
Primeiro, era preciso remover a massa cística cirurgicamente; e era necessário que a cirurgia fosse aberta, porque seu tamanho era de aproximadamente 10 cm, isso mesmo, 10 cm. 'Como nunca senti isso antes?', era a pergunta que me fazia. Pensava também como nunca havia sido detectado em nenhum outro exame de rotina.

Os médicos me explicaram que a cirurgia duraria de 5 a 8 horas e que a incisão tinha de ser na vertical do abdome. Meu Deus, outro susto. Nem cesariana eu tinha feito. E foi tudo isso mesmo. Minha cirurgia durou quase 8 horas, para a angústia de quem ficou esperando, e com um corte no meio da barriga de quase 20 cm, com remoção dos ovários, trompas, útero e até do apêndice. Fiquei 1 dia na UTI, antes de ir para o quarto.

A partir de então, precisávamos traçar um plano de tratamento, o que só seria possível após o resultado da biópsia. Foi outra angústia esperar o resultado do exame anatomopatológico. Após 10 dias de pura ansiedade, saiu o tão esperado:

adenocarcinoma de origem endometriótica grau 1 e estadiamento 1. 'E o que isso quer dizer?', eu perguntei aflita para o médico que, na maior paciência e bem emocionado, respondeu: 'Maravilha de resultado! Quer dizer que não se espalhou para os outros órgãos e que estava localizado no ovário esquerdo'. Pensei que escaparia da tão famosa quimioterapia. Engano. Meu oncologista explicou que, por eu ser muito jovem, seriam necessárias 6 sessões para garantir minha sobrevida. Aliás, odeio essa palavra.

Quimioterapia

Seriam necessárias 6 sessões de Taxol® com carboplatina com intervalo de 21 diasentre elas. A primeira sessão foi aquela expectativa. O que eu iria sentir? Quando? Como? Tudo era novidade, a começar por aquela máquina gelada que ligaram, com uma touca na minha cabeça para tentar preservar meus cabelos, porque essa parte é um tabu para a maioria das mulheres. A máquina Paxman® é usada em alguns hospitais e tem a finalidade de manter seu couro cabeludo resfriado a uma temperatura de −4°C durante toda a quimioterapia. Vou confessar que é bem desconfortável nos primeiros 15 minutos, mas, depois de quase 7 horas, até me senti anestesiada – tudo pelo cabelo. No dia seguinte à quimioterapia, fiquei esperando os efeitos colaterais que disseram ser comuns e parecia que não tinha acontecido nada. Achei estranho, mas eles apareceram no segundo dia. Aí, sim, bateu aquele cansaço, o gosto metálico na boca, a vontade de não levantar da cama. Entretanto, isso durava três dias e, depois, vida normal.

Sempre me falaram que os cabelos começariam a cair após 15 a 20 dias da primeira sessão. Isso não aconteceu comigo. Passados 21 dias, fui para a minha segunda sessão de quimioterapia. Como ainda estava com meus cabelos, usei a Paxman® novamente, mas confesso que já estava desanimada, porque o cabelo estava opaco, sem brilho, parecia cabelo de boneca velha. Contudo, eu tinha que tentar porque tinha entrado no programa de teste dessa máquina e não queria atrapalhar a pesquisa.

Aconteceu. Após 25 dias do início das quimioterapias, meu cabelo despencou, acho que foi o segundo pior dia da minha vida, mas era esperado. Então, vamos lá acabar com mais essa angústia. Fui para São Paulo, na Hair Look, raspei a cabeça e já saí de lá com a prótese colada no couro cabeludo. Ficou super parecido com meu cabelo e eu amei.

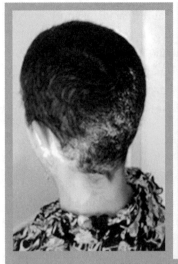

Flávia na Hair Look, colocando o *mega-hair*

Seguiram-se as outras 4 sessões sem nenhuma intercorrência. Mantive minha vida social sem nenhuma mudança brusca, continuei indo em aniversários, cinemas, missas, *shows* e até ao camarote da Brahma no sambódromo.

Fiquei com uma dormência nas pontas dos dedos das mãos e pés por uns 3 meses após o término da químio, a qual diminuiu à medida que eu fui aumentando meus treinos de corrida e musculação. Minhas veias dos braços ficaram com edemas e enrijecidas por algum tempo, porque não usei cateter.

O retorno à vida

Passado todo esse furacão, fui retomando minha vida. Não é fácil, porque tem o fantasma sempre por perto. Faço acompanhamento a cada 3 meses (por todo o ano de 2017). Depois, passa a ser a cada 6 meses e assim vamos indo, renovando nosso prazo de validade.

Procuro não pensar no dia de amanhã. Vamos viver o hoje e aproveitar o que a vida nos oferece. Agradeço imensamente aos meus amigos, pois, sem eles, não teria conseguido segurar essa barra. Agradeço também à minha família, aos meus médicos e a Ele, que me concedeu mais uma chance de viver e de me tornar um ser humano melhor.

Sou Flávia Biagioni, 46 anos, dentista, moro em São Bernardo do Campo, casada, dois filhos lindos e com muita vontade de viver.

Agradeço a Fabíola La Torre por essa oportunidade de escrever um pouco da minha história, pois ela é uma das amigas que o destino me trouxe durante um período turbulento de nossas vidas."

Flávia com sua filha Bia

Flávia e sua família

LUCIANA: OUTRA QUERIDA DE MÉDICA A PACIENTE

"Meu nome é Luciana, tenho 42 anos e descobri um câncer de mama em maio de 2017. Desde o dia do diagnóstico, muita coisa mudou e em pouco tempo! De médica, virei paciente... As certezas que achamos que temos sobre o futuro próximo e os planos desaparecem num piscar de olhos. O medo passou a fazer parte da minha vida. 'Medo de não dar tempo' era o meu pensamento a todo instante. Medo de não dar tempo de fazer tudo o que eu queria fazer, de dizer eu te amo mais vezes, de fazer a tão sonhada viagem, de dançar aquela música, de me encontrar mais com as pessoas que amo, de ligar para os amigos, e, principalmente, de não ver meu filho crescer...

O rumo da minha vida já não dependia mais de mim, mas de vários outros fatores que eu desesperadamente torcia para que resultassem num melhor prognóstico. E, graças a Deus, tem dado certo! Fiz a cirurgia (mastectomia), dolorosa, sofrida, mas fortalecedora. E, agora, iniciando a segunda etapa do tratamento, que só terminará no ano que vem (16 sessões de quimioterapia e 25 de radioterapia), tento me agarrar na certeza que tudo dará certo, na confiança dos profissionais que me cercam, na medicina, na fé e no pensamento positivo que sei também serem essenciais para um bom resultado. Recebo esse tratamento não com lamentação ou desespero, mas com a certeza que é o caminho para a minha cura.

Tenho alguns momentos difíceis por causa dos efeitos colaterais. E os cabelos... Ah! Os cabelos foram um capítulo à parte. Desde o início, sofria por causa deles, ou melhor, pela falta que eles iriam fazer. Antes de começar o tratamento, eu já tinha até encomendado minha prótese capilar.

E o tão temido dia chegou. Achei que estivesse preparada para isso, mas não... Nunca estamos. O cabelo começou a cair com uma rapidez absurda, em tufos. E eu, que queria adiar o inadiável, tive mesmo de antecipar, pois ver os cabelos despencando pela casa com certeza era pior do que raspar de uma vez.

E foi, sim, o momento mais difícil. Sentir aquele aparelho raspando meus cabelos doeu na alma, chorei como criança, com o coração dilacerado. Mas, finalizado o processo, respirei fundo e descobri que ali surgia uma nova Luciana, mais forte e corajosa! Não sei o motivo, mas, no final, não quis colocar a prótese, que já estava pronta e me esperando há 2 meses. E fui para casa com um lenço na cabeça e me sentindo muito mais forte do que quando entrei. No dia seguinte, fui à praia dar um mergulho e foi simplesmente libertador!

Hoje, apesar de ainda estar no meio do tratamento, sei que não sou mais a mesma. Estar diante da possibilidade da morte, que é como o câncer faz você se sentir, me fez valorizar muito mais a minha vida, ensinou-me a dar a devida importância a pequenas coisas do cotidiano, como curtir o sorriso do meu filho, além de me fazer ser mais compreensiva com o outro e não julgar ninguém.

Por fim, o que posso dizer disso tudo? Não deixemos que essa vida louca que levamos atualmente, sem tempo para nada, nos impeça de ir a um médico, de fazer exames de rotina, de nos cuidarmos mais e cuidar dos que amamos. Tive meu diagnóstico precocemente e isso faz toda a diferença! O tempo pode ser nosso aliado, mas também nosso pior inimigo.

Hoje, já consigo acreditar que vai dar tempo. Vai dar tempo para fazer tudo o que quero fazer... de dizer eu te amo mais vezes... de fazer a tão sonhada viagem... de dançar aquela música... de me encontrar mais com as pessoas que amo... de ligar mais para os amigos... E, principalmente, vai dar tempo de ver meu filho crescer!"

Fotos lindas da Luciana mostrando que está dando tempo de fazer tudo!

Luciana e família

ADRIANA LOPES NOGUEIRA

"Agradeço à dra. Fabíola La Torre pela oportunidade de compartilhar em seu livro a minha história e de poder colaborar de alguma forma com o tratamento de outras pessoas com câncer.

Meu nome é Adriana Lopes Nogueira, tenho 43 anos, sou casada há 12 anos e tenho uma filha de 6 anos de idade. Sou psicóloga, faço pós-graduação em acupuntura, adoro estudar e trabalhar na área da saúde. No começo deste ano, fiz curso de *reiki*, terapia floral e apometria, e me considero uma pessoa espiritualizada, que adora cuidar e ajudar as pessoas. Todos os anos, realizo os exames de rotina e nunca havia dado nada.

No dia 24 de maio de 2017, fui até São Paulo, porque moro em São Caetano do Sul, e como estava com uma dor na mama esquerda e uma íngua embaixo do braço já tinha alguns dias, liguei para meu marido e disse: 'Já que estou aqui e praticamente perdi meu dia de trabalho, vou ao A.C. Camargo Cancer Center passar com um especialista em mastologia'. E meu marido respondeu: 'Você vai fazer o que lá? É um hospital de câncer!'. Mas, no meu íntimo, algo me dizia que tinha de ser lá.

Dirigi-me ao hospital sem consulta pré-agendada, com a cara e a coragem, como dizem, e solicitei um encaixe. A atendente me pediu documento e carteirinha do convênio e disse para aguardar para verificar se algum médico aceitaria encaixar. O dr. Juan Collins aceitou, funcionário do A.C. Camargo há 50 anos. Quando entrei na sala, ele ainda brincou – porque olhara meu documento – e disse: 'Dona psicóloga, o que lhe trouxe aqui?'. Daí, expliquei que eu sentia dor havia dias e que ela não passava. Ele me examinou, pediu para fazer alguns movimentos e disse: 'Não há nada palpável, então, vamos fazer uma mamografia e uma ultrassonografia'. Fui direcionada para o setor, onde conversei e novamente consegui encaixe para o mesmo dia.

Ao realizar a mamografia, comentei com a profissional que me atendeu que eu sentia dores, mas ela foi incrível. Mesmo diante do incômodo, consegui fazer todas as imagens com as aproximações necessárias. Depois, fui para a ultrassonografia, em que um médico residente fez o exame detalhadamente, verificando, inclusive, as axilas com um ecoDoppler (conferindo a circulação sanguínea na região). Em seguida, chamou o responsável em laudar o exame, que veio e refez o exame. Ele conversou comigo e disse: 'Dona Adriana, tem uma área em sua mama esquerda em que a imagem é muito feia. Como irei laudar seu exame, vou sugerir uma biópsia'. Confesso que, naquele momento, fiquei bastante assustada, porque em 2005 tive trombose venosa profunda em membro superior esquerdo (braço esquerdo). Estou comentando o ocorrido porque mais à frente esse fato será relevante.

No dia 30 de maio de 2017, portanto, 7 dias depois, tive retorno. O resultado foi classificado como 'B' – o médico me explicou que era benigno pelo fato de não ter histórico e solicitou a biópsia. No dia 8 de junho de 2017, realizei a biópsia, em que foram retirados cinco fragmentos da região e implantaram um clipe (metal marcador, que identifica o local em exames de imagem). O resultado ficou pronto no dia 13 de junho de 2017, mas, como eu tinha consulta três dias depois e estava classificada como 'benigna', deixei para pegar o resultado na data da consulta e entregar direto para o médico.

No dia 16 de junho, fui à consulta. Como era emenda de feriado, a minha filha Gabriella não teve aula e foi comigo. No caminho, ela foi no banco de trás e eu ia dirigindo e conversando com ela. Quase chegando ao hospital me veio à mente o nome 'carcinoma'. Não entendi o motivo de ter pensado nisso e logo tentei tirar a palavra da cabeça; afinal, por ser paciente benigna não tinha porque pensar nisso. Depois, veio o seguinte pensamento: 'Você vai operar e vai dar tudo certo'. No segundo seguinte, até balancei a cabeça e achei que estava equivocada.

Ao ser chamada para a consulta, entrei com minha filha na sala e o médico me perguntou: 'A senhora veio aqui antes para buscar o resultado do exame?'. E eu disse: 'Não. Como moro no ABC paulista, deixei para pegar hoje e já te entregar para saber o resultado, já que sou paciente benigna'. Eis que ele balança a cabeça, faz uma expressão facial não muito boa e me diz: 'A senhora está com um câncer maligno e terá de fazer cirurgia de quadrante para retirar o tumor, que tem aproximadamente 7 mm, e na biópsia retiraram apenas 4 mm. Pelo tamanho e a fase em que o tumor se encontra, seu prognóstico é positivo e há a possibilidade de realizar só a radioterapia'.

Naquele momento, meu mundo caiu e as lágrimas corriam em minha face. Minha filha perguntou: 'O que foi mamãe, você tá triste?'. Eu disse pra ela que naquele momento eu estava me sentindo grata a Deus, e agradeci o dr. Juan por ter aceitado o encaixe e ter ouvido a minha queixa. Ele comentou que um caso como o meu – em que a paciente chega com a dor, apontando o local, sem nada palpável e é um tumor – ele havia visto apenas uma vez, durante sua graduação, e que era fase 3; mas o meu estava ainda em fase 1.

Eu teria a possibilidade de 100% de cura, e eu via que ele ficou surpreso com o resultado do laudo anatomopatológico de mama esquerda com diagnóstico de carcinoma tubular invasivo. O tal nome, 'carcinoma', que tinha vindo à minha mente, apareceu com um carcinoma ductal *in situ* associado, diagnóstico fechado de câncer, CID C50 – neoplasia maligna de mama. Dessa biópsia, foi realizada outra análise, chamada imunofenotipagem, para avaliação de fatores preditivos e prognósticos, com conclusão de carcinoma tubular invasivo.

Minha primeira preocupação era se eu viveria para ver minha filha crescer e como poderia preveni-la de passar por isso. E eu tinha de segurar as lágrimas diante dela para não assustá-la. O médico disse que era para eu me tranquilizar, pois a prevenção de minha filha em relação a isso será feita daqui alguns anos, que aquele não era o momento.

Antes de sair da sala, eu agradeci novamente ao dr. Juan por ter realizado o encaixe da primeira consulta, ter me aceito como paciente e pela possibilidade de diagnóstico precoce, pois muito provavelmente, se eu tivesse realizado em outro local, o exame poderia ter passado batido, por não ter histórico de câncer de mama na família da minha mãe.

Saí de lá com uma série de exames pré-operatórios para realizar, em choque com o diagnóstico e, ao mesmo tempo, com uma gratidão enorme pela descoberta precoce, por Deus me permitir uma nova oportunidade em minha vida. Entrei em contato com o meu marido, que saiu do trabalho e veio para o hospital me assessorar e fez contato com minha família para virem buscar minha filha. Assim, no mesmo dia dei início aos exames. Com meu pensamento e postura positivas, consegui realizar alguns no mesmo dia e outros na manhã seguinte, como os exames de sangue e a tal cintilografia óssea. Somente na hora deste último exame é que eu descobri que a cintilografia óssea investiga se há metástase. A espera por esse resultado foi tão angustiante que eu não conseguia dormir direito. Por fim, o resultado foi negativo, um alívio. E também houve outro momento tenso, pois, na radiografia, apareceu um nódulo no pulmão. Tive de realizar uma tomografia e descobriu-se que não era nada grave.

Meu marido Rodrigo é quem me apoia, me ajuda a reagir, cuida, preocupa-se, incentiva, faz de tudo por mim e me deixa brava às vezes (*kkk*). É quem me dá muita segurança. Antes do diagnóstico, eu havia questionado junto a ele: 'Se viesse um diagnóstico de câncer, eu teria força para lutar ou me entregaria?'. Também comecei a ter pesadelos, nos quais a radioterapia me queimava. Isso porque eu soubera que, por causa da fase e do tamanho do tumor, o esperado era realizar 30 sessões de radioterapia, e, que se eu tivesse 50 anos de idade, existe um protocolo no qual a paciente recebe a carga das 30 sessões no momento da cirurgia, não havendo a necessidade de vir durante 6 semanas, 5 dias por semana (exceto sábado, domingo e feriados).

No meio desse furacão que passava pela minha vida, havia uma criança, um ser de muita luz, que é a minha filha, e eu sentia que devia uma explicação de tudo isso para ela. Foi então que expliquei, de forma lúdica: 'A mamãe está com um bichinho dentro dela, chamado câncer. Ele vai comendo pedacinhos bem pequenininhos da mamãe e, por isso, precisa ser tirado da mamãe. E, para isso, a mamãe tem que realizar uma cirurgia e ficar dois ou três dias longe de você, para voltar para casa sem o bichinho'. A reação imediata dela foi apontar para a minha mama esquerda e dizer: 'Saia já daí da minha mãe, seu bichinho malvado'. Minha maior preocupação era não deixar que isso abalasse a vida dela, e desde então ela se tranquilizou, chegou a comentar na escola com a professora e depois não falou mais sobre o assunto.

Procurei o dr. Rodrigo Fernandez, psiquiatra, um ser humano iluminado, que me esclareceu que o que eu estava sentindo era compatível com o meu quadro clínico e me medicou para que pudesse dormir e enfrentar a cirurgia e o tratamento. Eu tinha sentimento de culpa e de medo, dizia que não era possível aquilo estar acontecendo comigo e fazia várias indagações. Também procurei terapia, mas, pelo curto prazo de tempo que havia entre o diagnóstico e a cirurgia, não dei início ao processo; deixei para o pós-cirurgia.

Meu maior medo e angústia era saber se eu teria a chance de ver minha filha crescer, já que ela foi tão esperada. Procurei não mudar a minha rotina de trabalho, estudo e afazeres domésticos, até porque, em momento algum, me vi ou senti como uma pessoa doente. Eu sabia o que haviam encontrado e diagnosticaram em mim; só que eu nunca me vi como uma pessoa doente. O fantasma maior era a anestesia para realizar a cirurgia, eu estava com muito medo. E a cirurgia foi agendada para o dia 20 de julho de 2017. Mas e até lá? Se o câncer continuava dentro de mim, o que ele podia me causar? Será que, até a cirurgia, ele cresce, se expande? Sinceramente, eu evitava pensar por me sentir impotente diante do câncer.

Foi emocionante ver o carinho, o apoio e a atenção de pessoas que eu nem imaginava, como amigos, familiares e meus pacientes do consultório. Foi quando percebi que eu faço a diferença, sim, e que eu tinha de lutar. Um dia, durante um exame, olhei para o teto branco da sala e disse para mim mesma em voz alta: 'Se você, câncer, acha que vai me matar; quem vai acabar com você, sou eu!'. A partir daí, comecei a ler várias coisas, participar de grupos no Facebook e WhatsApp, com intuito de aprender e de ensinar o que já tinha aprendido e vivenciado.

Minha mãe, irmãs, tios, tias, primos e primas, além de alguns amigos próximos, assustaram-se muito ao saberem do diagnóstico. Percebia nas pessoas certo receio e, ao mesmo tempo, uma curiosidade de saber se eu estava condenada e se poderia morrer. Queriam saber também se os meus cabelos já tinham caído ou cairiam em função da quimioterapia. Muitas vezes, antes mesmo de me perguntarem algo nesse sentido, eu já explicava que meu câncer havia sido detectado na fase inicial e que eu iria realizar somente radioterapia. O meu foco, nesses momentos, era não ver nem sentir a pena ou mesmo o dó que essas pessoas tinham de mim, porque esses sentimentos não iriam me ajudar em absolutamente nada; ao contrário, fariam eu me sentir uma derrotada, com sentença de morte.

Pude perceber o quanto as pessoas estão desatualizadas com relação às formas de cirurgias contra o câncer de mama; acham que é sempre necessário retirar a mama toda. Na verdade, isso depende de cada caso, das formas de tratamento e, principalmente, da duração do tratamento. Todos pensavam que é só operar e tudo está resolvido, mas não é assim. Temos de seguir em tratamento por 5 anos, tomando remédio, realizando exames e sabendo que ele pode voltar em cerca de 2 anos. As pessoas não têm ideia da mudança em nossas vidas; no meu caso, posso afirmar que houve também uma transformação interior.

Minha cirurgia foi um sucesso, deu tudo certo. Como o tumor era muito pequeno, já havia sido praticamente retirado no exame de biópsia. Não senti nenhuma dor, tive alta hospitalar no dia seguinte à cirurgia e voltei ao hospital dois dias depois para remover o curativo que cobria os dois cortes, um na mama e outro na axila. No mesmo dia, ao tomar banho e me olhar no espelho, comecei a chorar e não parava mais, por me sentir feia e com a sensação de mutilação, porque eu vi que a mama havia ficado torta, ou seja, percebi que, mesmo que pouco, um pedaço tinha sido tirado de mim.

Com tão pouco tempo entre o diagnóstico e a cirurgia, eu ainda não aceitava o que estava acontecendo comigo, não entendia por que precisava passar por tudo aquilo. Naquele momento, ter a sensatez de buscar ajuda psiquiátrica foi muito importante, e ter o apoio do meu marido e da minha mãe e irmãs também. O fato de ver no espelho que não foi possível fazer o previsto – que seria abrir ao redor do bico – e que foi feito um corte mexeu com a minha autoestima.

Na primeira semana, o braço esquerdo inchava bastante durante o dia e eu tinha medo até de movimentá-lo, mas, na alta, recebi o encaminhamento para passar na fisioterapia do hospital, onde fui muito bem orientada. Segui realizando diariamente os exercícios em casa e o meu braço desinchou. Um receio que eu tinha era se ficaria com alguma sequela da cirurgia por abrirem embaixo do braço na axila, caso pegassem um nervo, pois adoro fazer mosaico, tricô e costurar, mas Deus foi tão bom comigo que não fiquei com sequela nenhuma. Repito, sou tão grata!

Tive o retorno com o cirurgião para receber o resultado da biópsia realizada na hora da cirurgia. A tecnologia é de última geração! No meu caso, foi utilizada uma técnica chamada de radioguiada, para ser a menos agressiva possível, e um médico patologista já analisou o material na hora. O tumor foi removido e fui encaminhada para a oncologia e radioterapia. Confesso que me deu muito medo do que poderia ouvir.

No dia 7 de agosto de 2017, passei com o oncologista e ouvi o que eu mais esperava na minha vida, que estava curada, que o intruso não está mais dentro de mim, que a temida quimioterapia não seria necessária, que realizarei a radioterapia para eliminar qualquer célula cancerígena que possa ter ficado perdida na região, e que os meus linfonodos não foram afetados, ou seja, prognóstico positivo. Nesse momento, comecei a chorar, pois foi como se tivesse nascido de novo.

Conforme mencionei anteriormente, pela trombose que tive em 2005, agora será necessária uma investigação, pois, no meu caso, é indicado o tratamento medicamentoso com o tamoxifeno por 5 anos, chamado de hormonioterapia, só que um dos possíveis efeitos colaterais é a trombose e, como sou paciente de risco, será necessária essa avaliação, o que me preocupa bastante. Mas no meu interior algo me diz que vai dar tudo certo e, como já senti isso antes, vou acreditar que já deu tudo certo.

Fui encaminhada também para a oncogenética para investigar se há algum componente genético que possa ter contribuído para o câncer de mama. Conforme o solicitado pelo setor para levar na primeira consulta, estou bem empenhada em levantar os dados familiares, pois penso que, se algo for detectado no meu estudo genético, as próximas gerações poderão ser alertadas e se prevenir.

O que eu tenho a dizer para todos que lerem esse conteúdo é que nós temos o poder de cura dentro de nós mesmos. Por mais complexo que seja o diagnóstico, não desista e pense positivo, introduzindo a cura dentro de você; acredite e sentirá os efeitos, tudo passa a fluir de maneira diferente, isso, claro, seguindo e colaborando com os médicos. Passar por tudo isso é um crescimento interior e espiritual, ou seja, uma evolução. O câncer nos dias de hoje tem cura, o que não ocorre nos casos de hipertensão, diabetes, etc. O nosso psicológico pode colaborar muito com a renovação celular, foque na vida!

Se tivesse a oportunidade, gostaria apenas de sugerir que os meios de comunicação e a mídia mudassem a forma como mostram o câncer, pois, quando aparece esse nome, a primeira imagem que vem na mente é de uma pessoa debilitada, careca e sofrendo. Embora saibamos que isso infelizmente pode acontecer, essa imagem fica gravada no subconsciente de todos e muitas vezes a pessoa pode se desesperar ao receber o diagnóstico e se entregar, sem sequer saber realmente qual seu caso e sem conhecer realmente o que é o câncer."

Adriana com seu marido e sua filha linda

ROSE COELHO

"Meu nome é Rose. Tenho 43 anos, sou casada, mãe de três meninas. Fui diagnosticada com câncer de mama em agosto de 2016.

Desesperada com aquele resultado, procurei saber sobre o assunto e descobrir de onde tiraria forças para lutar, pois me sentia sozinha, ainda que amparada pela minha família.

Foi quando descobri a Fabíola, que, naquele momento, era paciente e médica. Imediatamente, ela me adicionou em um grupo do WhatsApp, que só me fortaleceu. A alegria dela é contagiante, sempre alto-astral! Aprendi com ela a levar o câncer com alegria.

Não consigo explicar a superação incrível que foi viver cada dia. Tudo, até hoje, é festa para nós! Tenho ela como uma irmã: jogamos *cross*futebol juntas e damos muitas risadas. Confesso que preciso da presença dela todos os dias, mesmo que por troca de mensagens. Eu a chamo de minha Peppa e de Faaaa fantástica. Eu quero viver mais 100 anos para envelhecer ao lado dela.

Câncer não significa o fim. Para mim, foi o recomeço de uma nova vida."

Eu e Rose

Nós no *cross*futebol

Eu, Elenice e Rose: a Elenice é uma grande amiga da Rose e se tornou uma enorme amiga minha também

ALESSANDRA PAULA PACHECO

Alessandra

"Sou Alessandra Paula Pacheco, 42 anos, divorciada, e tenho uma filha de 23 anos. Em agosto de 2015, senti um nódulo na axila esquerda e fiquei desesperada, mas, depois de uns dias, ele sumiu. Em outubro de 2015, meu ex-namorado percebeu um nódulo no meu seio esquerdo e, novamente, fiquei desesperada. Corri para o médico. Ele solicitou ultrassonografia e mamografia. O resultado foi BRADS 3. O médico disse que eu poderia ficar tranquila, pois iríamos acompanhar o nódulo por 6 meses. Como começou a crescer sem parar, o médico resolveu pedir uma biópsia em 30 de abril de 2016. O resultado saiu 60 dias depois: eu estava com câncer.

Quando descobri, foi um baque, especialmente porque eu tinha conseguido um emprego fazia apenas 23 dias, após ter ficado 7 meses desempregada. Por ser muito longe de casa, e com o diagnóstico de câncer, tive de pedir as contas. Mas, como Deus é maravilhoso, ele abriu as portas de outro emprego perto de casa, de forma que consegui conciliar as químios e o trabalho.

Após a descoberta, sofri muito, mas resolvi encarar e lutar pela minha vida. E, sim, me deparei com a ideia de perder os cabelos. Apesar de tudo, eu estava em uma fase muito feliz: minha filha tinha se formado em Direito e a tão sonhada formatura dela, depois de 5 anos de luta, aproximava-se. Mas eu só pensava em como fazer para ir sem cabelo – tive que ir de peruca.

Meu protocolo foi de 16 sessões: 12 brancas, inicialmente, e 4 vermelhas. Meu coração disparava só de pensar. Quando o médico disse que eu começaria a quimioterapia na semana seguinte, quase morri de tanto chorar. Minha tia Claudia estava comigo e presenciou tudo.

Minha família ficou despedaçada, todos ficaram em pânico. Minha filha, coitada, nunca falou nada, sofreu calada todo o tempo... Meu anjo, meu amor, meu tudo.

Em 6 de julho de 2016, iniciei minhas quimioterapias. Na quarta sessão branca, os cabelos começaram a cair e resolvi raspar. Foi umas das coisas mais difíceis do tratamento. Encarar a careca, meu Deus, dói muito; mas, como temos que ser fortes, eu fui e fiz – e todos disseram que fiquei linda! Eu me achava horrorosa e sentia que, a cada dia, perdia minha identidade. De uma forma ou de outra, sempre tive fé em Deus de que eu teria a cura, mesmo que meu câncer fosse triplo negativo e estivesse bem avançado.

Com a graça de Deus, na quarta sessão de quimioterapia o nódulo já não era palpável. Na etapa da químio branca, tive poucas reações.

A minha família linda, que amo, sempre acompanhou o tratamento, apesar do grande sofrimento. A minha irmã Fernanda, especialmente, foi comigo em todas as quimioterapias, cuidando de mim e me mimando. Também tive diversas visitas de parentes e da minha tia Claudia, que me ajudou muito nas consultas. A minha irmã pastora, Viviane, intercedeu todo o tempo com Deus, pedindo minha cura. Minha mãe, Fatima, sofreu tanto, coitada, que até entrou em depressão.

Em novembro de 2016, pedi afastamento do trabalho, pois não estava mais suportando fazer as sessões de quimioterapia e trabalhar. Na etapa das químio vermelha, eu passava muito mal, vomitava uns 3 dias sem parar. Minha filha e meu namorado da época, Ronaldo, ajudavam em tudo, principalmente na alimentação. Logo que terminei todas as sessões de quimioterapia, fiquei aguardando a cirurgia, que estava agendada para fevereiro de 2017.

Em 14 de fevereiro de 2017, fui internada para retirada da mama esquerda com reconstrução imediata com dorsal. Fiquei com uma cicatriz enorme. Após a cirurgia, quando acordei, eu só agradecia a Deus pela vida, embora eu tenha colocado imediatamente a mão no seio para ter certeza que tinha conseguido colocar o silicone. Foi um alívio! Quando olhei para minha mãe e minha filha, desabei a chorar e agradeci por estar viva.

Hoje, julho de 2017, estou há 8 meses sem quimioterapia e passaram-se 5 meses da cirurgia. Posso dizer que Deus esteve comigo em todos os momentos. Assim que me recuperei, consegui um emprego como eu queria e, aos poucos, retomei minha alegria de viver.

Alessandra acompanhada de sua filha em uma sessão de quimioterapia

Alessandra de cabelo raspado

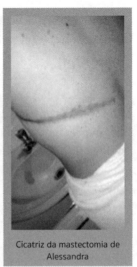
Cicatriz da mastectomia de Alessandra

Por meio da Rose [do depoimento anterior], linda e amada, fui adicionada ao grupo Amigas do Peito, que hoje se chama Borboletas, e pude conhecer a dra. Fabíola, que tem uma história linda de vida e superação.

Sinto-me até honrada por ter passado por esse câncer, que me trouxe lindas amigas e me mostrou que a vida é a coisa mais importante que temos e que devemos dar valor a ela. Hoje, comemoro a vida e estou feliz pelo lindo trabalho da dra. Fabíola em ajudar outras mulheres a passar por esse sofrimento com alegria. Ela merece tudo de maravilhoso, pois tem uma força que vem de Deus e é cheia de vida.

Sem o apoio das meninas do grupo, eu não chegaria até aqui! Agradeço a Deus pela vida de cada uma, amo vocês!

À minha família tão amada, digo que lutei e que luto por vocês, em especial pela minha irmã Fernanda. Pela minha filha Flavia, lutei para não deixá-la sozinha no mundo! 'Mãezinha, querida, te amo muito, desculpa pelo sofrimento'. 'Minha família e amigos, obrigada por estarem comigo em todos os momentos, amo todos vocês'.

Hoje, estou aprendendo a me amar com as minhas limitações. Amo Deus acima de tudo e sei que o Senhor me escolheu para passar por isso para me tornar uma pessoa melhor."

JANAÍNA

"Não tenho um depoimento. Sou mãe solo de uma menina de 7 anos. Apenas tenho a dizer que, no dia que meu cabelo começou a cair, no desespero e por não ter mais ninguém por perto, mostrei para minha filha mesmo. E a resposta que ela me deu foi: 'Mãe, você vai ficar maravilhosa! Acho lindo mulher careca. Você vai ficar moderna, vamos fazer uma maquiagem linda e colocar uma roupa brilhante!' Chorei. Como ela teve essa maturidade para me dar força?"

Julia, filha de Janaína

Julia brincando de colocar peruca em um aplicativo/jogo de *tablet*

Julia e Janaína

LUCIANE

"Meu nome é Luciane e tenho 42 anos. Fui diagnosticada com câncer de mama em 2016 e, como é comum dizer, perdi o chão...

Sou separada e tenho dois filhos lindos, Gabriel, de 13 anos, e Bernardo, de 3. Quando eu soube, só pensava neles...

'E se eu morrer?' era a pergunta que eu fazia. Mas aí me lembrava de como descobri o câncer. Percebi um nódulo no mamilo esquerdo. Corri até o médico. Na verdade, ele não era grave, mas, fazendo os exames, descobri uma lesão não palpável e isso, sim, era câncer. Agradeci a Deus, pois, se não tivesse aparecido o nódulo benigno, eu não descobriria o câncer, que poderia avançar – e eu não estaria aqui.

Sinto que, por mais difícil que seja viver essa nova realidade, somos agraciadas por estarmos vivas, olharmos a vida de uma maneira diferente e nos tornarmos melhores como seres humanos, como mães e profissionais. Enfim, pensar que a tempestade não dura para sempre e que ela sempre passa é a melhor maneira de enfrentar. São palavras do meu mastologista que eu levo pra vida de hoje em diante!

Bernardo e Gabriel, mamãe ama vocês!"

Luciane e seus filhos, Bernado e Gabriel

Luciane e suas amigas no mesmo dia do diagnóstico dela: foram seu apoio

Dona Cidinha

Luciane com a Dona Cidinha

"Durante a minha radioterapia, eu, Luciane [do depoimento anterior], conheci uma senhora muito simpática e eu fiz questão de relatar, em poucas linhas, o caso dela e colocar uma foto. A Dona Cidinha, de 85 anos de idade, trabalhou em São Paulo por muitos anos como modista com uma francesa chamada Munique. Ela descobriu um câncer de mama no ano de 2017 e fez a cirurgia na mama. Em agosto do mesmo ano, realizou as radioterapias. Por conta da sua idade, ela, junto com seu médico, concordou em não realizar quimioterapia. Foi um desejo dela. Um exemplo de força e luz para todas nós, por sua história e seu olhar sereno."

ADRIANA MARTINS

"Meu nome é Adriana, tenho 46 anos, sou casada com o Marcio e sou mãe de 3 filhos: Jessica (25 anos, casada e que larga tudo pra me socorrer sempre), Ana Júlia (11 anos, minha maquiadora) e Guilherme (8 anos, meu jogador de futebol que chama o cateter de *pitiliti*). Também sou avó do Nicollas (4 anos, o amor da vovó 'Adiana', princesa careca).

Descobri o câncer em março de 2017, logo após a cirurgia para retirada de um fibroadenoma. Graças a Deus, optei pela retirada, pois, se não fosse essa opção, talvez ainda não tivessem descoberto o carcinona lobular invasivo.

Foi um choque receber o diagnóstico, chorei por dias, mas me vi diante de duas opções: aceitar e lutar ou me entregar e morrer. Claro que optei por viver. Busquei forças na minha família, conversamos com as crianças e explicamos toda a situação sem esconder nada. Nos unimos ainda mais e estamos muito fortes.

Em maio de 2017, fiz a mastectomia radical; no mês seguinte, iniciei o tratamento adjuvante com 12 ciclos de quimioterapia branca, 4 ciclos da vermelha e radioterapia. Sigo tranquila e continuo trabalhando, já que a quimioterapia não me causa muitos efeitos colaterais.

Vencer o câncer requer mais do que tratamento ou cirurgia. É preciso vencer também os preconceitos, aceitar que algumas pessoas se afastam, outras se aproximam, algumas nos decepcionam, outras nos surpreendem.

O câncer, para mim, tem sido um renascimento diário. Após o diagnóstico, conheci várias pessoas que dividem os mesmos medos, pessoas que superaram a doença, assim como a *lhendaaaaa* dra. Fabíola e a Flávia Flores, que ajudam outras mulheres a superar essa doença.

Fácil não é, porque, se fosse, se chamaria Miojo®, e não câncer. Mas a vontade de viver e ver meus filhos e neto crescerem é muito maior. E Deus tem me dado uma força gigantesca para prosseguir.

Em breve, isso tudo será passado e eu serei uma nova mulher."

Adriana

Adriana e seu filho Guilherme

Adriana e sua filha Ana Júlia

Adriana com seu neto Nicollas

Adriana e sua família: Ana Júlia e Guilherme (seus filhos) e Marcio (seu marido)

MONICA PITTORRI

"Carcinoma invasivo de mama. Você olha para a tela do computador com o resultado da biópsia, sozinha, incrédula, sente a morte de perto pela primeira vez... Choro, choro. Umas cinco horas de soluços e prantos.

Falo com um primo, que é cirurgião e tenta me acalmar. Penso: 'Por que não comigo? Por que eu estaria imune?'. E choro.

Começa a corrida a médicos e exames. Sentindo-me anestesiada num barco à deriva, a vida vai seguindo por osmose. A palavra câncer vai perdendo o estigma de sentença de morte, mas choro.

Acordo da cirurgia, mais um desespero, porém com um bônus: peitos novos, lindos, prognóstico ótimo para o tal do câncer. Você acredita no cirurgião, seu amigo pessoal, quando diz que só radioterapia seria suficiente no seu caso. Sai a imuno-histoquímica. Por WhatsApp, seu amigo médico comunica que você tem que ir no médico oncoclínico para saber como será sua quimioterapia. Não me disse antes porque quis me 'poupar'. Outro *tsunami*. Desta vez, sinto-me traída e desconfiada de tudo que me disseram até então. Mais choro, choro, choro...

Vem a tal temida quimioterapia, com o pacote completo: enjoo, vômitos, inchaço e tudo o que ela te oferece (nada de bom, mas é a cura). No 15º dia, seu cabelo desaba... mais choro. E você ouve: 'O cabelo cresce'. Cresce, mas nunca diga isso a uma paciente oncológica; provoca ira. Põe uma peruca, se acha horrível. Batia uma sensação de que estava sentada vendo a vida passar pela janela.

Entro para um grupo de WhatsApp chamado Amigas do Peito, ao qual devo praticamente tudo. Gente nova, com o mesmo câncer que você. Rimos e choramos juntas. Paciente oncológico também ri. Amizades verdadeiras e para sempre, porque, claro, você perde vários 'amigos'. Uns dizem que é frescura, outros fogem, como se câncer fosse contagioso.

Você passa a viver em contagem regressiva; a cada semana, uma químio a menos, que chegue logo a radioterapia. Cada fiozinho de cabelo que nasce é uma vitória. No auge do verão, você fica tostada.

Mas daí, de repente, comecei a ver o quanto mudei, me tornei uma nova mulher, mais forte, com novos valores, muitos amigos novos e verdadeiros. Não foi só sofrimento, mas um grande aprendizado. Um renascimento. E voltamos a rir e a sorrir mais do que antes."

Monica com seus novos cabelos pós-quimioterapia

SANDRELI MARIA ANTONIOLI GHIDOTTI

"Tenho 39 anos, sou mãe da Natália, de 10 anos, e da Lívia, de 5 anos. Sou casada com o Junior há 14 anos; namoramos, antes, por 10 anos, então estamos juntos há 24 anos.

Quando ficava sabendo de alguém com câncer, logo pensava: 'Isso não corro perigo de ter, pois na minha família não tem caso'.

Até que levei um tapa da vida na cara. Ela dizia: acorda menina, as coisas não acontecem da maneira que você sempre planeja.

Em agosto de 2016, sonhei que eu estava com um caroço no seio. Acordei com uma sensação muito estranha, sentei na cama e fiquei pensando no sonho. Até que levei minha mão até o mesmo local ' indicado' no sonho. E lá estava ele, palpável.

Gelei. Pensei: 'Não acredito nisso, não planejei isso.'

Mas nunca pensei em morte, e, sim, no que tinha de fazer. Marquei consulta e fui – eu diria que eu estava tranquila. A médica examinou, achou que poderia ser um cisto, pediu com urgência uma ultrassonografia. Fiz o exame na mesma semana. Foi constatado que realmente era um tumor, mas necessitaria da biópsia para dizer se era benigno ou maligno. Quando saí da sala do exame e sentei-me para esperar o laudo, desabei a chorar e tive a certeza que estava com a doença.

Na outra semana, fiz a mamografia e a biópsia. (Um detalhe: anualmente eu fazia os exames, sempre no mês de novembro.) O resultado da biópsia chegou em uma sexta-feira; na segunda-feira seguinte, eu tinha a consulta com a mastologista. Entrei na sala, contei toda minha história e dei os exames para a dra. Gabriela. Ela iniciou pela ultrassonografia e depois foi para a mamografia. Quando ela pegou o envelope da biópsia, percebeu que já estava aberto. Olhou para mim e perguntou:

— Você já leu?

— Sim, eu li, doutora.

— Você entendeu o que está escrito?

— Sim, estou com câncer de mama, carcinoma invasivo de mama, grau 3.
– meu câncer é triplo negativo, como dizem, o mais agressivo, e sem controle, com remédios após o tratamento.

Ela olhou bem para mim e perguntou:

— E você está com uma feição calma agora... Não chorou?

— Chorei, sim. Mas agora estou interessada em como iremos tirá-lo de mim.

Então, ela relaxou e começou a me explicar os próximos passos. Naquele mesmo dia, agendamos a cirurgia para 27 de outubro de 2016. Tive de realizar exames de ressonância, de tomografia e de sangue, tudo no prazo de um mês. Passei em consulta com a cirurgiã plástica, dra. Regina, para definição da prótese e do corte da mama.

Foi o mês mais louco da minha vida. Todos os sentimentos misturados, e, sim, durante esses dias, chorei várias vezes.

Nunca havia pensado em fazer plástica, mesmo tendo as mamas grandes. Na conversa sobre a cirurgia com a dra. Regina, decidimos que diminuiria o tamanho da minha mama de 48 para 44. A prótese foi no formato de gota e, pela localização do tumor, o bico do meu seio foi preservado. Pelo tipo de tumor, foi decidido que iríamos operar somente a mama doente, para iniciar a quimioterapia o mais rápido possível, e depois faria a outra mama.

Sou professora de educação infantil; lecionei por 12 anos em uma pré--escola, e há 4 anos estou como auxiliar de classe no colégio Imaculada, em

Campinas (SP). A escola me deu total apoio durante todo o processo. Minha companheira de sala, Elaine, foi meu porto seguro; acho que ela não imagina como me ajudou. Trabalhei até o dia 26 de outubro. No fim desse dia, meus colegas de trabalho fizeram uma oração na capela, pedindo minha cura e sucesso na cirurgia e tratamento.

Internei-me às 06h00. Às 07h30, iniciou-se a cirurgia, que foi até às 12h30. Na cirurgia, além do tumor, também foram tirados 12 linfonodos, um deles contaminado. Não senti dor após a cirurgia e, na manhã do dia seguinte, tive alta hospitalar. Minha recuperação foi tranquila, sem dores. Mas confesso que a primeira vez que vi minha mama sem o curativo, passei mal.

No dia 23 de novembro, conheci meu anjo da guarda aqui na terra, meu oncologista, dr. Vinicius, um mineirinho muito gente boa. Recebeu-me com um abraço tão carinhoso que senti que estava em ótimas mãos e que seria curada.

Recebi o pacote completo: 4 quimioterapias vermelhas, 12 brancas e 28 sessões de radioterapia. No dia 30 de novembro de 2016, iniciei a minha primeira químio vermelha.

Apareceram mais anjos para me ajudar; as enfermeiras sempre vinham com as palavras certas, nos momentos certos.

Meu dia de quimioterapia era quinta-feira, e sempre no mesmo dia à tarde eu já começava a passar mal. Tomava o remédio para enjoo a cada 8 horas e após três dias começava a melhorar. Aprendi a respeitar meu corpo; se ele sentia, ficava deitada. Aprendi a observar os sinais que ele me passava.

Faço aniversário dia 11 de dezembro. Sempre gostei de comemorar, mas, naquele ano, foi o pior aniversário da minha vida. Comprei bolo por causa das minhas meninas, mas não tive vontade nenhuma de celebrar.

Sofri com a queda dos cabelos, sentia-me mal vendo tantos fios pelo chão, até que criei coragem e raspei com máquina no nível 1. Preparei minhas filhas para esse momento. Até então, elas sabiam que eu havia operado para tirar uma dor que estava sentindo na mama. Como minha filha mais velha já faz pesquisas na internet, fiquei com receio de falar a palavra câncer e ela pesquisar e só encontrar desgraça. Então, quando fiquei sabendo da data da quimioterapia, expliquei que iria tomar um remédio na veia que era muito forte e eu poderia passar muito mal.

Eu não teria passado por essa fase sem a ajuda do meu marido; ele foi essencial para o meu sucesso. Ele tomou conta das meninas durante todo o tratamento. Chegando próximo ao dia da queda brusca dos cabelos, expliquei que o remédio que eu tomava iria me deixar careca. Aproveitei que elas estavam na escola e raspei a cabeça.

Quando escutei o portão abrir, não sabia qual seria a reação ao me verem. E essa foi a melhor possível. Elas ficaram brincando com o toquinho de cabelo que ficou na minha cabeça e levaram esse processo numa boa. Como estava calor, não me adaptei com a peruca de fios naturais (cabelo humano); usei muito chapéu e, algumas vezes, lenço.

Sofri também com os efeitos da quimioterapia vermelha. Tive que passar por um proctologista, por suspeita de inflamação na hemorroida; sofri com o ressecamento cutâneo, vaginal, nasal e ocular; tive uma veia inflamada e mudança de paladar (gosto de ferro na boca durante as 24 horas do dia). Perdi 10 quilos durante as químios.

Acabado o ciclo das quimioterapias vermelhas, iniciei o ciclo das brancas; 12 no total, toda semana. Pensei que as brancas seriam 'fichinha' perto das vermelhas. E lá vem outro tapa da vida na cara. Enganei-me, mais uma vez. Apesar dos efeitos serem diferentes, sofri bastante. Mudança de paladar de novo; e desta vez era assim: arroz tinha gosto de açúcar, doce tinha gosto de gordura, não sentia o gosto das carnes (branca, vermelha e peixe). As frutas foram os únicos alimentos cujo sabor não senti mudança. Meu intestino voltou ao normal, mas sentia fortes dores nos ossos dos braços e nas canelas três dias após a sessão de quimioterapia. Tive insônia (algo que nunca aconteceu antes), irritabilidade com tudo, inchei muito. Caíram todos meus cílios e os pelos das sobrancelhas. Daí, o meu psicológico ficou abalado. Olhar-se no espelho e não se reconhecer é a pior coisa. Só conseguia ver um rosto amarelo, sem cor, sem pelos, sem vida, na verdade. Não era eu, não conseguia achar onde o meu 'eu' estava. Mostrava-me forte para todos, mas, na realidade, estava totalmente fragilizada, em cacos.

Quando estava fazendo a minha última quimioterapia vermelha, tive a honra de entrar em um grupo no WhatsApp chamado Amigas do Peito, que depois mudou de nome para Borboletas. Somos um grupo de mulheres com câncer de mama e ovário. Nos ajudamos com dicas que possam nos aliviar durante o tratamento. Contamos piadas, damos muitas risadas e temos nossa oração diária. Digo com toda a certeza que não conseguiria passar pelo processo do jeito que passei sem minhas amigas do Borboletas.

Toda vez que sentava na cadeira para receber minhas gotinhas de cura, nunca estava sozinha; em cada lado meu estavam Jesus e Maria – disso tenho a total certeza.

Dia 18 de maio de 2017 foi o dia da minha última quimioterapia branca. E dia 24 de junho de 2017, o dia da minha última radioterapia. Isso significa que meu tratamento chegou ao fim. Sabe, fiquei até perdida com o fim do tratamento.

Aos poucos, a vida vai voltando ao normal. Voltei a trabalhar, e isso me deu um gás novo, uma felicidade que há tempos não sentia.

Para passar por todo o processo – descoberta, cirurgia e tratamento –, sempre tive ao meu lado meu amor, marido e companheiro. Com certeza, sem ele não teria conseguido."

Sandreli

Sandreli e seu marido

Sandreli

ELAINE CORRÊA

"Câncer... O que é essa doença? Só sabe quem tem...

O câncer pode ser comparado a um furacão, um verdadeiro terremoto que vem e abala somente a sua casa, a sua família, a sua vida! O câncer é uma sentença de morte. Quando se tem o diagnóstico dessa terrível doença, tem-se a impressão de que o seu tempo pode ter chegado ao fim. É como se um buraco no chão se abrisse e, de repente, passasse a te engolir. Senti-me assim. A primeira frase que disse quando recebi o diagnóstico foi: 'Perdi o meu chão...'

Muitas coisas marcaram o meu renascimento. Apelidei assim o tempo do meu tratamento porque paciente de câncer renasce, sim! A gente vai à lona e perde tantas coisas necessárias em nossas vidas.

No meu caso, perdi primeiro meus longos cabelos, lindos! Perdi também a minha mama direita. Depois da cirurgia de adenomastectomia, em que se retira toda a mama, porém preserva-se a pele, o bico e a auréola, meu seio nunca mais foi o mesmo. E, em uma segunda cirurgia no Hospital Sírio-Libanês, perdi a cartilagem dos joelhos (a qual estou recuperando aos poucos, com medicamentos e exercícios físicos).

Acredito que o paciente que não tiver equilíbrio emocional pode perder ainda a tão necessária esperança de futuro, porque quem garante que essa luta nunca mais voltará? Graças a Deus, a minha fé n'Ele é maior que todos os outros sentimentos negativos que acompanham essa terrível doença!

Como disse, muitas coisas emocionantes aconteceram durante meu tratamento, mas três delas me marcaram para sempre, cujos acontecimentos envolvem os meus três amores na terra: meu marido Fabio e meus dois filhos, Fabricio e Luiza – aliás, os únicos que eu deixei me verem careca.

Na manhã em que recebi a notícia, tudo mudou, absolutamente tudo! Só subi para o meu quarto após muitas horas, e, quando adentrei nele, quando vi minha cama, a nossa cama... eu corri pra ela, me joguei no chão, ajoelhada, orando e chorando como nunca havia feito. Meu coração parecia que ia explodir de dor, de tristeza, de medo! Clamei a Deus pela minha vida! Olhei para aquela cama e, como se passasse um filme na minha cabeça, pensei nele, meu grande amor Fabio. Fui então invadida por um sentimento tão terrível, de dor da partida, de medo de 'sair de cena'. Meu Deus, como eu o amo! Como eu amo me deitar nessa cama com ele! Como eu poderia deixá-lo? Acho que, naquela hora, eu chorei o que eu nunca havia chorado, lágrimas que vinham do fundo do meu ser... Esse foi o primeiro momento forte que me invadiu!

Outro acontecimento marcante foi quando a minha filha, que faz aniversário no mesmo dia que eu, postou no Facebook, em janeiro de 2016, ou seja, no auge das minhas quimioterapias, uma declaração de amor para mim. Não houve uma só pessoa que lesse e não fosse às lágrimas... Uma menina moça, aos 14 anos de idade, estava passando por uma lição de vida que muitos adultos sequer imaginam passar. Ela disse, na legenda dessa única foto que eu tinha de lenço (já que nunca saí sem peruca de casa): 'Nosso pior momento, nossa melhor foto!'. Meu marido havia tirado essa foto na cozinha, nós duas de lenço abraçadas – foi ela que apareceu de lenço como eu. Ahhhhh, como chorei! Fui lá no fundo daquele tal buraco e voltei... Nunca senti tanto o amor da minha família como na época do tratamento, o que muito me ajudou! Agradeço a todos, em especial ao meu marido, que me acompanhou em tudo e foi meu porto seguro aqui na terra. Meus filhos, minha mãe, meus irmãos, enfim, toda a minha família me ajudou e me fortaleceu para que eu lutasse com todas as minhas forças!

Elaine com sua filha

E, por fim, o momento com meu filho! Ele passou em frente ao banheiro e eu estava passando a máquina de barbear do meu marido na parte de trás da cabeça. O Carlos (da Hair Look) havia raspado, mas deixou uns toquinhos de cabelo para eu 'me adaptar'. Como moro em Cuiabá, eu mesma quis tirar o resto (não quis ir em nenhum salão para fazer isso), pois estava me incomodando muito e me espetava. Mas

Elaine com seu filho e marido

eu não estava conseguindo, porque é difícil! Meu filho, então, ao me ver naquela situação – e imensamente triste e chorando – entrou de vez no banheiro e, com a força imensa de um filho amoroso, pegou a máquina da minha mão e raspou toda a minha cabeça. Aproveitei o seu ombro já largo, debrucei-me e chorei com uma dor que nunca havia sentido, dor na alma...

Maior que o medo de perder minha vida foi o amor que eu sinto por eles, que me fizeram lutar o meu melhor combate, para hoje estar curada e livre pra viver e recuperar tudo o que perdi! Sou Elaine Corrêa, diagnosticada em 7 de outubro de 2015 e última cirurgia (de reparação das mamas), em 12 de julho de 2017.

Meus eternos agradecimentos a Deus que me curou!"

SARGENTO DIANE

"'Por que eu?'. Essa é a pergunta crucial que todas as pessoas afetadas pelo câncer se fazem.

Numa manhã de segunda-feira do ano de 2010, recebi a sentença de morte, pois fui diagnosticada com câncer. Perdi o chão, minha cabeça parecia pirar, fui para casa aos prantos, olhando tudo à minha volta como se fosse a última vez. Tudo aconteceu muito rapidamente, mal deu tempo para assimilar. Alguns dias depois, fui internada e precisei passar por três cirurgias. Logo iniciei a quimioterapia (FAC), uma das fases mais difíceis do tratamento.

Perdi meus cabelos, minhas unhas, sobrancelhas e cílios; a boca estava sempre ressecada e a pele ficou esverdeada – um sofrimento que parecia não ter fim. Na primeira vez que minha filha me viu sem os cabelos, ela tinha apenas 3 anos e disse: 'Mamãe, pode cortar o meu cabelo e colocar na sua cabeça!'. Emocionei-me. Eu procurava parecer forte na frente dela, mas nem sempre foi assim. Às vezes, me batia um desespero e eu chorava muito. Meu esposo, um homem enorme, desabafava com seus colegas, desesperado, abatido, sem saber como seguiria sem mim e como cuidaria da nossa filha. Eu nem podia imaginar a aflição e o sofrimento daquele que me amava, pois ele sempre fora tão forte e seguro ao meu lado. Então, tentei imaginar o quanto estavam sofrendo os meus pais, irmãos, familiares e amigos. Eu precisava ser mais forte, não podia deixá-los sofrendo assim. Recuperei as forças e voltei a sonhar com a minha cura, tudo para viver um pouco mais e ver minha pequena se casando.

Coisas ruins acontecem na vida, mas devemos aprender com a dor, a sermos mais solidários e agradecidos e nunca deixarmos de ajudar aos nossos irmãos.

Sargento Diane no Outubro Rosa

Cada um tem a sua fé. A minha me diz, como consolo, que sou forte e que essa vida não para aqui, que temos um motivo para viver – é só isso que levamos daqui. Com muita fé, força e esperança de que nada é por acaso em nossas vidas, podemos ajudar com nossas experiências todas as pessoas que estão passando por essa batalha.

Este é o meu depoimento! Hoje, sou sargento da Polícia Militar, estou viva, e minha filha acabou de completar 9 anos.

Você também é forte, é capaz. Faça acontecer!"

ROSILENE OLIVEIRA

"Chamo-me Rosilene Oliveira e fui diagnosticada com câncer de mama em fevereiro de 2017. Nessa hora, passa um filme na sua cabeça; toda a sua vida em segundos. Com os exames nas mãos, fiquei sem saber por onde começar, fiquei sem rumo.

Sou casada e tenho 3 filhos e, diante de um diagnóstico desses, a primeira coisa que vem em mente são eles: 'O que vai ser dos meus filhos quando eu morrer daqui um mês?'. Foi isso que aconteceu com minha irmã há 12 anos, deixando duas filhas.

Porém, meu pensamento mudou por meio de uma visita especial que recebi no mesmo dia do meu diagnóstico – minha fé em Deus foi aumentada em 1.000%. Não demorou muito e eu conheci a Rose Coelho na sala de espera da nossa oncologista. Naquele momento, eu vi, ao vivo e em cores, uma pessoa que já estava finalizando o tratamento e estava muito bem clinicamente, então pensei: 'Comigo vai ser assim também, vou ficar bem'. E, no mesmo dia, a Rose me deu uma bela ajuda ao me adicionar num grupo de WhatsApp chamado Borboletas.

No mesmo dia, já comecei a interagir com as meninas do grupo; fui tomando um banho de água fria a cada nova informação (*rsrs*), mas também fui muito acolhida e me senti em casa ao ficar em contato com mulheres que estavam no mesmo barco que eu. É confortante conhecer pessoas que te entendem.

Marcamos um encontro pra comemorar a cura de uma Borboleta e, então, nos conhecemos pessoalmente. Foi maravilhoso, demos muitas risadas, contamos e ouvimos histórias! Foi demais! Nessa ocasião, conheci a dra. Fabíola La Torre, diga-se de passagem, uma pessoa incrível, *lhendaaaaaaa*.

Ainda estou em tratamento, mas creio na minha breve cura."

Rosilene

Rosilene e seu marido

Duas lindas Roses

Rosi e eu

GISLENE CHARABA

"Eu sou a caçula de 4 irmãos e morava no interior de São Paulo. Minha família é humilde, batalhadora, sem muitas 'ambições' – mas eu penso diferente em relação às ambições. Minha mãe faleceu quando eu tinha 9 anos; nem sei como eu sobrevivi. Meus irmãos eram todos casados, tinham suas famílias. Entre 9 e 18 anos de idade, morei com meu pai; depois, com minha irmã; então, com meu pai novamente, e foi quando comecei a trabalhar bem mais como modelo, mesmo que fosse uma modelo lá do interior. Almejando sucesso, eu participava de todos os concursos de beleza que surgiam, todos os que me destacavam, etc. Quando fiz 18 anos, meu pai faleceu – momento difícil para qualquer ser humano! Sofri, chorei, murmurei. E fui à luta.

Deixei de estudar para ganhar a vida como modelo. Participei e ganhei um concurso de *miss* regional. Depois, participei do *miss* Brasil (realizando o sonho de minha mãe) e, apesar de não ganhar o concurso, foi por causa dele que uma grande agência de São Paulo me contratou. E, a partir daí, eu não parei mais de trabalhar. Consegui a minha tão sonhada independência financeira fazendo o que realmente gosto e fazendo muito bem! Há 11 anos, moro sozinha em São Paulo e tenho um cachorro (o Pingo). Dentre os trabalhos mais conhecidos, cito o desfile de *lingerie* do programa Superpop (RedeTV), em que 10 modelos desfilavam ao vivo e acabávamos todas muito conhecidas. A apresentadora Luciana Gimenez sempre teve um carinho por mim e hoje somos amigas. Eu tinha uma vida comum; namorei, quase casei, fui traída, traí, briguei, chorei, quase morri de amor, mas sobrevivi todas as vezes, graças a Deus. Sou adepta de uma vida saudável, mantenho em ordem minhas medidas e meu peso, e meu corpo é 100% natural (sem artifícios). A maioria dos meus trabalhos era para *lingerie* e biquíni. Em meados de 2015 e no início de 2016, comecei a trabalhar muito, muito mesmo. Eu não tinha tempo para mais nada. Vivia no meu mundinho corrido e gostava dele!

Em junho de 2016, comecei a sentir um carocinho na mama esquerda. Opa?! Mas eu pensava: 'Não é nada, Gi; você já teve outros nódulos alguns anos atrás e não era nada. Esse 'carocinho' deve ser mais um...'. Mas, infelizmente, não era só mais um. No mês seguinte, o carocinho tinha crescido e estava queimando a minha pele, parecia uma marca de 'chupada' (de sucção). E uma marca de 'chupada' no peito não era nada agradável para quem trabalha com o próprio corpo, ainda mais de *lingerie*. Comecei a ficar apreensiva.

O meu namorado da época disse que precisávamos ir ao médico ver aquilo, pois estava muito feio! Pronto! *Start*! Tava feio e, com todo o medo e a vergonha do mundo, tive de assumir que eu não tinha plano de saúde e que não sabia nem por onde começar. Pesquisei muitas coisas na internet e, sem contar nada pra ninguém, sozinha no meu mundo, fui até uma unidade básica de saúde (UBS) da prefeitura de São Paulo, também conhecida como postinho. Lá aconteceu um milagre na minha vida. Fui atendida por uma enfermeira – o meu primeiro anjo nesta história de vida – que me examinou e me deu todas as coordenadas do que fazer, quais exames eu teria que realizar, agendou consultas com os médicos especialistas da UBS e assim começou. E, cá entre nós, eu não tinha ideia – mesmo – de que poderia ser um câncer; isso nem passava pela minha cabeça.

Paguei uma ultrassonografia em laboratório particular, uma vez que pelo SUS demoraria quase um mês só para marcar. Achei que seria só isso, mas soube que precisaria fazer biópsia. Aí, o bicho começou a pegar. Precisei pedir ajuda para alguém do meio médico. Um amigo cirurgião plástico – o segundo anjo desta história – me ajudou, orientou e disse tudo o que eu deveria fazer. Pesquisei quais hospitais poderiam me auxiliar e descobri que existia uma área filantrópica no Sírio-Libanês – e eu fiquei pensando que, se fosse a pior das doenças, era lá que queria ser tratada. Mas, até chegar lá, eu tinha que fazer a biópsia e, se a biópsia desse o 'maledito', eu teria que correr com documentações para tentar uns 3 hospitais. E, de novo, cá entre nós, eu não achei que seria câncer – embora agora já soubesse da possibilidade!

Em agosto de 2016, fiz a biópsia. A médica disse: 'Seu tumor é grande, feio e duro...'. E, então, não precisava falar mais nada. Naquele dia, descobri que eu tinha câncer. Eu estava naquele ambiente, naquela 'casinha da mama', respirando fundo e pensando que eu não tinha documentação para os hospitais. O resultado formal da biópsia ficaria pronto em 15 dias úteis. E, mesmo abalada, fui tocar a vida, trabalhar ainda mais do que eu podia, loucamente em todos os trabalhos possíveis. Eu não tinha tempo de pensar no pior e também não havia o que fazer, exceto esperar. Eu queria ocupar todo o tempo para não ter tempo de pensar.

Um dia, quando estava provando um vestido de festa com uma estilista me alfinetando, o médico me telefona e diz: 'Gi, vamos ser fortes, você tem a doença da mama...'. E eu: 'Hã?! Oi? Como assim?! Pode falar, doutor...'. E ele continuou: 'Gi, você tem câncer de mama...'. E eu falei: 'Ahhhh, tá!'. E desliguei.

Eu não tive ação nem reação na hora. Fui ao banheiro, me olhei no espelho e só pensava em acabar o trabalho e ir para minha casa. Engoli em seco, voltei para o trabalho do jeito que pude, mesmo em transe e com um zumbido no ouvido. Finalizado o trabalho, fui embora e, quando cheguei em casa, eu chorei, dormi, acordei, chorei, dormi, acordei... No outro dia, o despertador tocou e eu tinha uma agenda para cumprir. O tratamento demoraria um pouco para começar. E, então, eu não divulguei a informação, mesmo porque eu não sabia direito quais eram os próximos passos. Segui trabalhando sem falar nada para ninguém e correndo com os papéis para direcionar tudo para a filantropia do Sírio-Libanês. E deu certo!

Marcaram a minha primeira consulta. E eu nem sabia a diferença entre mastologista e oncologista. No dia da consulta, entrei na sala e o doutor, ali, começou a explicar: 'Você tem um tumor tal, com tal coisa hormonal, que cresce de tal forma...'. Eu não estava entendendo quase nada do que ele dizia, quando, de repente, ele falou: 'Você fará a cirurgia dia 11 de outubro e faremos uma mastectomia bilateral, depois quimioterapia, reconstruiremos seu peito pelas costas...'. E eu? Então. Eu não tinha caído na realidade do que estava acontecendo, não sabia o que perguntar...

Eu não sabia o que eram aquelas coisas que o médico disse. Relutei a aceitar. Mas eu não tinha escolha: era isso ou isso! Pensei em desistir, em não fazer nada, em não contar para ninguém. Depois de 2 dias pensando só nisso, aceitei. E agora?! Agora preciso começar a contar para as pessoas dos meus trabalhos, para os meus amigos e, principalmente, para meus irmãos!

Nunca vou esquecer do dia que contei para eles! Literalmente, quase morri do coração, achei que teria um piripaque. Nesse dia, todos nós morremos um pouco. Fui avisando e falando, sem nem saber direito o que falar. Quando contei para a Cecilia Bordoun, uma amiga e dona de uma marca de *lingerie*, ela, como um anjo loiro, sugeriu que eu obtivesse uma segunda opinião, a fim de esclarecer e ajudar um pouco mais.

Então, eu fui me consultar com a dra. Maria do Socorro, oncologista, que me examinou, viu meus exames e disse: 'Acho que eu vou te confundir mais ainda, mas, na minha opinião, você não deve começar esse tratamento pela cirurgia. Precisamos fazer mais exames. Vou levar seu caso para o dr. Max Mano, meu amigo do Sírio, e pedir para ele analisar. Mas eu garanto que não terá de fazer essa cirurgia agora!'. Nesse momento, novamente eu não sabia o que fazer e nem no que pensar. Segui ainda mais confusa, fiz os exames restantes e, um dia, fazendo a ressonância das mamas, a filantropia do Sírio me ligou para ir até lá – bingo!

Lá, informaram que precisávamos mudar o meu protocolo: 'Você tem uma metástase no osso esterno e precisamos começar com as químios'. Naquela hora, o mundo caiu de vez em cima da minha cabeça! E, então, eu tive de aceitar mais uma vez uma nova realidade. Dentre outros assuntos, comecei a pesquisar como não perder o cabelo; e tudo me levava à Sabrina Parlatore.

Nos falamos primeiramente por meio de redes sociais e, depois, ela também me ligou. Sabrina foi um anjo *master*, querida, extremamente sincera e, dentre outras coisas, disse que infelizmente não tinha disponibilidade para me ajudar *full time*, mas que me adicionaria em um grupo de WhatsApp – o Mulheres do Peito. Ela falou que as mulheres do grupo iriam me ajudar muito e que poderia conversar sobre qualquer assunto com elas. Bingo, mais uma vez! Pronto, agora eu estava me sentindo amparada. Eu ia conversar com mulheres que tinham ou tiveram câncer, aprender a lidar com os sintomas, ter apoio emocional de quem está sofrendo realmente com o problema de perto!

Fazem parte do grupo donas de casa, advogadas, arquitetas, médicas e até cabeleireiros que fazem prótese capilar, totalizando 112 membros de todo o Brasil. Algumas se conhecem pessoalmente; outras, só virtualmente mesmo. E esse grupo foi o meu melhor remédio, foi o que mais me ajudou. Aprendi a ter forças, a acreditar que teria um futuro e que tudo teria dia e hora para acabar. Vivi as experiências delas e elas viveram a minhas, tudo por meio de aplicativo de *smartphone* – incrível.

Eu tinha enjoo de creme dental. E elas também tinham e sugeriram que eu usasse creme dental infantil. Eu, às vezes, não escrevia nada por uns dias. Elas perguntavam: 'Cadê você? Você está quietinha...'. E, assim, eu fui mais eu do que nunca. Brinquei, sorri, chorei.

Quando as químios acabaram (*ufa!*), eu me dei conta que minhas veias aguentaram todas as 12 sessões de quimioterapia e soube que meu tumor diminuíra. E, daí, partimos para a cirurgia. Fui informada de que não tiraríamos a mama toda, porém, que poderíamos retirar o osso esterno. Pensei: 'Não. Definitivamente, não!'. Que pesadelo, que chute no estômago! Como decidir isso? Como optar? Quem me ajudou? Quem ouviu os piores áudios da minha vida? Quem? O grupo do WhatsApp. Eu era o desespero em pessoa; elas me ajudaram, como sempre!

Resolvi aceitar a cirurgia e a retirada de osso. O caminho foi longo para isso; sofri muitas intercorrências. Mas eu sei que foi feita a vontade de Deus. Na sala cirúrgica, estavam todos os meus anjos e meus super-heróis: 3 equipes, mastologista, cirurgião torácico e cirurgião plástico; eram os melhores médicos de cada especialidade. Foram 11 horas de cirurgia, 2 dias internada na UTI, 1 semana internada no quarto do hospital. Eu usava 3 drenos. Foram tirados 74% do meu osso esterno, um quadrante da mama esquerda e alguns linfonodos. Eu tinha um recorte de pele das costas, um músculo dorsal recolocado no meu colo, uma fibra muscular no lugar do osso. *Ufaaa*! Sobrevivi aos meus piores dias! Quando me recuperei – após 45 dias –, fui chamada para um desfile beneficente.

E eu? Eu fui! Eu precisava me sentir viva! Desfilei um vestido de festa lindo por uma causa nobre! Um padre! Uma bênção! Tinha tudo lá! Foi tão lindo! Eu me sentia curada! Estava sem nódulos e sem doença.

Ainda faltava o final do protocolo: a radioterapia. Essa etapa seria no Instituto do Câncer do Estado de São Paulo (Icesp). A filantropia do Sírio-Libanês trabalha em parceria com o Icesp, que é um gigante da saúde, referência no Brasil e América Latina. Um SUS de respeito, um SUS com *status*.

A radioterapia é o começo do fim do tratamento. Dizem que é a parte mais fácil. O tratamento é feito no 4º subsolo do Icesp, paredes grossas, teto baixo, sem janelas, 6 aceleradores nucleares. Um monte de gente, um barulho abafado, pessoas muito, muito debilitadas. E foi nesse caos que eu me achei depois das químios. Foi lá que tive o maior contato com a realidade do câncer. Precisei me blindar e mudar a vibração do lugar para poder me adaptar, pois eu ia para lá todos os dias, no mesmo horário. Gente queimada, com dor, de sonda, sem boca, sem orelha, com inúmeros tipos de câncer – próstata, cabeça, pescoço, reto. Foi lá que vi e percebi o quão a doença é ainda mais sofrida. Foi lá que meu corpo suportou 2 meses e meio de tratamento. E minha pele aguentou 3 mudanças de planejamento e 38 sessões de radioterapia.

Eu consegui! Consegui! Eu badalei o sino de término de tratamento no dia 04 de setembro de 2017.

Tenho certeza que a minha alegria e o meu bom humor aliviaram as dores das pessoas que conviveram os dias comigo naquele subsolo. Eu percebi que o meu amor cura, sim. Que a fé move montanhas, sim! Que hospitais ouvem preces muito mais sinceras do que as que são ditas nas igrejas. Que um sorriso, um abraço ou um simples pegar na mão valem muito.

Eu descobri o poder psicológico de falar 'mais uma' ao adentrar na máquina de rádio e 'menos uma' ao sair dela. Isso vale mais que qualquer remédio, droga ou tratamento! Eu reconheci que ser você mesma, se transparecer ou se transcender faz o mundo muito melhor; faz e fez o meu mundo muito melhor! Eu realmente entendi o significado de ser útil, de ser importante, de tornar alguém verdadeiramente importante! Eu assimilei a relevância de me doar! Isso é literalmente ajudar e ser ajudado!

É isso que eu quero para minha vida! Eu quero ajudar! Quero que as minhas dores e os meus sofrimentos sirvam para mostrar que é possível viver! Que a cura existe e que acreditar na cura faz parte da cura! Amém! Eu creio! (*lágrimas*) Eu tenho peito! Eu peito a vida! Eu resPEITO a vida!"

Gislene

73 | Algumas palavras maravilhosas

RITA DE CÁSSIA, MINHA MÃE

"Falar de você, minha menina, tão pequenina e tão frágil, que hoje é essa mulher destemida, capaz de seguir o fluxo de sua vida de maneira tão valente, é difícil. Porque me pego assustada com a maneira como sua força, garra e capacidade de enfrentar os seus desafios permitem que aja com tanta sabedoria. Primeiro, aquele susto enorme quando Tuti nasceu e foi para a UTI. E você lá, logo após o parto, não teve descanso, lutando pela vida do seu filho, dia e noite.

Eu tinha tanto sentimento de culpa por ter colaborado com a sua ida para essa cidade de pedra sozinha atrás do seu sonho, mas pude perceber que você sobrevivia bravamente.

Depois de se tornar médica, fazendo as especialidades que escolheu, encheu-nos de orgulho escrevendo livros sobre a medicina. Em um lançamento na Santa Casa, diante de tantos médicos, você, tão nova, encheu-me de orgulho. Ali, senti que minha filha crescera e que suas asas se abriram. Você construiu uma carreira brilhante e logo foram aparecendo os frutos do que você tinha plantado: estava colhendo ofertas de emprego, as quais seria capaz de assumir pelos seus méritos.

E assim você seguia o seu caminho, quando, de repente, me telefona e diz: 'Mãe, acho que estou doente.'

Meu mundo foi ao chão e pensei: 'É brincadeira de mau gosto, só pode.' Quando veio a confirmação, você estava aí e eu, aqui, sem chão. Tive de atender ao seu pedido: 'Mãe, fica bem, porque assim eu também vou ficar', e agarrei-me a isso. Você transmitia força e atitudes firmes para que eu ficasse tranquila. Até hoje, eu não sei como passei por isso. Acho que foi você quem foi me conduzindo de maneira exemplar e, mesmo com seu sofrimento, foi ensinando seu filho e seu marido a enfrentarem juntos e a passarem por esse período de maneira tranquila.

E, depois de um tempo, nos surpreende novamente. Em vez de cuidar só de você, arranjou tempo para ajudar os outros que se encontravam na mesma situação.

Saiba que, se eu pudesse, pouparia vocês (filhas e netos) de qualquer sofrimento; mas, como isso não está ao meu alcance, só me resta pedir que Deus os proteja sempre. Admiro o ser humano que se tornou, com um coração bom e sempre disposta a ajudar ao próximo. Te amooooooo!"

LUCIANO FERREIRA, MEU PAI

"Falar sobre Fabíola La Torre é fácil, pois eu poderia enumerar aqui vários adjetivos. Mas essa descrição de um pai coruja e apaixonado talvez não coubesse em um livro. Minha Fabíola, Fá, Bia, Biaty ou qualquer outro nome que a chame, é complicado descrever uma guerreira, esposa, mãe, irmã, tia, madrinha, prima, amiga, filha, etc. Então, vou resumir: minha filha amada, orgulho da minha vida, te amo muito."

FRANCINE PEIXOTO, MINHA IRMÃ

"Minha irmã amada, minha primeira e eterna companheira! Você é uma pessoa iluminada, que só transmite amor e alegria para todos ao redor. Estar ao seu lado é garantia de muitas risadas – e sempre rimos muito, desde sempre, do nada e por nada. Te amamos muito e agradeço a Deus por ter você sempre comigo, em todas as horas!"

MARCILIA PEIXOTO, MINHA TIA

"Fabíola, se eu pudesse resumir um perfil de você, definiria sua trajetória profissional, pessoal, familiar e social tal como você merece: guerreira – essa é a definição que cabe inteiramente para você.

Depois de iniciar sua formação profissional na Faculdade de Medicina de Campos, foi para São Paulo especializar-se em hospitais escolas.

Nesse tempo, sempre esteve presente em nossa terra, cultivando as amizades, e no seio familiar.

Acometida de uma doença que assusta a maioria das pessoas, encarou desafiadoramente. Cumpriu com rigor o tratamento, superou tudo sempre com atitudes positivas e deixou transparecer aos seus familiares e amigos uma força contagiante, sinergizando o ambiente de convívio, sempre paciente e acolhedora. Esses sentimentos eu pude perceber nos períodos em que estive em São Paulo, junto contigo, na fase de idêntica doença.

Por tudo isso, conclui-se que pessoas com esse tipo de atitude são exemplos a serem seguidos, são verdadeiros guerreiros. Que bom você existir nas nossas vidas."

JÉSSICA GUERREIRO BURGATI, MINHA AMIGA

"Eu sou a Jéssica. Mãe, dona de casa, ex-analista de sistemas; eu abandonei a faculdade de Direito no segundo ano. Tenho orgulho de ser quem sou e de como eu vivo.

Para começar, nunca tive câncer, apesar de muitas pessoas que eu amo e amava já terem vivido a doença. Daí, a pessoa que está lendo meu depoimento se pergunta: 'O que fazes aqui?'.

Minha relação com toda essa história começa de maneira bem diferente. Eu e Fabíola somos amigas e pertencemos a um mesmo grupo de amigas doidas que curtem beber, rir, chorar e contar coisas e casos.

Um belo dia, surge Fabíola, a quem tanto admiramos (afinal, médicos são deuses na Terra), dizendo que foi diagnosticada com câncer.

Fiquei triste e também revoltada. Eu disse a ela apenas: 'Calma, estaremos juntas nessa!'. Descobri que, quando uma amiga está com câncer, todas as amigas têm câncer. A dor é de todas. E assim começa um caso de amor, muito maior que apenas a amizade e a admiração.

Passamos por muitas coisas juntas, quimioterapia, descrença... Sim, Fabíola chegou a nos dizer que talvez não acreditasse tanto em Deus! Logo pra mim, umbandista convicta! Foi mais uma 'paulada'.

E foi assim que nos juntamos, dançamos, rimos, nos amamos cada vez mais e mais! Fizemos um vídeo que marcou nossas vidas para sempre, em que as minhas filhas também participaram, que emoção!

Fomos pouco a pouco nos conhecendo. A Fá nos mostrou, de fato, que 'danem-se os problemas, cansaços e *mimimis*'. Ela fazia quimioterapia maquiada e depois vinha ensaiar conosco!

As minhas filhas a veem como uma mistura de Barbie e Mulher Maravilha. Acho que pensam que a Fabíola não é humana! O que elas querem ser quando crescer? A Fabíola! E desejo que elas assim sejam.

Hoje, dessa amizade, surge um amor e compromisso eternos. Eu troquei minha fé pela resiliência dela e substituí meu medo de dizer a palavra câncer pela certeza de dizer cura!

Por toda a vida, ela estará em minhas preces, em meu coração! Viva, Fabíola, seja eternamente a nossa Fá! E obrigada por nos ensinar a viver!"

FABRINA, MINHA AMIGA

"Falar da Fabíola é muito fácil. Primeiro, porque ela é minha amiga há 24 anos. Isso mesmo, nos conhecemos no primeiro ano da faculdade de Medicina em Campos dos Goytacazes. Foi empatia à primeira vista.

Quase passava mal de rir de seu jeito sempre alegre de levar a vida. Ela falava: 'vou lá fazer', e fazia; 'vou ali falar', e falava. Eu quase morria, porque algumas vezes não era momento nem para falar e nem para fazer. Bom, mas aí não seria a Fabíola.

Ela sempre foi muito intensa em tudo que fez; sem sombra de dúvidas, uma pessoa focada. E, quando ela estava muito ansiosa, eu – que sou muito positiva em tudo – falava: 'Calma... vai dar tudo certo!'. E, então, ela ria e me perguntava como eu conseguia ser desse jeito.

E, assim, ficamos amigas. Muitas vezes, eu ia dormir em sua casa para estudarmos, pois eu morava sozinha e ela, na casa dos pais. E eu tinha de ir com ela, entenderam? Os pais dela, seu 'Xupetinha' e dona Rita, formam um casal que transmite muito amor e percebi que criavam suas filhas, Francine e Fabíola, com muito respeito e diálogo. Eu amava aquela sensação, porque reconhecia o meu lar também.

Quando nos reencontramos em Vitória (ES), em um encontro de turma organizado por mim, não nos desgrudamos mais. Já éramos mães e mulheres cheias de responsabilidades e com muitas histórias para contar. Histórias que não acabavam mais.

Trocamos experiências de mulheres 'feitas', mas a nossa essência não havia mudado. Continuamos brincalhonas e rindo das mesmas coisas de sempre. De nós mesmas, principalmente!

A notícia do câncer de mama chegou até mim logo depois do resultado da ressonância magnética.

— Fay... – ela me chama. — Eu sei que é câncer! Mas sei que vou ficar boa, fique tranquila.

Como ficar tranquila diante de um diagnóstico desses? Chorei demais! Sem ela saber, lógico.

Eu peguei meus santos – porque tenho muita fé – e acendi velas pela sala o fim de semana inteiro. Victor, meu filho, perguntava o que estava acontecendo e eu chorava! Acendi todas as velas bentas que minha mãe me dá todo ano.

Certo dia, antes mesmo do diagnóstico, a Fá comentou comigo que duvidava de Deus, porque achava muito estranho as crianças que ela cuidava passarem por tanta coisa sem terem culpa. E eu, desesperada, comecei a falar de várias experiências em minha vida, inclusive de um acidente do qual me salvei em uma rodovia e que tenho certeza que foi Deus que me livrou! Pedi a ela para que não pensasse na culpa do sofrimento, e, sim, que Deus sempre tem um propósito para tudo. Como sempre e como uma excelente ouvinte, ela disse que iria refletir.

Enfim, no início do tratamento e por todos os meses seguintes, ela falou que tinha fé que iria ficar boa! Disse-me:

— Fay! Pode rezar para mim.

Com certeza, ela realizou seu tratamento como alguém que tem muita fé! Se fraquejava, logo se reerguia e dizia que queria fazer muita gente acreditar na cura e na prevenção. E assim o fez e faz, graças a Deus! Estamos juntas para o que der e vier!"

CLEITA

"Bem, amiga... Aí vai.

Nos conhecemos há mais de 24 anos. Fizemos faculdade juntas e vivemos, naquela época, momentos inesquecíveis e divertidos. Éramos um grupo de amigos que nos identificamos imediatamente e passávamos quase o tempo todo juntos. Estudávamos juntos, incentivando uns aos outros, discutíamos bastante, brigávamos mais; e a diversão no final era maior ainda. Éramos como uma família. Uma vez que a maioria não era de Campos, a gente tomava conta uns dos outros. Eu era a mandona, mãezona, chamava a atenção de todos, queria tudo certinho, pontualidade e organização... Impossível, não é, Fay e Cris? Quanto estresse à espera dessa mulherada toda pra sair... Haja paciência... Mas a gente se divertia muito – e as gargalhadas da Fabrina ecoam até hoje nos meus ouvidos.

O tempo passou. Cada um seguiu seu rumo e deu continuidade à sua vida e a seus projetos. Um dia, veio a notícia da doença da Bio... Ali, naquele momento, o tempo parou, deu um tranco dentro de cada um de nós, escureceu. Naquela hora, a vida da gente parou de seguir em frente. Não dava mais para continuar sem ela... Ou vinham todos juntos ou não tinha mais graça.

Confesso que fiquei sem saber o que fazer ou falar, logo eu que falo tanto. Deu um vazio, um branco, deu só vontade de chorar. Mas, também naquele momento, surgiu uma Fabíola que eu não conhecia, que, na verdade, ninguém conhecia.

Ela veio *lhenda* – como ela mesmo diz, cheia de vida e coragem, e deu forças até para quem não tinha, para brigarmos juntos com ela essa batalha.

Bio, você não existia, você se redescobriu, renasceu... Guerreira forte, com uma vontade de viver inacreditável. Era invejável sua determinação nessa luta, não só a seu favor, mas arrastando e trazendo contigo outras inúmeras pessoas que precisavam dessa figura de heroína e guerreira que você é.

Câncer, que câncer o quê? Dá licença... Você mexeu com a pessoa errada, meu caro! Essa mulher ainda tem uma vida inteira pela frente para mostrar o quanto é divertido e lindo viver.

Aí está você, Bio. Mulher linda, guerreira, forte, amiga incondicional, companheira e cheia de luz... Mulheres assim não vão embora tão cedo, não antes de a festa acabar (*rs*).

E, assim, percebi que não somos um grupo de amigos de faculdade, somos um só coração que bate forte em diferentes pessoas, em diferentes lugares, mas, ao mesmo tempo, com uma única razão: sermos muito felizes juntos! Te amo, Bio!"

Posfácio

Este livro foi compilado a partir das postagens do meu *blog* e outros textos escritos durante o meu tratamento. Para finalizar o livro, dou notícias sobre o meu tratamento. Venho desabafar e fazer uma retrospectiva do que é viver uma luta frente a frente contra o câncer.

Eu acho interessante registrar, de alguma forma, a nossa experiência como paciente oncológico, pois algumas pessoas lutam contra um câncer em um determinado local do seu corpo e outras lutam contra o câncer da alma, que é o pior!

QUANDO TUDO COMEÇOU

Em junho de 2016, como todos já sabem, fui diagnosticada com carcinoma ductal invasivo na mama direita. Não foi um baque muito grande, mas também não foi uma coisa *light*.

Escrever sobre o que aconteceria comigo foi uma forma de autoproteção. Comecei a compartilhar minhas experiências com pessoas que, muitas vezes, eu nem conhecia; divulguei todos os procedimentos e, a cada comentário nas postagens, eu me sentia amada.

AS QUIMIOTERAPIAS

Foram 4 vermelhas e 12 brancas. Após 15 dias da primeira aplicação, os meus cabelos começaram a se desprender da cabeça e de todo o meu corpo. É uma coisa muito estranha, até os pelos do nariz foram embora.

Todo mundo falava que as quimioterapias brancas eram mais brandas e eu segui acreditando nisso. Mas não é uma verdade completa. Quando comecei a tomar as brancas, inchei, tive dor nos ossos e um pouco de falta de ar, ficava ofegante, tinha insônia e ficava rolando na cama, tentando dormir, e algumas vezes sentia o meu coração acelerar. Às vezes, dava um medo de morrer, mas eu sabia que tudo passaria e que eram reações normais.

Mas o que falar de você, minha tão amada e terrível quimioterapia? Você que me fez contar os dias para saber quando iria terminar! Você que fez arder minhas mucosas! Você que me cansou! Você que me colocou tanto medo! Você que traz tanto medo ao mundo! Você que faz as enfermeiras fazerem dupla checagem de tão poderosa que é! Como você gosta de chamar atenção, não é? Aliás, chama tanta atenção que não aceita uma veia periférica. Quer um cateter venoso central! Você me fez passar um cateter venoso central, aquele mesmo cujos fatores de risco para infecção estudei para minha dissertação de mestrado! O que falar de vocês, Taxol®, doxorrubicina, Herceptin®, Perjeta®? E das pré-medicações?

Aliás, quantas árvores foram queimadas por causa da minha diarreia, um de seus efeitos colaterais? E, por sua causa, agora eu realmente amo o Bepantol®! Comprovei na minha pele e mucosas que ele realmente funciona. Por sua causa, até hoje não saio sem o Imosec® na bolsa.

O que quero te dizer é que eu te amo! Amo muito, muito mesmo! Porque ter náuseas por você é tão gratificante! A gente tem náuseas quando toma porre e nem reclama. Porque reclamar quando se está tratando de um câncer? Fiquei cansada, sim. Mas a gente fica cansada depois da balada. E você, *ah* você, minha amada químio, deixou-me cansada para me curar! Te amo mil vezes e agradeço mil vezes seus efeitos em mim.

Obrigada. Obrigada. Obrigada.

Sem você, eu não poderia continuar! Agradeço por tirar de mim o que não me pertence. A cura acontece!

Obrigada aos meus médicos, à minha família e a Deus todo poderoso! E, mil vezes obrigada à minha *lhenda* Medicina!

A CIRURGIA

A quadrantectomia aconteceu no dia 30 de dezembro de 2016 e foi levemente dolorida. Retiraram ¼ da minha mama direita e pude reconstruí-la na mesma cirurgia, o que foi uma grande vantagem. Assim que eu acordei da anestesia, levei imediatamente as minhas mãos até o local da cirurgia. A gente sempre tem medo de sentir que o seio não está mais ali. Mas havia só um dreno pendurado ao lado e pouca dor.

RADIOTERAPIA
Fiz 18 sessões de radioterapia, todos os dias! Foi bem cansativo. A radioterapia não foi tão tranquila para mim. Fiquei bem cansada e meu seio chegou a sangrar. Mas agora está tudo bem.

HERCEPTIN®
Junto com a branca, comecei a tomar duas medicações, Herceptin® e Perjeta®, que são anticorpos monoclonais. Tomei 4 vezes, junto com cada quimioterapia. O Perjeta® acabou na quarta sessão e, desde então, estou tomando o Herceptin® a cada 21 dias.

Nesses meses, muitas coisas aconteceram. Pude conviver com gente de todos os jeitos, etnias e religiões, e conheci pessoas especiais.

Passei um ano (de junho de 2016 a agosto de 2017) de muita alegria, mas – é preciso confessar – também de muito sofrimento e dores. Foram meses de decepções e surpresas. Pude sentir que, a cada dia, tudo em mim ia se transformando. Nesse tempo de tratamento, também tive decepções de alma, que foram bem mais fortes do que a descoberta do meu câncer. De um jeito ou de outro, a doença tem esse lado bom; ensina a ser forte, a ser resiliente, a ser "águia". Então, entregamos-nos por completo, decepcionamos-nos, vamos até o fundo do poço, caladas, cedendo, aceitando; de repente, nos erguemos em um romper de asas e ninguém é capaz de segurar nosso voo. Entreguei-me por completo a essa transformação. Fui tirando, aos poucos, a venda que estava em meus olhos e, então, pude enxergar algo novo, uma paisagem inédita.

Hoje, dia 04 de agosto 2017, passei pela minha última sessão de Herceptin® – algo que parecia tão distante! É muito forte poder gritar bem alto que eu venci o câncer! Posso gritar que estou saindo dessa luta mais forte e mais segura, que sou uma vencedora! Sou uma eterna princesa e, ao mesmo tempo, uma mulher maravilha!

O Herceptin® tem capacidade de aumento de 24% na sobrevida das pacientes que receberam o medicamento em comparação com as pacientes que se submeteram apenas à quimioterapia padrão. Isso significa que o uso da substância para o tratamento do câncer de mama pode permitir que mulheres severamente afetadas tenham maior chance de viver melhor e durante mais tempo. Poucos estudos sobre o câncer de mama metastático demonstraram uma vantagem de sobrevida dessa magnitude para os pacientes HER2-positivo, como euzinha. Salve o Herceptin®!

PALAVRAS FINAIS

A gente costuma viver a vida na correria do dia a dia e não presta atenção em coisas pequenas. Reclamamos do trânsito, da demora do elevador, do farol quebrado, das filas, do médico que atrasa, do restaurante cheio, da praia lotada, do sol quente, da chuva no fim do dia. E esquecemos de agradecer. Agradecer porque podemos estar dirigindo no trânsito, porque podemos pegar o elevador, porque estamos em pé aguardando na fila, porque ainda temos chance de ir ao médico, porque podemos comer no restaurante sem sentirmos náusea, porque podemos ir à praia, pegar sol, pegar chuva... Enfim, agradecer por estarmos vivos, por podermos sentir.

E viver ultrapassa qualquer sentimento. Imagine a sua vida após um câncer: permitir viagens postergadas há muito, correr atrás de aventuras e passar mais tempo com os familiares e amigos. O lance do câncer era doloroso, mas, durante a maior parte do tempo, eu me diverti a valer.

E agora, depois do meu tratamento? Essa pergunta reflete o medo e o receio dos pacientes que não estão em tratamento, o que é totalmente justificável, afinal, de tempos em tempos, precisamos fazer exames de controle. Mas eu não penso nisso, não. Penso em minha cura. E agradeço por poder estar aqui hoje e por ser uma sobrevivente! Vou continuar vivendo, de verdade.

Portanto, tenho uma mensagem.

Você tem todos os dias pela frente. Você tem o sol para te acordar a cada dia e o vento que balança seus cabelos e refresca seus sonhos. Você tem sua história, que te trouxe até aqui – e você veio e está em pé! E mesmo com o coração cansado e com sua mente que te detona mais do que qualquer coisa real, você sobrevive diariamente. Agora é hora de viver! Simplifique e acredite no tempo, ele que sempre colocou tudo no lugar. Deixe de se boicotar e viva o agora, esse agora que é mais seu do que nunca, com toda a liberdade para buscar novos momentos lindos, novas inspirações, e comece a usar toda a força que os tombos da vida fizeram você ter. Pinte de rosa seu amanhã, sendo feliz hoje!

Viva, não apenas sobreviva! Viva enquanto você pode!

Aviso legal

A Manole Conteúdo não assume qualquer responsabilidade pelo conteúdos aqui apresentados e não garante a veracidade das informações publicadas, sendo as informações contidas nesta obra de responsabilidade total da autora.

A Manole Conteúdo respeita os direitos de autor dos textos e das imagens usados nesta publicação. Do mesmo modo, durante o processo de edição desta obra, foram empregados todos os esforços para garantir a referenciação dos textos aqui reproduzidos. Caso algum autor sinta-se prejudicado, favor entrar em contato com a editora ou a autora. Se ocorrer uma violação de um direito de autor, a Manole Conteúdo e a autora comprometem-se a corrigir imediatamente após a notificação, conforme acordo entre as partes.

Durante o processo de edição desta obra, foram tomados todos os cuidados para assegurar a publicação de informações precisas e de práticas geralmente aceitas. Por conseguinte, a autora e a Manole Conteúdo eximem-se da responsabilidade por quaisquer erros ou omissões ou por quaisquer consequências decorrentes da aplicação das informações presentes nesta obra. É responsabilidade do profissional, seja de que área for, com base em sua experiência e conhecimento, determinar a aplicabilidade das informações em cada situação.

Todos os textos, figuras, fotos e logomarcas desta publicação são integralmente protegidas pelas leis e regulamentos pertinentes e pertencem ao(s) legítimo(s) proprietário(s) registrado(s).

As referências e fontes citadas nesta publicação foram acessadas em 02 de outubro de 2017.

Mosaico de fotos

Foto: Karina Lenndel

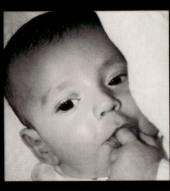

Foto: Edna Fotos

Foto: Edna Fotos

Fotos: Click Color Studio Kodak

Fotos: Click Color Studio Kodak

Fotos: Click Color Studio Kodak

Fotos: Click Color Studio Kodak

Fotos: Click Color Studio Kodak

Foto: Vinycius Covelli